# 民國歷史與文化研究

## 十一編

## 第 **9** 冊

### 抗戰時期陪都重慶警政改革研究

李秉祥 著

花木蘭文化事業有限公司

國家圖書館出版品預行編目資料

抗戰時期陪都重慶警政改革研究／李秉祥 著 -- 初版 -- 新北
市：花木蘭文化事業有限公司，2020〔民 109〕
目 4+176 面；19×26 公分
（民國歷史與文化研究 十一編；第 9 冊）
ISBN 978-986-518-114-7（精裝）
1. 中日戰爭 2. 警政史
628.08                                          109010086

ISBN-978-986-518-114-7

9 789865 181147

民國歷史與文化研究
十一編　第九冊
ISBN：978-986-518-114-7

## 抗戰時期陪都重慶警政改革研究

作　　者　李秉祥
總 編 輯　杜潔祥
副總編輯　楊嘉樂
編　　輯　許郁翎、張雅淋　美術編輯　陳逸婷
出　　版　花木蘭文化事業有限公司
發 行 人　高小娟
聯絡地址　235　新北市中和區中安街七二號十三樓
　　　　　電話：02-2923-1455／傳真：02-2923-1452
網　　址　http://www.huamulan.tw 信箱 hml810518@gmail.com
印　　刷　普羅文化出版廣告事業
初　　版　2020 年 9 月
全書字數　163311 字
定　　價　十一編 11 冊（精裝）台幣 28,000 元

# 抗戰時期陪都重慶警政改革研究

李秉祥 著

## 作者簡介

李秉祥，1982 年 7 月生，河南信陽人，法學博士，西南政法大學法律史專業中國法制史方向，助理研究員，現就職於重慶師範大學，曾在《河南社會科學》、《河北法學》等期刊發表數篇論文。

## 提　　要

　　本文論述的基本邏輯架構為：從縱向角度，回溯了我國近代警政制度的引入，及其通過本土立法活動逐步移植，據此創建了我國早期的警察組織和警務制度。歷經清末、北京政府時期的調整和適應，至南京國民政府前期近代化的警政體制基本形成。

　　繼而從橫向角度，對抗戰爆發後為適應戰爭形勢需要，而進行的陪都重慶警察常規職能改革的內容，戰時特殊警務職能的延伸，以及戰時警察主體身份的擴展作深入探討。最後進行綜合評析。

　　要之，本文研究主要取得的學術成果，一是釐清了我國近代意義上的警政制度的源與流：從國外移植進入後，歷經清末肇始、民國初期發展，直至南京國民政府前期趨於完善的歷史進程。二是探討了來自異域的近代警政制度在我國的調整和適應過程及其命運和生存狀態。三是論述了近代警政制度體系初步形成於國民政府前期。四是論證了抗戰爆發後為適應戰時之需，對陪都重慶警察常規職能採取的一系列改革措施；並根據戰爭形勢的發展賦予陪都重慶警察以特殊職能，諸如防止應對敵機空襲、肅清漢奸等。五是討論了陪都警察教育制度的改革，賦予戰時警察「亦軍亦警」的身份，實現了戰時陪都警察主體身份的擴展。六是在戰爭形勢下探索並創立了戰時義勇警察制度等。

目
次

# 引　言

## 一、選題要旨

　　抗日戰爭是中華民族從衰敗走向振興的偉大轉折點。作為世界反法西斯的主要戰場之一，中國在第二次世界大戰中的地位舉足輕重，中國人民抗日戰爭是中華民族抗擊外國侵略者取得偉大勝利的重大歷史事件。正如習近平主席所說：「這一偉大勝利，徹底粉碎了日本軍國主義殖民奴役中國的圖謀，洗刷了近代以來中國抗擊外來侵略屢戰屢敗的民族恥辱；重新確立了我國在世界上的大國地位，中國人民贏得了世界愛好和平人民的尊敬；開闢了中華民族偉大復興的光明前景，開啟了古老中國鳳凰涅槃、浴火重生的新征程。這一偉大勝利，也是中國人民為世界反法西斯戰爭勝利、維護世界和平作出的重大貢獻。」〔註1〕抗日戰爭歷史文化資源，是中華民族的寶貴財富，也是人類歷史的寶貴財富，值得進行全面深入的研究。

### （一）戰時警政改革是抗戰大後方社會發展的重要保障

　　抗日戰爭有前方和後方兩條戰線，其共同為抗戰取得最後勝利做出了不朽的貢獻。前方軍民是抗擊日本侵略者的主戰場。他們以血肉之軀，慷慨赴難，與來犯的侵略者直接展開浴血奮戰。而鞏固的戰略大後方，則是堅持持久抗戰的基礎和贏得反侵略戰爭的保障。在後方這條戰線上，面對漢奸等敵對勢力的破壞、敵機對後方城市的持續狂轟濫炸、難民不斷湧入等突發事件及嚴重的社會問題，警察作為保障社會安定的常備工具，在維護社會正常秩

---

〔註1〕「習近平：讓歷史說話用史實發言　深入開展中國人民抗戰研究」，載《人民日報》2015 年 08 月 1 日第 1 版。

序和內部的穩定,防範和打擊各類犯罪,保障人民生命財產安全諸方面發揮了巨大的作用,成為後方這條戰線的支撐力量,為抗戰勝利做出了重大貢獻。而戰時警政改革則在抗戰大後方社會建設中具有重要的保障意義。

## (二)陪都重慶在抗戰大後方的重要戰略地位

本文之所以選擇戰時首都和陪都重慶作為考察樣本,是因為重慶在抗戰時期具有特殊的戰略地位。在抗日戰爭的前方和後方兩條戰線上,警察的職能決定其是後方這條戰線的支撐力量。鞏固的戰略大後方,是堅持持久抗戰的基礎和贏得反侵略戰爭的保障。作為大後方的西部地區為抗日戰爭的勝利作出了巨大貢獻。西南重鎮重慶作為抗戰期間國民政府控制的唯一直屬市,其不僅是中國抗日戰爭的大本營和世界反法西斯戰爭東方戰場統帥部所在地,而且是全國的政治、軍事、經濟、文化和外交中樞,在抗戰時期其發揮了戰時首都及陪都的功能,為抗日戰爭和世界反法西斯戰爭的勝利作出了巨大的歷史貢獻。重慶不能不說是戰時中國的一個歷史縮影,是研究抗戰歷史的典型「樣本」。

早在九一八事變發生之後,蔣介石即有在西北建立後方根據地與日本抗衡的考慮。[註2]隨之發生的 1932 年的一‧二八事變更是堅定了蔣介石遷都的決心,南京國民政府於 1932 年 1 月 30 日發布《移駐洛陽辦公宣言》,在 3 月 1 日至 6 日在洛陽召開的國民黨四屆二中全會上通過的決議案中即有《確定行都和陪都地點案》,並議定以洛陽為行都,長安為陪都,定名西京,隨後成立籌備委員會著手此事。雖然西北地區戰略位置突出,但其經濟落後資源匱乏,加之距離淪陷區較近,其作為中國進行持久戰的中心所在地顯得條件不夠充分。因此,幾經考察後,蔣介石於 1935 年提出應將長江以南和平漢線以西地區作為抗日戰爭的主要陣線,並以「川黔陝三省為核心,甘滇為後方」,[註3]並著手在西南地區強力進行軍事工業建設,疏導交通和整頓經濟秩序。為鼓舞士氣,蔣介石進一步強調:即使國民政府十八省中失去了十五省,有川滇黔三省作為穩固後方,戰勝敵人和收復失地一定指日可待,一定能夠「復

---

〔註2〕如《蔣介石日記》(手稿本)1931 年 9 月 26 日表達了遷都西北,集中主力於隴海線與日本一戰的想法。10 月 3 日又表明無論和與戰,西北實為政府的第二根據地。轉引自楊天石《找尋真實的蔣介石》(上冊),太原:山西人民出版社,2008 年版,第 201 頁。

〔註3〕薛光前:《八年對日戰爭之國民政府》,臺灣:商務印書館,1978 年版,第 59 頁。

興國家，完成革命！」〔註4〕。1935年10月初，蔣介石在四川成都作了《四川治亂為國家興亡的關鍵》的演講，在演講中其進一步指出：「今後的外患一定日益嚴重。……其實，不必說川滇黔三省存在，就是只剩下我們四川一省，天下事也還是大有可為。」〔註5〕至此，南京國民政府將西南作為抗戰大後方中心所在地的思考由先前的考察轉化為意見的形成，並著手發展西南工業和交通設施，採取「持久戰」的戰術和「以空間換時間、積小勝為大勝」的戰略應對日本帝國主義的侵略。

蔣介石於1937年11月19日在南京召開國防最高會議，並作了題為「國府遷渝與抗戰前途」的講話，在講話中其闡述了自九·一八發生之後國民政府始終在醞釀製定一套行之有效的對日作戰方案的戰略思考，並且到了四川之後，蔣介石愈發感覺對日作戰只有首先形成穩固的後方根據地，才能最終贏取抗戰勝利。四川的區位優勢表現在其不僅物產豐富、土地廣闊，而且人力眾多，對抗日本侵略，地理方位上進可攻退可守。1935年蔣介石再次到達四川進行考察，其感覺自己確實找到了可以堅持持久戰的後方根據地。至此，南京國民政府開始積極準備抗戰。不僅如此，蔣介石還在講話中強調：「現在我們自八·一三淞滬開戰以來，將士們英勇抗戰到了今天，雖然犧牲慘重，已使敵人膽寒，這都因為抗戰已有了預定計劃，所前方殺敵格外安心。如果在四川根據地沒有建立以前，不僅上海不能作戰，就是在南京在漢口亦不能和敵人抵抗。」〔註6〕由此，蔣介石自信的認為，只要後方穩固，國家一定不會有滅亡；只要南京國民政府存在，即使軍事上局部出現失利也一定要與日本帝國主義抗爭到底。歷經數年的籌措和準備，國民政府最終確定將中央機關遷至重慶，並於1940年9月明令將重慶作為陪都，至此，重慶作為抗日戰爭戰略大後方的核心地位得以確立。

### （三）陪都警政改革在抗戰時期具有示範意義

陪都重慶在抗戰大後方作為首善之區，戰時警政改革的意義更為突出。國家為適應戰爭的需要，改革警察制度、擴充警察職能及擴展警察主體身份

〔註4〕國史館印行：《蔣中正總統檔案：事略稿本》，卷32，2008年版，第215頁。
〔註5〕「總裁講演四川治亂為國家興亡的關鍵」，載葉育之著：《四川史地表解》，成都出版社，1941年版，第75頁。
〔註6〕重慶市檔案館、重慶師範大學合編：《中華民國戰時首都檔案》，第一卷，第58頁，渝內字（2007）100號。

等加強社會控制的措施，都是在陪都先行先試，繼而廣泛推行。抗戰大後方以陪都重慶為中心的警政建設是中國警政史研究中至關重要的一部分，更是對當今的警政改革及民眾的國防教育意義重大。

首先，陪都重慶戰時警政改革，是南京國民政府自成立以來警政建設進程中的重要一環。南京國民政府統一全國後，通過一系列立法活動，基本建成了以憲法性文件、民商事法、刑事法、訴訟法、行政法、法院組織法等基本法律為核心的近代六法體系，初步實現了中國法制向近代化的轉型，為實現包括警政建設在內的法制近代化改革提供了法律依據。至 1937 年抗戰爆發，國家為穩定社會秩序和鞏固政權，加大了警政建設的力度，制訂了有關警察組織、警務制度等一系列法律規章，使清末以來國家警政建設近代化進程步入較為完善的階段。從而為國家戰時警政改革奠定了比較厚實的基礎。可以說，陪都重慶戰時警政改革不僅是南京國民政府自建立以來推行警政建設的一個環節，而且也是在全民族抗戰的特定時空下警政發展繼續推進的一個重要階段。

其次，陪都重慶警政改革在抗戰時期力度最大、措施得力。重慶乃國家戰時首都和陪都所在地，實為國家的政治心臟。保衛重慶安全和穩定的規格比任何城市都高，早在國民政府遷都之初，內政部就著手組建內政部警察部隊，主要負責重慶戰時警衛事宜，並配合重慶衛戍司令部做好重慶市區的治安管理和社會控制工作。特別是在日本對重慶長達 5 年半戰略大轟炸〔註 7〕及漢奸肆虐的時期，國家對戰時重慶警察的防空職能和肅奸職責的要求應該是最為嚴格的。

第三，陪都重慶警政改革關係到國家軍政中樞的安全，對中國取得抗日戰爭的最終勝利意義重大。隨著國家遷都重慶，國民黨中央和國民政府各部門隨之移駐，重慶迎來了中國歷史上較大規模的人口遷徙。隨著人口迅速增加，漢奸間諜等敵對分子乘機滲入，給重慶帶來了極大的治安壓力，拱衛陪都安全對於整個戰局的意義不言而喻。陪都警政改革，歷史地賦予了重慶警察更多的職能和更為嚴苛的履職要求。而陪都重慶戰時警政改革措施及其實踐，無疑對於抗戰大後方乃至全國警政建設具有指導和示範意義。

---

〔註 7〕重慶大轟炸，指中國抗日戰爭期間，自 1938 年 2 月 18 日起至 1943 年 8 月 23 日，日本對戰時中國首都重慶進行的長達 5 年半的戰略轟炸。據不完全統計，在此期間日本對重慶實施無差別轟炸 218 次，出動飛機 9513 架次，投彈 21593 枚，炸死市民 11889 人、炸傷 14100 人，炸毀房屋 3 萬多幢，市區大部分繁華地區被破壞。

### （四）戰時陪都警政改革為中國警政史研究的薄弱環節

　　就中國近代警政研究而言，清末、北京政府時期和南京國民政府初期警政制度研究有一些成果；戰前南京國民政府警政建設研究，則主要側重於區域警政制度研究；而抗戰時期警政制度研究的論著並不多見。目前所見較為系統研究抗戰大後方警政制度的成果，當數四川大學歷史學博士生曹發軍的論文《抗戰時期成都警政建設》。不過筆者拜讀後認為，雖然四川在抗戰大後方中佔據著非常重要的地位，成都作為省會，其警政建設意義突出。但是成都與戰時首都和陪都重慶的地位相比則不在同一層次。在警政改革方面，無論其必要性、重要性及改革力度等也存在明顯的差距。重慶在抗戰大後方的戰略地位前已述及，作為戰時首都和陪都的重慶在政治、軍事、經濟、文化和外交上的核心作用毋庸置疑。其警政改革所表現出的鮮明特色及其示範意義，足以說明陪都警政改革堪為整個大後方警政建設的典型和代表。近年來，關於抗戰大後方司法研究成果喜人，刑事司法領域亦有所建樹。警察作為刑事執法的重要力量，與刑事司法部門關係密切。然而，至今關於陪都警政建設尚無較為系統深入的研究成果，其仍是中國警政史特別是抗戰大後方警政研究中的盲點。故以戰時陪都重慶為樣本，梳理和探討抗戰時期國家警政制度的改革、運行狀況及戰時警政改革的社會功能，對彌補戰時抗戰大後方警政史研究和中國警政發展史研究意義深遠。

## 二、關鍵詞概念界定

　　**警察**。警察是國家政權中，依法運用強制的、特殊的手段維護國家安全與社會秩序的武裝性質的行政力量。警察是現代國家專門執行警察職能的機構和人員對社會進行公共管理的一個重要手段，秉承國家意志實施社會控制。在我國古代，警、察二字通常分開使用。《說文解字》曰：「警，戒也」，〔註8〕後經發展演化，引申出戒備、警備、警衛巡視等意。又「察，覆也。」〔註9〕有觀察、仔細看、反覆端詳之意，後來演化出的意思更為豐富。古籍亦有「警察」的辭語出現，卻並非近代以來形成的警察職業類型的稱謂，且多作動詞使用。如《舊五代史》中亦有記載：「斬告變者，軍人訴屈，請希甫啖之。既而詔曰：『左散騎常侍、集賢殿學士判院事蕭希甫，身處班行，職非警察，輒

---

〔註8〕〔漢〕許慎：《說文解字》，中華書局 1963 年影印本第 53 頁。
〔註9〕〔漢〕許慎：《說文解字》，中華書局 1963 年影印本第 150 頁。

引兇狂之輩』」。〔註 10〕可見，古代的警察詞義多為警戒觀察。清末以後，警察出現的頻率較高，其雖然與巡捕、巡警、巡查等並用，然而警察的職業化特徵已經逐漸明顯。《清史稿》中出現的「興警察」、「辦警察」、「設警察」、「警察學堂」、「警察官」、「警察隊」、「警察長」等說法更是突顯了警察的職業特性，在用法上則以作為名詞為主，已經與近代意義的職業警察接軌。

　　**警政**。警政是對有關警察的國家和政府事務的統稱，簡而言之，可以將其界定為宏觀方面有關警察的立法活動和微觀方面有關警察的具體執法活動兩個層面。此乃研究抗戰時期陪都警政改革的著力點。

　　我國警政一詞始於清末。光緒三十一年（1905 年）9 月「初置巡警部，以徐世昌為尚書」，〔註 11〕設「警政、警法、警保、警學、警務五司，」〔註 12〕是為我國最早的管理京師地方警察和統轄全國警政的最高機構。1906 年 9 月，清廷頒布《預備立憲先行釐定官制論》，開始官制改革。同年即頒行《民政部官制章程》，「改巡警部為民政部」。〔註 13〕民政部設民治、警政、疆里、營繕、衛生五司。警政司設郎中二人、員外郎四人、主事五人；下轄習藝所，設「員外郎一人，兼充消防隊總理，主事二人，五品警官五人，消防隊三人。」於此，民政部成為清末維持社會秩序的重要行政司法機關。〔註 14〕關於警政，我國警政史專家萬川教授的觀點是指按照統治階級意志所規範的，由國家警察機關具體實施的，圍繞維護國家安全和社會治安秩序等內容展開的一系列管理活動。〔註 15〕

　　警察事務是社會治理的重要組成部分，圍繞警察這類社會管理主體所進行的制度設計和法規制定最終形成了結構緊密的警政體系。近年來警政研究的學術成果日漸增多，無論是公安院校的研究學者還是具體從事警務實踐的

---

〔註 10〕《舊五代史》卷七十一《蕭希甫傳》，北京：中華書局，1976 年版，第 940～941 頁。

〔註 11〕《清史稿》卷 24《德宗本紀二》。

〔註 12〕《清史稿》卷 119《職官六·新官制》。

〔註 13〕《清史稿》卷 24《德宗本紀二》。

〔註 14〕另，《清史稿》中提及「警政」還有幾處：「民政部上整頓京師內外警政酌改廳區章程。」（卷 25《宣統皇帝本紀》）；而石首、監利，光緒末釐出廠地二萬餘畝，俱令招墾，以租息濟警政小學。（卷 120《食貨一》）；「瑞澂，……出為九江道，有治聲，移上海道。滬地交涉繁，瑞澂應付縝密，頗負持正名。尤顜意警政，建總局，廓分區，設學堂，練馬巡，中外交誦其能。」（卷 471《瑞澂傳》）。

〔註 15〕萬川：《中國警政史》，北京：中華書局，2006 年版，第 9 頁。

公安人員都有圍繞近代警政發展進行深入研究的學術成果。法學領域中行政法和法律史學者亦將研究範圍擴展至警政領域。抗戰時期的陪都警政改革作為中國警政發展進程中一個獨特的環節，對其作深入研究實屬必要。

抗日戰爭。習近平總書記 2015 年 7 月 30 日在中共中央政治局第二十五次集體學習時講話中指出：「我們不僅要研究七七事變後全面抗戰 8 年的歷史，而且要注重研究九一八事變後 14 年抗戰的歷史，14 年要貫通下來統一研究。」〔註16〕鑒於本文論述內容以陪都重慶為時空範圍，故引證資料主要出自 1937 年七七事變後的全面抗戰時期。

七七事變又稱盧溝橋事變，其源於日本 1937 年 7 月 7 日在盧溝橋演習時藉口士兵失蹤強入宛平搜查，由此引發了中日雙方的全面戰爭。隨著日本與德國、意大利軸心國的形成，日本的瘋狂行徑日漸加強，並於 1941 年發動了太平洋戰爭。隨後，中國與美國、英國等國結成戰爭同盟共同與德國、意大利、日本等法西斯國家作戰。至此，中國抗日戰爭捲入世界戰爭，其不僅是太平洋戰爭的主戰場之一，而且還是第二次世界大戰戰場非常重要的一部分。隨著戰勢逆轉，日本一敗塗地，無奈之下於 1945 年 8 月 15 日宣布無條件投降，至此，中國最終贏得了抗日戰爭的最終勝利。新中國成立之後，在中國共產黨的英明領導之下，特別是迎來改革開放的春天之後，中國在政治、經濟、文化、軍事、外交諸領域取得了舉世矚目的成就。2014 年 2 月 27 日，十二屆全國人大常委會第七次會議經表決通過，將 9 月 3 日確定為中國人民抗日戰爭勝利紀念日。

## 三、相關學術研究概述

近年來關於清末至南京國民政府時期的警政研究成果包括兩大方面。

其一、論文方面。按照研究對象所處的時代進行分類，清末警政制度研究成果有黃晉祥《清末的地方警政管理體制》〔註17〕、段銳《中國近代警政史研究綜述》〔註18〕、鄭發展《清末民初警政系統的建立與戶政管理》〔註19〕、

---

〔註16〕「習近平：讓歷史說話用史實發言　深入開展中國人民抗戰研究」，載《人民日報》2015 年 08 月 1 日第 1 版。

〔註17〕黃晉祥：《清末的地方警政管理體制》，《長春理工大學學報》，2012 年 3 月，第 104 頁。

〔註18〕段銳：《中國近代警政史研究綜述》，《民國研究》，2013 年 5 月，第 46 頁。

〔註19〕鄭發展：《清末民初警政系統的建立與戶政管理》，《鐵道警官高等專科學校學報》，2013 年 2 月，第 53 頁。

姚嵐《康有為的警政思想》〔註20〕、汪勇《略論清末警政建立對租界警察的借鑒》〔註21〕、李宜超《試論紳商與清末警政改革》〔註22〕、周執前《清末警政與中國城市管理的法治化》〔註23〕及《張謇的警政思想及其實踐》〔註24〕等，它們從不同層面闡釋了清末的警政發展概況。中國政法大學法律史博士生孟慶超的學位論文《中國警制近代化研究——以法文化為視角》〔註25〕，將警政制度與法文化融為一體，分析比較中國傳統警察制度與近代警察制度、近代警察制度與西方警察制度的區別聯繫，著重從法制角度探究近代警察制度的嬗變，並以中國近代警察制度的統一化、社會化、法治化三大特徵為依託，較為深入地剖析了中國近代警察制度的法文化內涵。

　　南京臨時政府雖然提出一些較為前衛的警政建設理念，但是因其存續時間較短，關於建警的藍圖僅僅停留在宏觀規劃上，而尚未來得及付諸實施。故相關研究成果很少，具有代表性的有湖北警官學院柳衛民的《南京臨時政府警察教育立法——中國近代警察教育法的轉型》〔註26〕和安徽財經大學許采俊的《南京臨時政府警政探究》〔註27〕。北京政府時期的警政建設意義頗大，進一步瓦解了中國傳統的治安體系，將中國近代職業警察建設推上法制軌道。例如劉亞利《清末、民國時期北京城市發展變遷與巡警制度的創立》〔註28〕、夏敏《北洋政府時期的地方警政建設》〔註29〕、梁翠《論北洋政府的警政建設及其

〔註20〕姚嵐：《康有為的警政思想》，《法制與經濟》，2010年4月，第115頁。

〔註21〕汪勇：《略論清末警政建立對租界警察的借鑒》，《山西大學學報》，2010年1月，第60頁。

〔註22〕李宜超：《試論紳商與清末警政改革》，《湖北警官學院學報》，2011年7月，第86頁。

〔註23〕周執前：《清末警政與中國城市管理的法治化》，《長沙大學學報》，2008年11月，第57頁。

〔註24〕邱華東，史群：《張謇的警政思想及其實踐》，《南通大學學報》，2006年9月，第116頁。

〔註25〕孟慶超：《中國警制近代化研究——以法文化為視角》，中國政法大學博士論文，2004年。

〔註26〕柳衛民，沈國紅：《南京臨時政府警察教育立法——中國近代警察教育法的轉型》，《理工高教研究》，2010年2月，第192頁。

〔註27〕許采俊：《南京臨時政府警政探究》，《改革與開放》，2010年12月，198頁。

〔註28〕劉亞利：《清末、民國時期北京城市發展變遷與巡警制度的創立》，《北京人民警察學院學報》，2011年2月，第99頁。

〔註29〕夏敏：《北洋政府時期的地方警政建設》，《江蘇警官學院學報》，2003年6月，第120頁。

特點》〔註30〕和《論北洋政府「劃一警制」的舉措》〔註31〕、沈培菊的《北洋
政府時期的地方警政建設》〔註32〕等；研究生論文有《北京政府警政建設主要
措施述論》〔註33〕、《北洋政府時期京師警察廳研究》〔註34〕，觀其內容，這
些成果著重闡釋了北京政府時期警政建設的一系列措施，不僅完善了近代警察
機構建制，而且不斷加強警察立法、努力培養警政人才，從制度和人事兩個方
面不斷健全近代警察機構的體系，並且其以警察職能為切入點，全面論述了北
京政府時期京師警察廳的治安職能、市政職能和進行慈善救濟職能等。

關於南京國民政府時期警政期刊論文有《轉型之初的政制調整：1928～1929
年南京國民政府議設警務處始末》〔註35〕、《李士珍警政改革思想述論》〔註36〕、
《李士珍警察教育思想述論》〔註37〕、《南京國民政府時期蔣介石的警政思想述
評》〔註38〕等；學位論文則突顯地域性且多集中於19世紀二十到四十年代，《南
京國民政府警政研究（1927～1937）》〔註39〕、《南京國民政府時期江南鄉村治
安及防控體系研究》〔註40〕、如王紅《1929～1937年濟南警政建設研究》〔註
41〕、葉軍春《1927～1939年江西警政研究》〔註42〕、彭雪芹《1927～1937年

〔註30〕 梁翠：《論北洋政府的警政建設及其特點》，《河南警察學院學報》，2013年2
月，第78頁。
〔註31〕 梁翠：《論北洋政府「劃一警制」的舉措》，《河南警察學院學報》，2012年1
月，第113頁。
〔註32〕 沈培菊：《北洋政府時期的地方警政建設》，《警察實戰訓練研究》，2012年3
月，第116頁。
〔註33〕 馮春暉：《北京政府警政建設主要措施述論》，貴州師範大學碩士論文，2009年。
〔註34〕 丁芮：《北洋政府時期京師警察廳研究》，中國社會科學研究生院博士論文，
2011年。
〔註35〕 陳明：《轉型之初的政制調整：1928～1929年南京國民政府議設警務處始末》，
《江蘇警官學院學報》，2015年2月，第120頁。
〔註36〕 鄔定友，郝驥，倪根寶：《李士珍警政改革思想述論》，《江蘇警官學院學報》，
2007年4月，第134頁。
〔註37〕 柳衛民：《李士珍警察教育思想述論》，《中國電力教育》，2010年10月，第6
頁。
〔註38〕 劉錦濤：《南京國民政府時期蔣介石的警政思想述評》，《福建論壇》，2009年
4月，第24頁。
〔註39〕 賴光洪：《南京國民政府警政研究（1927～1937）》，貴州師範大學碩士論文，
2014年。
〔註40〕 李飛：《南京國民政府時期江南鄉村治安及防控體系研究》，安徽師範大學碩
士論文，2012年。
〔註41〕 王紅：《1929～1937年濟南警政建設研究》，山東大學碩士論文，2013年。
〔註42〕 葉軍春：《1927～1939年江西警政研究》，江西師範大學碩士論文，2011年。

河南警政研究》〔註43〕、楊子龍《南京國民政府時期甘肅警政建設研究》〔註44〕、黃霞《二十世紀三四十年代四川警政建設》〔註45〕等。謝玲《陪都時期警政制度研究》〔註46〕，主要簡述陪都警察的一系列社會管理職能，而西南政法大學碩士研究生淦琳的碩士論文《試論重慶地區近代警察制度》〔註47〕，主要從近代重慶警察的社會化、法制化、職業化等方面闡釋近代警察的特徵。總體來說，抗戰前關於南京國民政府警政建設的文章較多，涉及抗戰時期警政建設的論文主要是前已述及的川大歷史學博士生曹發軍的《抗戰時期成都警政研究》〔註48〕。抗戰時期的陪都警政建設史料是中國抗戰史的重要組成部分，更是中國警政史中的瑰寶。時至今日，隨著對近代警政研究不斷加深，研究抗戰大後方的警政建設特別是抗戰時期的陪都警政建設顯得尤為必要。

其二、關於學術專著方面。民國時期的警察專著有李士珍《戰時警察業務》〔註49〕及《現代各國警察》〔註50〕、夏全印《偵探心得》〔註51〕、惠洪《刑事警察學》〔註52〕、鄭宗楷《警察法總論》〔註53〕、周代殷《警察的新生活》〔註54〕、《中國警察行政》〔註55〕、《消防警察》〔註56〕、李倬《警察實務綱要》〔註57〕、余秀豪《警察學大綱》〔註58〕、吳貴長《犯罪偵查》〔註59〕、吳光韶《戰時警察》〔註60〕、阮光銘《警政概論》〔註61〕、丁光呂《警

〔註43〕彭雪芹：《1927～1937年河南警政研究》，河南大學碩士論文，2006年。
〔註44〕楊子龍：《南京國民政府時期甘肅警政建設研究》，甘肅政法學院碩士論文，2015年。
〔註45〕黃霞：《二十世紀三四十年代四川警政建設》，四川師範大學碩士論文，2006年。
〔註46〕謝玲：《陪都時期警政制度研究》，西南政法大學碩士論文，2006年。
〔註47〕淦琳：《試論重慶地區近代警察制度》，西南政法大學碩士論文，2014年。
〔註48〕曹發軍：《抗戰時期成都警政研究》，四川大學博士論文，2009年。
〔註49〕李士珍：《戰時警察業務》，商務印書館發行，1939年4月26日。
〔註50〕李士珍：《現代各國警察》，商務印書館，1947年版。
〔註51〕夏全印：《偵探心得》，京華印書館，1935年版。
〔註52〕惠洪：《刑事警察學》，商務印書館，1936年版。
〔註53〕鄭宗楷：《警察法總論》，商務印書館，1938年版。
〔註54〕周代殷：《警察的新生活》，中正書局，1935年版。
〔註55〕內政部警政司編：《中國警察行政》，上海：商務印書館，1935年。
〔註56〕內政部警政司編：《消防警察》，上海：商務印書館，1935年。
〔註57〕李倬：《警察實務綱要》，商務印書館，1937年版。
〔註58〕余秀豪：《警察學大綱》，商務印書館，1938年版。
〔註59〕吳貴長：《犯罪偵查》，中央警官學校1936年印本。
〔註60〕吳光韶：《戰時警察》，重慶：中山文化教育館編印，1939年。
〔註61〕阮光銘：《警政概論》，商務印書館，1931年版。

察法規》〔註62〕、范陽《警察行政法》〔註63〕、陳允文《中國的警察》〔註64〕、
鄧裕坤《現代警察研究》〔註65〕、俞叔平《刑事警察與犯罪偵查》〔註66〕、
李秀生《中國警察行政》〔註67〕、及聞均天《警保聯繫之理論與設施》〔註68〕
等。韓延龍先生主編的《中國近代警察史》〔註69〕是研究近代警政發展史的
一部大作。其以清末警察制度產生的歷史背景為起點，闡釋了中國近代警察
制度於清末的肇始、北洋政府時期的發展及南京國民政府時期的日趨完善的
演進歷史，就近代警察制度體系的構建發展作了較為細緻深刻的探討分析，
可以說是關於中國近代警察發展的一部較成體系的警察簡史。特別是現今關
於南京臨時政府時期警政建設研究的學術論文多以此書為參考資料，此書應
是開啟了南京臨時政府時期警察資料研究的先河，並且對北洋政府時期的警
政發展進行了較為客觀公正的評價。其以制度為基礎、以警察主體為核心對
南京國民政府時期的警政建設進行了全面詳盡的梳理。另一部涉及近代警政
建設的專著是北京警察學院教授萬川主編的中國警察通史《中國警政史》〔註
70〕，此書的核心點在於對警政的外延和內涵進行了合理界定，為研究近代警
政找到了著力點。孟慶超的《中國警察近代化研究》〔註71〕一書也是近代警
政研究的參考文本。對南京國民政府警政發展影響最大的是李士珍和蔣介石，
分析研究二人關於警政建設的檔案資料對研究南京國民政府警政發展十分重
要。潘嘉釗等人編輯《蔣介石警察密檔》〔註72〕就是一部較為寶貴的著作。

　　綜上，學界在我國近代警政建設方面已經取得不少成果，為本文研究提
供了一些可資借鑒的材料。同時，也凸顯本選題進一步系統、深入、全面考
察抗戰時期大後方、特別是戰時首都和陪都重慶警政改革的理論意義與學術
價值。

---

〔註62〕丁光呂：《警察法規》，大東書局，1937年。
〔註63〕范陽《警察行政法》，北京：商務印書館，1940年。
〔註64〕陳允文：《中國的警察》，商務印書館，1935年。
〔註65〕鄧裕坤：《現代警察研究》，南京：中國警政出版社發行，1947年。
〔註66〕俞叔平：《刑事警察與犯罪偵查》，遠東股份有限公司，1947年版。
〔註67〕李秀生：《中國警察行政》，中央警官學校第四分校印行，1947。
〔註68〕聞均天：《警保聯繫之理論與設施》，商務印書館，1942年編印。
〔註69〕韓延龍、蘇亦工等：《中國近代警察史》，社會科學文獻出版社，2000年版。
〔註70〕萬川：《中國警政史》，北京：中華書局，2006年版。
〔註71〕孟慶超：《中國警察近代化研究》，中國人民公安大學出版社，2006年版。
〔註72〕潘嘉釗等：《蔣介石警察密檔》，北京：群眾出版社，1994。

## 四、研究思路與方法

### （一）本文研究思路

首先從縱向角度，回溯我國近代警政制度的引入，及其通過本土立法活動逐步移植，創建了我國早期的警察組織和警務制度；歷經清末、北京政府時期的調整和適應，至南京國民政府前期近代化警政體制基本形成。繼而從橫向的角度，對抗戰爆發後為適應戰爭形勢的需要，陪都重慶警察常規職能改革的內容，戰時特殊警務職能的擴展，以及戰時警察主體身份的延伸作深入探討。最後進行綜合評析。

1. 梳理與復原。由於抗戰時期陪都警政改革研究具有一定開拓性，故首先應對其基本線索和史實進行梳理與復原。一是釐清晚清法制變革以來，特別是南京國民政府建立至 1937 年抗戰爆發的 10 年間，國家警政建設近代化改革進程及其取得的主要成果。二是抗戰期間國家警政改革措施及其在大後方的實施。國家為適應抗戰建國的需要，採取的一系列戰時警政改革措施，除少部分針對戰區外，絕大多數都在大後方先行先試，並取得了顯著的成果。三是以重慶館藏民國警政檔案為支撐進行實證研究，再現陪都重慶各類各級警務機關在戰時環境下履行職責的實然狀態。法社會學理論認為，法學研究不能僅僅侷限於法律制度的本身，還應當重視法制運行過程中與社會之間的關係，關注法律秩序與政治生態環境、風俗習慣、地理環境、生活方式、宗教文化、經濟日用之間的互動關係，通過法律實施、功能和效果的考察，指導立法並對法律控制的社會效益作出客觀評估，對法律制度的變化趨勢作出預測。

2. 歸納與總結。在所掌握材料的基礎上進行如下幾個方面的探討與提煉。一是對抗戰大後方、特別是陪都重慶警政改革的定位。通過與戰前警政建設相比較，闡明陪都重慶的警政改革不僅是南京國民政府自建立以來推行警政建設的進程，而且是在全民族抗戰的特定時空下警政發展繼續推進的一個重要階段。二是重點闡釋了陪都警政改革在維護抗戰大後方穩定，強化戰時首都和陪都重慶社會治安，肅清漢奸敵對勢力及保障人民生命財產安全的社會功能。三是突出強調陪都警政改革對於戰時社會管理與社會控制體系的建構，以凸顯大後方警政改革的戰時特點。

## （二）研究方法

　　本文擬突破常態下的警政研究，以陪都重慶的警政改革為樣本。主要利用重慶市檔案館現存的民國時期警政檔案資料和重慶市圖書館的警政史料，以南京國民政府警政法規作為論文研究的基礎資料。採用法學、社會學、歷史學相結合的研究方法，對抗戰時期陪都重慶警政改革進行實證研究，並凸顯法律史論文的基本屬性。在整個論文架構中，自清末近代化職業警察誕生至南京國民政府時期的警察制度體系日臻完善，對這一歷史時期的警政建設進程的分析研究，主要以辯證唯物主義理論為指導，以期呈現抗戰時期南京國民政府警察制度在戰爭影響下的發展變化。陪都重慶作為抗戰大後方之核心，研究戰時陪都重慶的警政改革又是對抗戰大後方警政建設的突出反映。而南京國民政府的抗戰大後方宏觀建警方略對陪都重慶的警政改革必然具有重要的指導意義，這種國家與地方的互動關係又體現了本文研究運用辯證唯物主義關於整體與部分之間關係的辯證觀點。

# 第一章　移植與調適：近代中國警政建設溯源

　　經歷了第一次鴉片戰爭到庚子之役數次戰爭的嚴重挫敗後，清政府從學習西方的器物文明逐漸轉向政治文明。清政府一些有識之士認織到進行政治變革必須採用君主立憲政體。君主立憲是那個時代政治妥協的產物，也是較為適應清末政治改革的有效選擇。伴隨著君主立憲政體的確立，近代警政建設又成為當時構建社會治安防控體系的必然選擇。一如有些學者在論述憲政與警政關係時所說的那樣：「以憲政思想統帥警政思想，以憲政建設統領警政建設，以警政思想豐富憲政思想，以警政建設推動憲政建設。」〔註 1〕清末警政建設在君主立憲的浪潮中隨之孕育發展開來。隨著 1911 年 10 月武昌起義爆發，革命之火燃燒大半中國，革命黨最終推翻了清王朝兩百多年的封建統治，結束了中國數千年的封建專制時代，並建立了全國統一的中央民主政府，參與起義的各個省區代表紛紛聚集武昌，討論並制定了《中華民國臨時政府組織大綱》，提出在召集國民會議、頒布憲法之前，組織臨時政府。1911 年 12 月 29 日，各省代表又在南京開會，選舉剛剛回國的孫中山為臨時大總統。1912 年 1 月 1 日，孫中山在南京宣誓就任中華民國臨時大總統，宣告中華民國臨時政府成立，〔註 2〕建立了中國歷史上第一個資產階級性質的民主共和國——中華民國。雖然中華民國臨時政府存續時間較為短暫，但孫中山和他領導的革命黨人卻提出了禁止和廢除刑訊逼供等一系列的警政改革措施，為近代中

〔註 1〕張超：《憲政建設與警政思想革命》，南京：江蘇警官學院學報，2005 年 11 月，第 71 頁。
〔註 2〕馮小琴：《中國近代史》，武漢：武漢大學出版社，2011 年版，第 257 頁。

國警政發展奠定了有利的思想基礎。北洋政府時期，軍閥混戰，民不聊生，警政發展建樹頗微。作為北洋軍閥的頭子、清末政府中的典型實力派，袁世凱深諳警政建設，其不光具備警政建設的思想基礎，更是近代警政建設的積極實踐者，在推動近代警政發展中功不可沒。南京國民政府成立後，為了保衛新生政權，捍衛來之不易的革命成果，在清末以來警政建設的基礎上，積極推行警政改革，逐步完善了警察制度體系，為抗戰時期陪都警政改革奠定了有利的基礎。

## 一、清末（1840～1911 年）：近代化警政建設的肇始

清末是中國警政近代化建設的肇始時期，在近代中國警政發展中具有開啟先河的作用。儘管清末警政在引進日本警政制度中略顯粗糙，但是其先進的辦警理念和制度構建使國人大開眼界，為北洋政府時期的警政發展奠定了堅實的基礎。

### （一）清末警政建設的思想基礎

在中國近代警政的發展史上，清末警政建設可謂意義重大，其不僅是中國近代警政建設的肇始者，更是中西文明激烈碰撞時，先進的中國人學習西方、改革政治體制的重要抉擇，為中國近代警政建設的發展起到了重要的奠基作用。然而任何一種制度的建構，都必然有其思想先聲的指引。錢穆老先生在闡釋制度與思想的關係時亦曾強調理論和思想對制度的重要指導作用及制度對社會政治思想的參考價值，其認為「忽略了中國以往現實的政治制度，而來空談中國人以往的政治思想，也決無是處。」〔註 3〕清末警政建設也不例外，經歷了改良思想家們的精神洗禮和警政專家的實際推動，清末近代警政建設已經具備必要的理論和輿論基礎，在具體的警政實踐中雖歷經風雨，卻終能不斷開拓前行。縱觀當時的歷史背景，清末警政建設已經具備了較為厚實的思想基礎，具體而言，其主要包括三種思想來源，一是改良思想家們的警政思想；二是清廷政府要員的警政思想，三是日本人川島浪速的警政思想。

#### 1. 改良主義思想家的警政思想

清末的警政思想家除了早期的何啟、胡禮垣、鄭觀應、陳熾等人，還包

---

〔註 3〕錢穆：《中國歷代政治得失》，第 3 版，北京：生活・讀書・新知三聯書店，2012 年版，第 48 頁。

括維新時期的康有為、梁啟超、黃遵憲等人。筆者以為，這些警政思想家們，因其在清末警政建設的觀念上或實踐中具有改進、改良的性質，不妨統稱為改良思想家。又因清末警政改良思想家人員眾多，難以窮盡，筆者僅就當時警政思想較為系統完善的鄭觀應和黃遵憲的理論觀點進行具體論述，以期展示清末警政建設思想源動力之一域。

其一，鄭觀應的警政思想。鄭觀應的警政思想圍繞他的一系列「商戰」思想自然衍生而來。縱觀鄭觀應的生平，其早期棄學從商之時，即在上海、天津學習經商之道，這些中國早期的通商口岸是最早接受西方理念的據點，不僅培養了鄭觀應的經濟頭腦，也在潛移默化中塑造了保證商業經濟良性運行的警政建設思想。19 世紀中後期，鄭觀應寫成了《易言》一書，書中揭露了帝國主義侵略中國的罪惡，並提出了學習西方科學技術、發展工商業和促使中國富強的具體措施。他指出：要達到這個目的，必須把封建專制制度改造為「君民共主」政治制度，即西方資本主義國家的議會制度。1894 年鄭觀應的經典巨著《盛世危言》問世，它不僅影響了後來的康梁等維新人士，而且對以孫中山為首資產階級革命派產生巨大啟發。

鄭觀應認識到傳統的維持經濟發展秩序的手段，難以適應新興經濟的發展需要。西方經濟發展能夠得到有效保障，乃是在其維持社會治安秩序上有更為專業，更具法制素養的警察履行社會管控職能。於此，鄭觀應在《盛世危言》中，專門加入《巡捕》一篇，鄭觀應《巡捕》篇中的巡捕與近代西式警察其實可以等同劃一，鄭觀應的警政思想源於其對西方警政理論的學習和對租界巡捕房建設的親眼目睹。其《巡捕》篇所包含的警政思想主要有以下幾點。第一、突出強調警察預防違法犯罪的重要性。巡捕晝夜巡邏，不僅可以震懾違法犯罪，而且可以及時平息事端。巡捕在執法中遇到違法犯罪及形跡可疑的情形，可以立即處置並交送巡捕房和官府查辦。因此，地痞流氓及有違法犯罪想法的人在此種警務模式之下其必然有所收斂，民眾之間發生的小糾紛一遇巡捕巡邏管控的震懾也會馬上息事寧人，其最終「不致釀成命案，而其禁止犯法，保護居民，實於地方民生大有裨益。」〔註 4〕而中國現今並無巡捕，其結果導致各地流氓惡霸橫行，其「皆因內地城鄉無巡捕往來彈壓，故肆無忌憚，愍不畏法。」〔註 5〕因此，要學習西法「通都大邑俱設巡捕房」，

<hr>

〔註 4〕《夏東元・鄭觀應集（上）》，上海：上海人民出版社，1982 年版，第 512 頁。
〔註 5〕《夏東元・鄭觀應集（上）》，上海：上海人民出版社，1982 年版，第 512 頁。

從而震懾違法犯罪，維護社會安寧。第二、強化對警察的監督管理。鄭觀應目睹了差役勾結地方士紳的現狀，清末社會動盪，不法分子趁時局混亂，渾水摸魚，擾亂社會秩序，而某些差役和士紳則與其沆瀣一氣實行坐地分贓，縱容並從賭局和扒竊拐騙中獲利。針對此種情形，在《巡捕》篇中鄭觀應進一步強調在日常管理中要嚴格約束巡捕，針對舞弊營私的官員，只有嚴厲懲戒才能遏制腐敗的根源，從而振興社會風氣。在巡捕的具體管理上要明確指定法令規章，巡捕必須嚴格按時履行勤務，違反規定者必須受到處罰。不僅如此，其還要求總巡或幫辦在巡捕未履行勤務之前，要按員進行點名，並將巡捕派遣各地，切實履行保護民眾和緝拿流氓地痞及違法犯罪分子。對於在具體執法中性情殘暴以及在執行勤務中受賄、勒索民眾及履行職能效率低下的巡捕，鼓勵民眾據實指控，一經查明屬實，必須馬上給予嚴厲處罰。鄭觀應深刻認識到官場積弊，呼籲對巡捕職權的嚴格管理，建議強化對巡捕履職能力的考察。他認為只有通過加強對巡捕的監督管理，才能保證其在日常工作中能夠恪盡職守、廉潔執法，保證社會秩序的穩定。

筆者以為，鄭觀應的警政思想，始於其對清末社會現狀的深刻認識。鄭觀應的買辦生涯又顯現出其認識到近代職業化的警察在保證商業經濟的發展上意義重大。以警察維持商業發展秩序，以商業發展實現國家富強，從而抗禦外辱、振興中華。

其二，黃遵憲的警政思想。黃遵憲是清末著名的外交家，其外交履歷遍及日本、美國、英國，新加坡等國，十幾年的外交生涯使其對國外的風土人情和制度建設有深入的瞭解認識，在眾多的改良警政思想家中，其更是少有的集警政理論與警政實踐於一身的警政專家。

第一、黃遵憲的警政理論。黃遵憲的警政理論主要體現在其 1887 年完成的著作《日本國志》中，其首次將早期改良思想家著作中使用的「巡捕」、「捕役」翻譯成「警察」一詞，詳細記載了日本警察的機構設置、職能權限，並在《警視廳》一篇中寫道：「有國家者欲治國安人，其必自警察始」〔註6〕。黃遵憲對警察職能的權限範圍進行了簡明概述，其認為「凡警察職務在保護人民一去害二衛生三檢非違四索罪」〔註7〕，筆者以為，黃遵憲關於警察職能的認識，開啟了近代中國人認識警察職能的先河，黃遵憲的《日本國志》一

---

〔註6〕《黃遵憲全集》，北京：中華書局，2005 年版，第 1 頁，第 133 頁。
〔註7〕《黃遵憲全集》，北京：中華書局，2005 年版，第 1 頁，第 133 頁。

書，傳播了先進的警政建設理念，對清末和民國初期的警政建設必然產生深遠的影響。

第二、黃遵憲的警政實踐。戊戌變法時期，黃遵憲積極投身警政體制建設，在湖南巡撫陳寶箴的支持下，全力籌備湖南保衛局的創建工作。為了運用法制對湖南保衛局的職務履行、工作運轉、權限劃分和人員選任進行規範，其主導並制定了《湖南保衛局章程》、《湖南保衛總局巡查職事章程》和《巡查職事章程》等有關警察制度建設的規章。〔註8〕另外，黃遵憲在湖南保衛局的建構上貫徹官商合辦的人事配置精神，比如，保衛局中設置會辦一人，協助總局的最高長官總辦處理各項具體事務，該會辦由紳士充任。湖南保衛局的建構以日本警察機構為藍本，無論是保衛局章程開宗明義的警察職能說明，還是保衛局機構的具體設置，都源於黃遵憲對日本警察建設的認識和詳細考察。眾所周知，清末實行憲政改革，在學習理念和途徑上主要源於日本，其原因一是中國和日本本是同根同族，在文化上有極大的相似性。二是清末財政吃緊，派遣留學生遠赴西洋學習西式警政顯得力不從心。黃遵憲將日本的建警理念傳播中國，並付諸實踐，雖然好景不長，但卻讓國人認識到近代職業化警察維護社會秩序的優越性，促使人們認知警察職業、洞悉警察機構的作用。

### 2. 清末政府要員的警政主張及實踐

袁世凱和徐世昌不僅是清末的政府要員，而且都是近代清末警政建設的實踐專家，他們的警政思想源於對清末整個社會政治經濟現狀的洞察和自身警政實踐經驗的總結，雖然帶有些許封建性色彩，卻極大地融入了近代化警察制度的特性。他們的警政思想在清末警政思想中極具代表性，其概括起來主要有以下兩點：一是重視警察教育。20 世紀初期，袁世凱身居清廷要職，其較早認識到警察教育在培養專業警察隊伍中的作用，因此，袁世凱認為：「設立各處巡警，事屬草創，而期在速成，亦只粗具規模。欲其精益求精，非設學堂不足以資考校。」〔註9〕，在接收天津後即設立天津警務學堂，並「飭令各巡局官弁兵丁分班肄業，延訂洋員充當教習，編譯外國警務諸書，立定課程，為之講貫，務令一兵一弁皆由訓練而成。」〔註10〕。作為清末第一任巡

---

〔註8〕梁翠，楊曉輝，王智新：《論黃遵憲的警政理念和實踐嘗試》，瀋陽：遼寧警專學報，2011 年 5 月，第 19 頁。
〔註9〕宮中檔光緒朝奏摺（第 15 輯），第 560 頁。
〔註10〕宮中檔光緒朝奏摺（第 15 輯），第 560 頁。

警部尚書，徐世昌亦同樣重視警察教育，其認為維護社會穩定，警政首當其衝，培養警政人才「學程最要。」〔註11〕。不僅如此，徐世昌還注重警察學術，並於1905成立的巡警部中專設警學司，在該司之下設編輯科，其功用主要是「掌翻譯各國警察法規及各種警學專書」〔註12〕，並編譯出《巡警須知》、《警察官須知》等具有近代職業警察性質的警察書籍，對清末警政建設發揮了極大的指導作用。二是屬行警政實踐。袁世凱深諳警察要義，重視警察法規是警政建設的制度保障，因此，他不僅指示天津官書局對《日本警察法令類纂》進行翻譯出版，而且還積極推動並先後制定了《保定警務局巡邏規矩》、《保定警務局站崗規矩》等規章制度。他還強化基層警務建設，早在1902年時就曾「督飭天津總局道趙秉鈞，先從天津四鄉辦起，以為各屬模範。」〔註13〕。徐世昌作為巡警部尚書，其推動警政實踐建設自不足為奇，在地方警政建設上其認為：「惟上海巡警，內保商民之治安，外系列邦之觀聽，應由該省疆臣責成該關道認真舉辦，加意巡防，毋得有名實際，致蹈舊日防軍習氣，以重警政。」〔註14〕。

### 3. 川島浪速的警政建議及影響

川島浪速〔註15〕進入清廷視線並被委以重任開展警政制度建設，源於庚子之役清政府慘敗後積極學習日本政治制度，借鑒日本政體的同時學習日本警察制度實屬必然。川島浪速本人具有豐厚的招募和訓練警察的經驗，在其擔任順天府日本警務衙門事務長官時，即負責對中國人的招募和訓練，並且

---

〔註11〕徐世昌：《本部奏開辦高等巡警學堂情形摺》，中國第一歷史檔案館館藏。

〔註12〕韓延龍，蘇亦工等：《中國近代警察史》，北京：社會科學文獻出版社，2000年版。

〔註13〕天津圖書館，天津社會科學院：《袁世凱奏議（中冊）》，天津：天津古籍出版社，1987年版，第48頁。

〔註14〕徐世昌：《退耕堂政書》，第59頁。

〔註15〕川島浪速（1865～1949）日本人，諳熟漢語。1901年4月，出任日本在北京辦的「北京警務學堂」總監，培訓清軍送來的預備巡警。同年6月，被清廷慶親王奕劻任用清政府新設的北京警務廳總監督，按日本警視廳制度全權管理警務治安，給予「客卿二品」待遇，與清朝貴族階層深相結納，權傾一時。川島在操辦警務學堂過程中，經常向清政府提出警政方面的建議和設想。其中最為著名的為1902年「上慶親王奕劻書」，比較系統地闡述了自己對中國警政建設所應遵循的基本方針的認識。主要內容包括中國建立警察制度的重要性，提出警察組織、權限、人事等方面的建議等。川島浪速在中國早期警政建設中開創了警察教育先河並參與管理，強調警察教育在警政建設中的先導作用，為近代警政建設培養了最早的人才。

川島本人早年讀書時曾報考東京外語學校並專攻漢語，堅實的漢語知識背景
及警務訓練經驗造就了川島成為清廷傚仿日本開展警政建設聘請專業警政人
才的不二人選。

　　川島浪速的警政思想對清末警政建設影響巨大，其警政理念主要體現在
《上慶親王書》中對警察制度構建的經典闡釋。一是剖析警察制度在社會治
理中的功用。川島浪速認為警察在很多國家都已存在，其與軍隊是一個國家
的兩大武裝工具，軍隊的功用在於防禦抵抗外來入侵，維護國家主權。警察
的功用則在於維護國內社會秩序安定，對國家法令進行上傳下達，二者缺一
不可。如果沒有警察，那麼國家的政令法度難以貫徹實施，因此，警察好比
人的精神魂魄，政令法度好似四肢五體，一旦精神魂魄失去，人的四肢五體
則無法活動，其與腐爛沒有任何區別。不僅如此，為了進一步引起清政府對
警察制度的重視，川島浪速進一步指出如果將來革命党進行反動活動，必然
導致內亂發生，外國侵略者乘機來犯，對國家的生死存亡影響甚大。此「非
布設警察，密用訪察之法，預防於未然，則亦甚為可虞。」〔註16〕。此舉著
實激發了清政府辦理警察的決心，並認為如依川島浪速所言，則大清王朝有
警察保護必將江山永固。

　　二是闡釋建立警察制度的措施。為了實現建警的目的，川島浪速認為建
立警察的方法必須從組織、權限和人事三個方面進行：其一，組織方面建議
將中央警務部作為專門警察機構與其他各部並立，並且其主要負責辦理全國
的警務工作；在省一級的各個地方，其主要設立警務衙門，負責整個省的警
務工作辦理；府一級則設立警察總局，其受省警務衙門領導，負責辦理整個
府所轄區域的警務工作；州縣一級設立了警察局，受府一級警察總局的領導，
負責辦理州縣所轄區域的警務工作；在較大的鎮及水運陸運發達的要道則依
據情形設立警察分局，其受州縣警察局的領導，分局之下各街市設立巡捕處
作為最基層的警務工作單位，其設立在各警察分局所轄的街市內，鄉村一級
同樣如此。可見，川島浪速在警察組織上已經有了一套系統完整的設置程序，
不能不說，其警察建制理念對清政府乃至民國警政建設有著奠基性的影響。
其二，權限方面主張在中央實行權力集中，在地方上著力推行地方自治，為
了維護皇權，其還主張中央方面警務部的首席行政長官由皇族大臣擔任，鑒

---

〔註16〕川島上慶親王書：《警察行政講演綱要──中央政治學校公務員訓練部高等科
　　　講義》，南京：南京圖書館古籍部藏。

於警察在國家機構的重要性，警察的權力必須由皇室把持，地方上則由督撫主管警察事務。此種警察權限設置反映出警察制度是君主立憲政體下的衍生物。其三，人事方面中央一級的警務部人員任用必須對清政府忠心耿耿且大公無私，在履行職務中應莊重嚴肅，所有警察官的職務任用革除及升降務必通過「警務部總管大臣查考奏明遵旨執行」。〔註17〕

## （二）清末警政建設的初步成就

八國聯軍侵華後，為了維持社會治安，在各自的佔領區設立了安民公所，用於鎮壓中國人民，保障侵佔領域的穩定。1901 年侵華聯軍退出北京後，清政府仿傚先前的「安民公所」成立了專門管理京城治安秩序的善後協巡營，並隨著時局發展後來改為工巡總局。皇帝作為最高統治者，其直接領導工巡總局，工巡總局的權力行使範圍限於發生在京城內的有關警察的事務，審理簡單的刑民事案件和涉及僑民的案件等。此種情形下，工巡總局並沒有演化成近代職業化的警察機構，而是集行政、市政和司法審判於一身的機關，由於表現出鮮明的警察特色，當今學者習慣性地稱之為清末京城警政的肇始者。

為了籌措君主立憲，清政府於 1905 年在清政府中央建立巡警部，並任命徐世昌為該部首任尚書，作為中國早期的中央警察機關，巡警部之下設立有警保、警學、警政、警法、警務五司。1906 年 9 月，為了進行官制革新，清政府將巡警部劃歸民政部，並將其主管事務納入該部，除此之外，民政部的職權範圍還延伸至先前步軍統領衙門和戶部管轄的疆里、戶口、保甲事項以及工部掌理的城垣、公廨、倉廒、橋樑等。並設立民治、警政、疆里、營繕、衛生五司，其中警政司負責「掌巡查禁令，分稽行政司法。」，〔註18〕警政司於此作為行政機關之一部分，具有近代職業警察機關的特徵。巡警部及民政部的相繼成立導致了原來的工巡總局發展成為京師內外巡警總廳，並受巡警部或民政部的直接領導，成為掌理京城警政的專門機構。至此，清末警察制度建設基本趨於完善。

縱觀上述清末警政建設的歷程，可以發現，清末警政制度雖然略顯粗糙，確已初具近代職業警察的特性，為傳統綜合社會治理機關向專業機關轉變開啟了先河，奠定了近代警政發展模式的基礎。然而，清末警政建設以失敗收

〔註17〕夏敏：《川島浪速與晚清警政建設》，《政法學刊》，2007 年第 1 期，第 94 頁。
〔註18〕《清史稿》卷 119《職官六‧新官制》。

場，傳統體制機制的桎梏束縛了近代警察職業化的推進，千瘡百孔的社會環境和民眾對警察認識的淡漠更是讓近代警察發展困難叢叢，清末國家財政赤字從經濟上導致了政府的覆亡。縱然如此，中國近代警政發展的腳步從未停歇，並且克服萬難而最終日臻完善。

## 二、民國初期（1912～1927年）警政建設的發展

民國初期的警政建設始於南京臨時政府時期，以孫中山為首的革命派為鞏固政權和竭力推行民主憲政思想，在警政建設中融入了較多的近代民主、自由和人權思想，實為中國警政發展中一段頗為值得珍惜的歷程。隨著袁世凱竊取革命果實，其先前豐富的警政實踐和理論推動了北洋政府警政法制建設和中國警政的進一步發展，有力地瓦解了傳統類似警察綜合體對近代中國警政發展的束縛。

### （一）南京臨時政府警政建設的實踐嘗試

1911年10月10日武昌起義爆發，革命黨佔據武漢三鎮，取得了革命勝利。各省紛紛響應，至11月下旬，清王朝的統治發生了根本上的動搖，包括警察機構在內的全部國家機器迅速瓦解和崩潰。11月30日，各起義省份代表齊集漢口，決議了《臨時政府組織大綱》二十一條，〔註19〕雖然困難叢叢，最終因孫中山的海外歸來而打破僵局，同年12月29日，十七省份代表舉行臨時大總統選舉，孫中山當選，並於1912年元旦在南京宣誓就職，南京臨時政府至此成立，並於同年4月1日宣告結束。〔註20〕雖然南京臨時政府在中國歷史上曇花一現，但作為中國第一個資產階級性質的民主政府，其警察制度建設的成果卻不容小覷。

南京臨時政府成立之初，為了拱衛臨時首都安全，保障人民生命財產不受侵犯，孫中山指令江寧巡警總廳會同南京衛戍總督府採取各種措施對首都治安加以整頓。要求設立稽查所，檢查過往行李；加強對旅館業的管理，嚴防歹徒潛跡；整頓僧道寺院，防止壞人圖謀不軌；整頓軍隊紀律，約束士兵行動等。南京臨時政府鑒於清末警政的腐敗現象，決意加以整頓，其出發點在於「鞏固國基」和「修明內治」。並且因時提出「民國成立，凡百待興，欲

---

〔註19〕《辛亥革命資料》中華書局1961年版，第9頁。
〔註20〕韓延龍，蘇亦工等：《中國近代警察史》上冊，北京，社會科學文獻出版社，2000.1，第293～294頁。

將鞏固其基礎，必先修明內治。夫內治機關首重警政，欲求整頓，尤須以改良警學、養成警才為前提。」〔註21〕的警察教育理念。為了規範警察執法，南京臨時政府還頒布了一系列警察法令，為當時的警察活動提供了基本準則，包括禁止刑訊逼供，屬行禁煙，查禁賭博，限制警械使用，保護公民私有財產等。〔註22〕

雖然南京臨時政府僅存不足一百天，但是其警察教育理念、警察法令卻呈現出較為進步的警察體制建設，彰顯了人權保護和警察職業素質培養的近代西方民主共和理念，為中國近代乃至當今警政建設提供了重要的參考價值。

### （二）北京政府時期警政建設的發展

南北議和後，民國進入北京政府時期。在清末和南京臨時政府警政建設的基礎進行了一系列充實和改進，使中國近代警政建設朝著法制化、統一性和職業化方向繼續前行。其突出的特點是，北京政府時期的警政建設推動了傳統類似警察職能的舊體系逐步瓦解，中國古代的治安管理制度全面退出歷史舞臺；近代職業化的警察制度不僅確立起來，而且有了進一步發展。〔註23〕袁世凱本人有著豐厚的警政實踐經驗，其尤為注重警察法規的建設。在其當政的四年多時間裏，以清末警制為基礎發布了大量有關警察方面的規章和法令，如《京師警察廳分科職掌規則》和《各省整頓警政辦法大綱》等。這些警察法規表明，北洋政府時期的警察制度是清末近代警察制度的延續，同時也是對它的進一步發展。北京政府時期的警察法規涉及的內容極其廣泛，其涵蓋了警察的組織、任用、職權劃分、人事管理、隊伍構建及社會治安管控多個方面，涉及的領域幾乎面面俱到。雖然尚未形成較為完善的警察法制體系，但卻推動了近代中國警政事業的發展，初步改變了清末警制混亂的狀況。〔註24〕

---

〔註21〕《內務部規定巡警學校及教練所章程諮各省都督文》（1912 年 4 月 1 日），《臨時政府公報》，第 54 號。

〔註22〕韓延龍，蘇亦工等：《中國近代警察史》上冊，北京，社會科學文獻出版社，2000.1，第 304～307 頁。

〔註23〕韓延龍，蘇亦工等：《中國近代警察史》上冊，北京，社會科學文獻出版社，2000.1，第 312 頁。

〔註24〕韓延龍，蘇亦工等：《中國近代警察史》上冊，北京：社會科學文獻出版社，2000 年版，第 311～312 頁。

　　自南京臨時政府第一個資產階級民主共和國發展至北洋政府的統治時期，警政發展在中國近代警察發展史中的軌跡雖然較為短暫，但卻繼承發展了清末警政發展的部分成果，南京臨時政府作為中國警政發展的奇葩，全面吸收了西方近代民主思想，在警制發展中融入了大量先進的民主、自由和人權元素，開創了中國警政發展的新時代。北洋政府警察制度建設更是徹底打破中國傳統類似警察管理體系的綜合體，使近代警政有了進一步發展。這兩個時期的警政建設，共同推動了中國警政事業的不斷發展進步，並為南京國民政府的警政發展奠定了基礎。

## 三、抗戰前（1927～1937 年）南京國民政府警政建設趨於完善

　　1927 年 4 月，南京國民政府成立，不久最終實現了國家形式上的統一。由於先前軍閥連年混戰，整個國家千瘡百孔，國民經濟幾近崩潰，社會秩序極度混亂。為了穩定新政權，恢復社會秩序，南京國民政府積極吸收中國清末以來警政建設的成果，根據時局需要推行警政改革，拉開了警政革新的序幕。從南京國民政府成立至 1937 年 7 月抗日戰爭全面爆發，中國警政近代化建設日趨完善。1928 年 9 月，國民黨二屆五中全會在南京召開，宣布全國進入訓政時期，以五院制組成國民政府。由國民政府總攬中華民國之治權，執行訓政職責。直至 1947 年 12 月底，以 1946 年制憲國民大會通過的《中華民國憲法》施行才宣告訓政時期結束，憲政時期開始。因此，抗戰前南京國民政府警政改革其主要圍繞訓政這個國家總綱進行，警政改革的首要任務在於捍衛國家來之不易的統一成果，竭力運用警察機關來維護社會秩序安定，進而實現恢復社會經濟和應對戰爭需要的目的。

　　南京國民政府統一全國後，通過一系列立法活動，基本建成了以憲法性文件、民商事法、刑事法、訴訟法、行政法、法院組織法等基本法律為核心的近代六法體系，初步實現了中國法制向近代化的轉型，為實現包括警政建設在內的法制近代化改革提供了法律依據。至 1937 年抗戰爆發，國家為穩定社會秩序和鞏固政權，吸收集聚了清末以來警政建設的精粹，加大了警政建設的力度；在行政院、內政部主導和推動下，有多個中央機關共同參與推進警政改革，面向全國從宏觀上制定警政改革的總綱，為地方警政建設提供指導，制訂了一整套有關警察組織、警察任用及警務制度等一系列法律規章，使清末以來國家警政建設近代化進程步入較為完善的階段。戰前南京國民政

府警政建設是中國近代警政史上具有承前啟後意義的歷史階段，實為近代化警政建設的集大成者，同時較為完備的警政制度建設也奠定了抗戰時期陪都重慶警政改革的基礎。

## （一）全國警察組織體系基本形成

南京國民政府成立伊始，即制定頒布了一系列加強警察組織體系建設的規章制度，諸如 1928 年 10 月《省警察隊組織暫行條例》、1929 年 6 月《省警務處組織法》、10 月《首都警察廳組織法》、1931 年 4 月《修正內政部組織法》、1936 年 7 月《各級警察機關編制綱要》等，基本完善了從中央到地方的各級警察建制，實現了警察制度的統一。

依據上述法規，國家內政部設警政司，掌全國「警察制度之釐定及其機關設置」，「警察官吏之任免及成績考核」，以及警察經費、警察教育、行政警察、外事警察等事項。〔註 25〕其警察組織結構：首都設首都警察廳，直隸於內政部，受內政部之指揮監督，處理首都警察事務；〔註 26〕各省設警務處，直隸於省政府，掌理全省警察事務，不設警務處之省區，其警察事務由民政廳掌理；省會地方應設省會警察局，受省主管機關之指揮監督處理省會警察事務。〔註 27〕行政院直轄市或行政區除首都外，應設警察局並冠以市或行政區名稱，受該管市政府或管理公署之指揮監督處理該市區警察事務。各省轄市除省會外，應設市警察局，受該管市政府之指揮監督處理市警察事務。對於地勢重要、人口稠密、工商業繁盛之地方，得設警察局（冠以所在地名稱）直隸於省主管機關，但以有合格警士二百名以上者為限。各縣應設縣警察局，受縣政府之指揮監督處理全縣警察事務，不設局之縣應於縣政府內設警佐一人及合格警長警士若干人辦理警察事務；縣區域內之重要鄉鎮，經省政府核准設立警察所，其由縣政府領導。〔註 28〕為了更好的服務公眾，管理公共事務各警察機關應呈奉主管機關核准後設置消防隊、偵緝隊、水警隊及保安警察，各省根據實際需要可設公路警察隊、〔註 29〕水警隊及有關

〔註 25〕《中華民國現行法規大全》，商務印書館 1934 年版第 220 頁。
〔註 26〕《中華民國現行法規大全》，商務印書館 1934 年版第 370 頁。
〔註 27〕《中華民國現行法規大全》，商務印書館 1934 年版第 371 頁。
〔註 28〕《中華民國現行法規大全》，商務印書館 1934 年版第 372 頁。
〔註 29〕1937 年 6 月 24 日內政部諮江西省政府：對於公路警察能否處理違警案件作出解釋「查公路警察為特種警察之一，在所轄公路範圍內准予賦有違警處理權，但以該處無普通警察為限。」

森林礦產等〔註30〕特種警察。〔註31〕

### （二）警察隊伍建設實現專業化和制度化

#### 1. 警察隊伍人事管理制度的完善

　　為規範警察隊伍的人事管理，南京國民政府於 1937 年 6 月 15 日修正公布了《警察官任用條例》，將警察官的任用分為四種形式，並將其作為抗戰時期警察任用制度建設的基礎。一是關於簡任警察官的任用規定了較高「門檻」，諸如經銓敘合格、在國內或認可之國外警官學校畢業，曾任最高級薦任警察官或專辦警察行政事務之最高級薦任官一年以上；〔註32〕或經證明屬實、在認可之國內外大學法律或政治學系畢業，曾任最高級薦任警察官或專辦警察行政事務之最高級薦任官二年以上等其中之一要件才可任命。二是薦任制警察官雖不及簡任警察官要求那般嚴格，但仍需經高等考試警察行政人員考試及格、曾任薦任警察官或專辦警察行政事務之薦任官資歷；或經銓敘合格、曾任最高級委任警察官或專辦警察行政事務之最高級委任官三年以上；或經審查合格、在認可之國內外大學法律或政治學系畢業，曾任最高級委任警察官或專辦警察行政事務之最高級委任官二年以上並有關於警察學術之專門著作等工作經歷或學歷。第三、委任制警察官的要求最低，但並未忽視人員任用中的學歷和經驗要求。其選用中需具備經普通考試警察行政人員考試及格、在國內或認可之國外警官學校畢業、曾任委任警察官或專辦警察行政事務之委任官等要求後才能進行任用。四是警察官任用的特殊情形。遇有特殊情形，各省警務處處長、院轄市警察局局長除適用簡任警察官任用資格外，其曾任少將以上之軍官並具有警察學識經驗者也可以任用，另外，各特務警察機關警察官之任用標準依本條例進行。〔註33〕

　　從以上警察官的任用資格可知，南京國民政府在警察官任用中突出強調

---

〔註30〕內政部編印：《內政法規彙編》，1941 年 11 月重慶，第二目，第 13 頁。又 1931
　　　　年 6 月 22 日內政部會同經濟部諮四川省政府：關於礦業警察所名稱似應以簡
　　　　要為原則，「礦業警察機關稱為礦業警察所併冠以礦區所在地名」，例如璧山
　　　　縣澄江鎮礦業警察所；礦業警察所所長、分所長及所員之任用，既須由民政
　　　　建設兩廳分別呈委核委或備案，該項警察所自應受省政府民政建設兩廳之直
　　　　接指揮監督。
〔註31〕內政部編印：《內政法規彙編》，1941 年 11 月重慶，第一目，第 1 頁。
〔註32〕內政部編印：《內政法規彙編》，1941 年 11 月重慶，第三目，第 1 頁。
〔註33〕內政部編印：《內政法規彙編》，1941 年 11 月重慶，第三目，第 2 頁。

從警經驗，並對任用者的學歷要求較高，特別重視任用者的警校學習或軍事、法律、政治學習的背景。為南京國民政府警察機關培養了一大批高素質的警官人才，保證了抗戰時期國家對警官人才的需求。

此外，國家機關還用行政解釋的方式，對於警察任用方面的一些具體政策作了補充和認定，成為南京國民政府警政建設內容的一部分。不僅如此，戰時針對警察任用的警政法規更是大大多出其他警政領域。由此可知，戰前警察任用制度建設雖已初具規模，但尚存瑕疵；戰前雖作出較多警察任用行政解釋，但仍遠遠不能滿足戰時需求；戰前戰時之所以將關於警察任用的制度設計提高到一個較為重要的位置，說明警察人事管理制度是南京國民政府警政制度建設中相當重要的一部分。〔註34〕

### 2. 嚴明紀律、強化警察隊伍思想素質建設

警察作為國家有組織的武裝力量的一部分，必須用嚴明的紀律加以約束。南京國民政府在警察隊伍建設中嚴明警察工作紀律，加強警察政治教育，並進行了一系列的制度建設，使警察能夠與廣大民眾一道精誠團結全力應對即將到來的戰爭。1937年4月16日，南京國民政府軍事委員會電令中央警官學校將軍人讀訓作為警察讀訓。其讀訓內容中有：自今以後，尤賴我忠勇軍人保護維持之功，乃克使我國家日益發揚光大，願我全體將士矢勤矢勇、一心一德發揮民族固有之德性、砥礪獻身殉國之精神，念念為救國而犧牲、時時作衛國之準備。如何而後可以保我祖先遺留之廣大土地，如何而後可以保我繁衍綿延生生不息後代之子孫，如何而後可以保我國家獨立自主之國權，凡此皆為我全體將士無可旁貸之職責而一時一刻不可或忘者。蓋我國家民族永續無窮之生命實惟我全體將士是賴也。……以上所揭不過略舉大端。此外，國家一切法令規章以及連坐法等所定為我軍人必須遵守者。凡我全體將士均應視為典範共同遵守，人人以此自勉並以勉勵同袍朝夕警惕拳拳服膺。俾得發揚奮勵無前之士氣，造成精粹勁練之國軍，共同擔負救國家救民族之重大責任，我全體將士勉乎哉！〔註35〕

1928年南京國民政府內政部下令頒布了《警察須知》。鑒於國家統一之初政局不穩秩序混亂的社會局面，南京國民政府為加強社會管理，推行了整肅警察工作紀律的措施。在執行職務方面，要求對長官依職權所發的命令應該絕對服從，縱然命令中有應當斟酌的地方，但只能陳述本人意見，不能抗言

---

〔註34〕內政部編印：《內政法規彙編》，1941年11月重慶，第三目，第2～5頁。
〔註35〕內政部編印：《內政法規彙編》，1941年11月重慶，第二目，第1頁。

爭論。長警在執行職務時應酌量事情的輕重緩急，採用寬嚴合度的手段和機動靈活的處置方式，萬不可過分干涉。遇有非常事變時，應有從容鎮定、不慌不忙的、挺身殉職的決心，不可畏縮退避有損警察形象。〔註36〕遇水火災及地震等發生時，應以縝密的心思、敏捷的手段防止災害帶來的更大損害，務期於警戒救護諸種責任上沒有失策。在執行職務時應採用理性平和文明的執法方式，使民眾明悉法律並積極守法，防止因態度粗暴而引發的事態擴大。重大事件發生時，應迅速查找線索、收集耳目信息及時上報長官。〔註37〕在具體工作中，警察要注意保密工作，職務上的事情不可隨便洩露。即使在休息時間，遇有違法犯罪亦應作妥善處理，並做好隨時緊急集結的準備。

### 3. 違紀必罰、獎懲分明

1930年8月27日行政院第三一二二號訓令內政部，公安人員犯罪能否適用海陸空軍審判法進行解釋：省公安隊如編制訓練與陸軍同並備剿匪之用即含有地方警備隊之性質，其官長士兵依照陸海空軍刑法第六條第三款視同陸海空軍人，若有犯罪行為應適用陸海空軍審判，否則即屬警察之一種，無論所用人員之學歷如何既係警察人員，若有犯罪仍應由法院審判。〔註38〕

1936年5月1日內政部指令浙江省民政廳，就潛逃長警緝獲後或自行投案者可否依長警賞罰規則加以禁閉處分做出解釋：查潛逃之長警既經撤職，其身份已不存在。無論係通緝獲案或自行投案者自不應再依長警賞罰規則加以禁閉處分。〔註39〕

### （三）各級警察機關職能權限的規範化

在先前改進省市縣三級警察組織制度建設的各類規程中，對全國各級警察機關內部各部門的職權也作出了詳細規定。以市警察局為例，市警察局局長綜理局務並指揮監督所屬機關及職員，並下設總務科、行政科、司法科和督察處，〔註40〕各科的人事任命、人員結構及執掌權限均有明確規定；另外市警察局還設置警察分局，分局長承市局局長之命掌理本區事務。〔註41〕從

---

〔註36〕內政部編印：《內政法規彙編》，1941年11月重慶，第二目，第1頁。
〔註37〕內政部編印：《內政法規彙編》，1941年11月重慶，第二目，第2頁。
〔註38〕內政部編印：《內政法規彙編》，1941年11月重慶，第六目，第9頁。
〔註39〕內政部編印：《內政法規彙編》，1941年11月重慶，第六目，第9頁。
〔註40〕內政部編印：《內政法規彙編》，1941年11月重慶，第一目，第5頁。
〔註41〕內政部編印：《內政法規彙編》，1941年11月重慶，第一目，第8頁。

而在制度上保證了各級警察組織權限的劃分，明確了各級警察機關的權力義務，為警察機關的運行和警察業務工作的開展提供的法律保障。

特別是 1930 年內政部公布的《警長警士服務規程》，〔註 42〕專門針對警長警士等基層警務人員的勤務工作職能做出了明確的規定。警長警士作為基層警務人員，與人民群眾的關係最為密切，其執法方式、執法權限的規範不僅對基層警務工作意義重大，也是關係國家穩定大局的重要措施。在具體勤務工作中，警長應秉承上級之命督率所屬警士執行職務，在轄區內時常巡視詳察，巡視中遇有警士應辦之事故時，應斟酌緩急親自辦理或告知警士辦理。〔註 43〕對於新頒行的政令，警長應向警士詳細說明，以免使其對政令產生錯誤理解。

對於警士，則根據其外勤和內勤兩種不同的形式劃定相應的工作權限。外勤警士，顧名思義就是在室外執行守望和巡邏勤務的警士。守望警士類似於現在的交通警察，其職責主要是站在街面指揮車馬行人。守望警士遇有緊急事故因崗位重要不能離開時，應立即通知其他守望警或巡邏警辦理。巡邏警士每日應在本轄區內依所定路線巡邏，無故不得出巡邏區或減少定度之巡行，巡邏路線及每日巡邏次數，首都由警察廳規定；省市縣則由各公安局自行確定。巡邏警士巡邏期間要特別注意隨時嚴加檢查或預防危害，對於戲場等群集之地應時常巡視防止混亂，發現有異狀時應加意防護。〔註 44〕明確警士的工作權限和勤務規範，有利於警士的勤務工作和維護社會基層治安。而內勤警士則主要處理機關內的日常事務，內勤警士秉承官長之命管理文書收發、帳簿登記整理及其他一切特派事務，〔註 45〕除因公務外，內勤警士服務時不得擅離職守，內勤警士服務終了時應將所辦經過之事務報告官長查核。

清末警政建設是近代中國警政發展史上的肇始者，其學習日本首次將近代警察制度引入存續了數千年的封建制國家，旨在革除傳統類似警察職能體系的綜合體的弊端，塑造形成一支職業化、法制化、近代化的警察隊伍，使警察成為維護國家安全和社會穩定的重要行政職能部門，與軍隊一起形成構建國家強力工具的一體兩翼。正如日本人川島浪速上慶親王書中所說的那樣

---

〔註 42〕內政部編印：《內政法規彙編》，1941 年 11 月重慶，第二目，第 6 頁。
〔註 43〕內政部編印：《內政法規彙編》，1941 年 11 月重慶，第二目，第 7 頁。
〔註 44〕內政部編印：《內政法規彙編》，1941 年 11 月重慶，第二目，第 7〜8 頁。
〔註 45〕內政部編印：《內政法規彙編》，1941 年 11 月重慶，第二目，第 9 頁。

「夫警察制，無國不有，與武備兩相駢立。一為防外之備，對抗外國，以保國利國權；一為治內之具，約束人民，以伸國法國令。」〔註46〕南京臨時政府成立後，照搬了西方警政模式，借鑒吸收了近代西方自由、民主、平等的憲政思想，其先進的警察教育理念和警察法規對後世警察發展意義重大。北洋政府則推動了中國傳統治安職能體系最終走向解體，使近代警察制度在我國得到進一步發展。南京國民政府統一全國後，在吸收前人警政建設成果的基礎上進行了一系列警察制度建設，全國警察組織體系初步形成，打造了一支專業性的近代職業警察隊伍和系統規範的警察制度體系，使近代警察制度建設趨於完善。南京國民政府戰前警政建設成績斐然，不僅為抗戰前南京國民政府警察機構運行和警務工作開展提供指引，而且為抗戰時期警政改革的推進準備了條件。〔註47〕

---

〔註46〕川島上慶親王書：《警察行政講演綱要——中央政治學校公務員訓練部高等科講義》，南京：南京圖書館古籍部藏。
〔註47〕內政部編印：《內政法規彙編》，1941 年 11 月重慶，第六目，第 8～9 頁。

# 第二章　適應抗戰形勢的陪都警察常規職能改革

抗戰全面爆發後，隨著戰勢推進，南京國民政府將首府西遷重慶，重慶作為戰時陪都和全國的政治、軍事、經濟、文化和外交中心，其戰略地位和政治意義至關重要。為了拱衛陪都安全，保證抗戰大後方的穩定，內政部、重慶市政府、警察局共同響應國家總體警政建設方針，一切以服務戰爭需要為中心積極推行警政改革，制定了許多適合戰爭需要的警察法規。通過警察職能結構的不斷調整，逐步完善了戰時陪都警察的常規職能體系，充分發揮了其在戰時社會管控中的作用，不僅有力地維護了戰時陪都社會秩序的穩定，而且對實現中國抗戰勝利和世界反法西斯戰爭的勝利貢獻巨大。

抗戰時期陪都重慶警政改革是在國土大片淪陷的背景下開展的，其對全國警政發展和警務工作開展起到了至關重要的示範和指導作用。圍繞戰爭進行的警察制度設計，適應了戰時警務工作的開展，為實現抗戰勝利的偉大目標奠定了堅實的基礎。

抗戰勝利後，重慶市政府就清理戰時法律法規一事，給重慶市警察局的下達政府令稱：「案查整理法規為當前重要工作，業經擬定辦法通令飭遵在案，惟查本府建制以來各項法規均載原卷，分置該管機關調集極感困難，且各機關沿用法規多屬戰時擬訂。依照行政院三十二年六月十二日仁法字第一三零四六號訓令，附發原則八點有修正及廢止之不同全在適應法規之機關體察實際情形而定，非本府所能揣測。是整理法規一案應先由各該管機關查案製成目錄，依照目錄抄錄原文並在標題下注明，呈由何上級機關核准公布施行或

修正年月日暨原案卷號便予查考。又各該管機關對於沿用法規如有修正或廢止之必要即在該項法規後附具意見裝訂成冊，檢同法規目錄一併送府以憑審核而便整理。前已抄送目錄及原文隨令發送整理，未抄送目錄及原文者遵照趕辦，除分令外合行令仰遵照，限文到十日內辦竣具報，勿延為要。」〔註1〕陪都重慶警政改革是中國警政建設史上特定地域、特定時間中的一個特點獨著的歷史環節，縱觀戰時陪都警察法規，不難發現其所有警察法規的制定及修正都是圍繞或者服務於戰爭，殘酷的戰爭大環境必然賦予這一系列警察法規具有顯著的戰時特點。

依據《戰時重慶市警察法規目錄》對戰時陪都重慶警察常規職能警政改革進行分類研究，不僅合乎當時警政改革的實際情境，而且與當今國家警察職能多有契合之處。對戰時陪都警政改革的研究可從宏觀上警察的組織服務及微觀上警察的治安、戶籍、交通、消防、外事等常規職能部分入手，這也是戰時陪都警政改革最基礎的部分，其事關戰時重慶社會秩序的方方面面，往往最常見，也與民眾關係和社會安定最為相關。抗戰時期陪都警察常規職能警政改革，將警察管理和警察職能納入制度的範疇和法制的軌道，通過警察常規職能的調整，適應了戰時警察業務的需求，便利了警務工作的開展，對拱衛陪都安全、維護抗戰大後方穩定和保證抗戰勝利意義重大。

## 一、陪都警察組織體系的調整與改革

抗日戰爭全面爆發後，國家華北和東部許多地區相繼淪陷，加上之前日本侵略東北成立的所謂偽滿洲國，中國最富饒的東部大片領土已幾乎全部成為淪陷區。陝甘寧邊區〔註2〕在中國共產黨的領導下，團結最廣泛的人民群眾，以反抗侵略抵禦外辱為中心，依據自身的特殊情形，建立了切實有效的警察管理和警務工作制度。國府被迫移至重慶後，南京國民政府以陪都重慶為中心向國統區發號施令，陪都重慶因時推行警政改革符合戰時社會大環境的要求和戰爭的需要，其警政改革的內容呈現出拱衛戰時陪都安全、維護後方穩定和支持抗戰的特點。陪都重慶警政改革涉及警察的組織、服務、任用、俸給、經費、獎恤懲處、警察教育等諸多領域，由於警察教育是戰時陪都重慶

---

〔註1〕1946年10月29日《重慶市政府給重慶市警察局令》，重慶市檔案館館藏民國檔案，檔案號：0061000700380000133000。

〔註2〕《中國共產黨陝甘寧邊區委員會在民主的普選運動中所提出的民主政府施政綱領》，《陝甘寧邊區抗日民主根據地》（文獻卷上），地199～200頁。

警政改革中一個獨具特色的制度發展，涉及戰時警察主體身份的變化，下文關於戰時陪都警察身份擴展部分將有詳論。筆者在此參照戰時重慶警察法規，以警察常規職能為中心，擇其警政改革的要點，進行分門別類的分析研究。

## （一）內政部警察總隊的組建

國府遷建重慶初期，中央機關立足未穩，社會治安狀況複雜，社會環境混亂。故而，政府工作的當務之急一是保衛陪都重慶安全。二是重視基層警政組織建設，特別是縣一級的警政改革。其除了與當時國家奉行「新縣制」〔註3〕的國策相應和外，戰爭時期基層政權的政治經濟穩固事關中央的穩定和國家應對抗戰的全局。三是著力解決戰區警察的處理問題。內政部警察總隊組建的核心要旨正是竭力拱衛戰時中央機關所在地陪都重慶的安全，維護社會秩序的安定。

根據1938年9月22日《內政部警察總隊警衛駐渝中央機關暫行簡則》的規定，有兩條顯示拱衛陪都安全的重要性，其一制定該簡則的初衷乃是「本總隊為警衛中央駐渝各機關周密起見，特定本簡則。」〔註4〕、其二是「凡中央駐渝各機關之警衛勤務除另有規定者外，均得由本總隊擔任之。」〔註5〕可知，國都初遷重慶時，內政部警察總隊的組建宗旨意在保衛陪都中央機關的安全。為了進一步做好陪都中央警衛工作，該簡則還進行了中央機關的警衛布置，其布置方式是：「警衛人數以崗位計算，每崗派警士四名，以資深之警士代理警長職務，滿四崗為一班，派警長一名統率之，但有特殊情形時得酌量增減派遣之。」〔註6〕，後勤保障上要求內政部警察總隊為警長警士提供服裝、槍械及薪餉，受警衛的中央機關全時亦應為其提供適當處所，以便警長警士駐守工作順利。內政部警察總隊派赴各中央機關擔任警衛的長警除由本總隊按照規定分配勤務外，應並受各該機關之總務司或性質相通主管官之指導，但不得任意派其服非警察任務之事務。除此之外，該簡則還強調了戰時內政部警察總隊的中心任務，其主要包括：出入人物之稽查事項；來賓盤查及注意事項；群眾請願之戒備及彈壓事項；盜匪奸宄之防範查緝事項；空

---

〔註3〕《改進縣以下黨政機構之實施案》（1月26日），中國第二歷史檔案館編：《中華民國史檔案資料彙編》第5輯，第2編「政治」(1)，第438頁。
〔註4〕內政部編印：《內政法規彙編》，1941年11月重慶，第二目，第6頁。
〔註5〕內政部編印：《內政法規彙編》，1941年11月重慶，第二目，第6頁。
〔註6〕內政部編印：《內政法規彙編》，1941年11月重慶，第二目，第6頁。

襲及火警災變之戒備預防消滅及救護事項；鄰近住戶商店之調查注意事項；鄰近交通衛生之協助取締事項；其他有關派駐警衛機關安全秩序之維持事項。〔註7〕另外，內政部派駐各中央機關長警的管理訓練考核上，均由內政部警察總隊按規定辦理，各派駐長警每三個月由總隊調回訓練一次。

　　隨著日本對重慶市區的轟炸愈演愈烈，其空襲幾近達到白熱化程度，造成了巨大的人員傷亡和財產損失。因而，內政部於 1939 年 1 月 14 日修正公布了《內政部警察總隊服務綱要》，就內政部警察總隊的服務內容作了更為詳實的規定。其內容概括起來包括五部分：第一、內政部警察總隊服務事項。其內容包括：中央各機關之警衛事項，地方警務之協助推進，戰區地帶及收復地區之服務。〔註8〕第二、內政部警察總隊派警駐衛之處所。其處所包括：中央各院部會及其他中央各機關，元首暨領袖行轅，駐華各國使館、領事館及其他外賓駐所，其他臨時重要集會場所。第三、內政部警察總隊協助推進地方警察事務。其職責有：各重要地區之警備事項，交通秩序之維持及巡邏勤務之擔任事項，漢奸間諜之防範事項，戶口調查之協助事項，各項警察技術之合作事項，內政部交辦事項。第四、內政部警察總隊派赴戰區服務之警察隊在接近戰區後方協助辦理之事項。其服務事項有：難民之救護及疏散，地方秩序之維持，民眾之組織及訓練，徵發之協助，軍事交通路線之警備，軍需有關場所之警衛，防空之協助事項，奸宄之查緝，其他應行協助事項。第五、內政部警察總隊派赴戰區服務之警察隊在新收復地區服務之事項，其內容包含：撫楫流亡宣慰民眾，登記戶口、編整保甲、協助清鄉，組織訓練運用壯丁，執行戒嚴命令嚴防盜匪奸宄，協助救濟事項，協助救護防疫衛生保健等設施，協助防空及其他事項等。〔註9〕顯然，國府遷渝之後，內政部警察總隊在拱衛戰時首都安全上肩負著主要職責，其業務工作對戰時後方和戰區有著雙重影響。

　　隨著抗戰戰勢發展，1938 年後戰火逐漸向內地蔓延，〔註10〕國民政府各機關及內地的各廠礦設備再遷西南，形成了中國歷史上規模巨大的大遷徙，為了維護戰時陪都遷建區域的治安穩定和保障抗戰大後方的安全，1939 年 11

〔註7〕內政部編印：《內政法規彙編》，1941 年 11 月重慶，第二目，第 6 頁。

〔註8〕內政部編印：《內政法規彙編》，1941 年 11 月重慶，第二目，第 4 頁。

〔註9〕內政部編印：《內政法規彙編》，1941 年 11 月，重慶，第二目，第 4 頁。

〔註10〕張憲文等著：《中華民國史》（第三卷），南京大學出版社，2006 年 1 月版，第 430 頁。

月 28 日，行政院核准並對《內政部警察總隊派駐中央遷建區域警察大隊服務規則》進行了備案。其內容概括起來包括三大部分，第一、派駐中央遷建區域警察大隊（以下簡稱駐遷建區域警察隊）的職責範圍。駐遷建區域警察隊大隊長承本總隊長之命及中央遷建委員會警衛組之指導，指揮所屬辦理該管區域以內一切警衛事宜，對服務區域行使警察權，該區域所發生的一切違警案件適用違警罰法辦理，案件涉及其他警衛部隊的得協助辦理。〔註 11〕第二、戰時駐遷建區域警察隊工作任務。駐遷建區域警察隊的任務有中央各機關安全秩序之維護，戶口清查及異動登記辦理，不良風俗習慣之糾正取締，新生活運動之推進，於集會結社之取締，違禁刊物之查察取締，私存軍器及危險物品之查禁，反動漢奸間諜及竊盜之防範查緝，空襲及火警災變之預防戒備消滅及救護，民眾自衛武力組織訓練之協助，刑事案件及特種案件之偵訊，禁煙禁毒事項等。第三、案件處理。駐遷建區域警察隊對於違警案件得自行處理，對於普通刑事案件應解出總隊部轉送地方法院處理，而特種刑事案件應解除總隊部轉送重慶衛戌司令部處理，對於贓物、證物及遺留物、埋存物應送由總隊部保管處理。〔註 12〕不難發現，駐遷建區域警察隊是戰時成立單門負責維護陪都中央機關所在地社會秩序的機構，駐遷建區域警察通過履行社會管控的職能，為應對戰時緊張戰勢和陪都複雜社會局勢及維護陪都中央機關的安全作出了很大貢獻。

隨著戰事的演變，內政部逐漸健全內政部警察總隊的管理，並於 1940 年 10 月 28 日修正公布了《內政部警察總隊組織規程》（以下簡稱本規程），本規程規定內政部警察總隊由首都警察廳退出警員改編而成，並受內政部部長指揮調遣。內政部警察總隊的機構組成上，設總隊長、副總隊長，總隊部設警務督察訓練總務四組，總隊下暫編五大隊至六大隊。除此之外，內政部警察總隊還成立了特務警察對，直屬於總隊長，負責警衛及其他特種任務，其編制與中隊相同。內政部警察總隊為辦理員警治療得設置醫務室、為辦理警察教育得設置警察訓練所，還設置了會計主任一人，依據國民政府主計處組織法之規定辦理歲計會計事項。〔註 13〕

綜上所述，內政部警察總隊成立於國府遷渝之初，其中心任務是負責遷

〔註 11〕內政部編印：《內政法規彙編》，1941 年 11 月重慶，第二目，第 5 頁。
〔註 12〕內政部編印：《內政法規彙編》，1941 年 11 月，重慶，第二目，第 6 頁。
〔註 13〕內政部編印：《內政法規彙編》，1941 年 11 月，重慶，第一目，第 2 頁。

渝中央各機關的安全工作，隨著時間推移，其任務由大後方向戰區和新收復地推移，承擔起更多的職責和任務，在某種程度上已經超出先前的內政部設立之本意。南京國民政府在陪都重慶日漸穩固後，關於內政部警察總隊的制度建設也趨於完善，並形成了宏觀上的警察總隊組織規程。從制度上保證了戰時內政部警察的警務工作運行，為拱衛陪都中央機關安全、保障大後方安定和維護收復地及戰區的穩定奠定了基礎。

### （二）陪都重慶城區警察組織系統的改革

戰時陪都城區警察組織建設主要包括各分局所組織建設和警察訓練所組織建設兩個方面，通過警察組織體系改革，進一步理順了警察機關的機構設置、明晰了各級警察機關的職權範圍，為戰時陪都警察開展業務工作提供了必要的制度保障。

#### 1. 陪都重慶城區戰時警察組織體系的調整

重慶市警察局各分局所的組織建設是對戰時警察中堅力量的改革，對陪都重慶警政改革意義深遠，重慶市市政府依據《重慶市政府組織規則》第十三條規定制定了《重慶市警察局各分局所組織規程》，並於 1940 年 11 月 29 日公布，該規則規定重慶市警察局應將管轄區呈准市政府劃分若干區，每區設置警察分局，警察分局下設警察分駐所及警察派出所。在人事選用程序上，警察分局長由局長呈請市政府轉諮內政部呈請簡任，局員、巡官、戶籍員、辦事員由局長委用呈報市政府備案，其餘雇員、長警、夫役由分局長遴選核准錄用。〔註 14〕分局以下的警察名額由由重慶市警察局依事務繁簡另行訂定並呈報市政府轉諮內政部備案，警察分局及分駐所、派出所的辦事細則由市警察局自行擬定並呈市政府轉內政部備案。

#### 2. 警察訓練所組織建設

重慶市警察訓練所本著造就現代警察、充實陪都警力、維護大後方安寧秩序、增進民眾福利、輔導自治和完成抗戰建國大業的宗旨進行警員訓練，〔註15〕努力培養適應戰時需要的警政人才。警察訓練所隸屬於重慶市警察局，警

---

〔註14〕1940 年 11 月 29 日《重慶市警察局各分局所組織規程》，重慶市檔案館館藏民國檔案，檔案號：0053-0032-00182-0000-011-000。

〔註15〕1942 年 1 月 7 日《修正重慶市警察局警察訓練所規程》，重慶市檔案館館藏民國檔案，檔案號：00530002012370000001003。

察訓練所所長由警察局局長兼任;警察訓練所下設四種會議機關即所務會議、教務會議、訓練會議、事務會議。〔註16〕為了加強警察訓練,盡快培養出適應戰時需要的警政人才,重慶市警察局決定在警察訓練所設立訓練委員會,以期從宏觀上為警察訓練制定方案和作出計劃安排,從微觀上直接指導輔助警察訓練,從而加速推進戰時警察整訓,造就戰時警政人才。《重慶市警察局警察訓練所訓練委員會組織規程》就重慶警察訓練所訓練委員會的權限作出規定:警察局全部訓練計劃之擬議,訓練實施方案之審議,訓練經費預算之審議,訓練實施之輔導等。〔註17〕不僅如此,警察訓練委員會的經費開支必須由警察訓練所列入總預算。

## （三）加強縣級警務機構建設

為了強化基層政權統治、瓦解地方割據勢力的統治基礎和解決戰時頻臨崩潰的財政危機,南京國民政府因時推行新縣制。新縣制源於 1938 年 3 月 29 日中國國民黨臨時全國代表大會〔註18〕制定的《抗戰建國綱領》而產生的一種新的縣以下地方政權制度,所謂新縣制是指改造基層政治機構,完成地方自治,準備實施憲政的政治建設工作,其中心任務是推進地方自治。〔註19〕1939 年 1 月,國民黨五屆五中全會上,決定由川、黔、湘、贛、陝等省各劃出三個縣試驗新縣制,其措施有三:一是設置縣政計劃委員會,擬定法規,召集人才,考察新縣制的實施;二是吸取經驗,擴大試點;三是由政府制頒新縣制條例以解決因「(蔣介石)演詞原非法文,引用自多不便,草圖之解釋,尤必不免分歧」的矛盾。〔註20〕為了推行新縣制,南京國民政府為此作了大量的準備,幾經醞釀於 1939 年 9 月 16 日最終頒布了《縣各級組織綱要》,後經蔣介石最後修正後交行政院頒布實施。抗戰時期南京國民政府的縣級警政改革正是在《縣各級組織綱要》的指導下進行的,正如 1941 年 3 月 21 日行

〔註16〕1941 年《重慶市警察訓練所組織規程》,重慶市檔案館館藏民國檔案,檔案號:0061000700930000043000。
〔註17〕1945 年 6 月《重慶市警察局呈重慶市市政府人事室》,重慶市檔案館館藏民國檔案,檔案號:00610003003570300025000。
〔註18〕張憲文等著:《中華民國史》(第三卷),南京大學出版社,2006 年 1 月版,第228 頁。
〔註19〕韋永成:《新縣制的認識》,載《安徽政治》第四卷第七期。
〔註20〕《改進縣以下黨政機構之實施案》(1 月 26 日),中國第二歷史檔案館編:《中華民國史檔案資料彙編》第 5 輯,第 2 編「政治」(1),第 438 頁。

政院公布的《縣警察組織大綱》總則第一條開宗明義所講的那樣「本大綱依縣各級組織綱要訂定之」，故而可以說，抗戰時期南京國民政府縣級警政改革是「新縣制」實施的一部分，二者之間的關係可以理解為「新縣制」推動了縣級警政改革，縣級警政改革則是適應保障了「新縣制」的推行。

### 1. 統一縣級警察機關

鑒於加強縣級警政建設的需要，著力解決縣級警察編制混亂的局面，1940年12月10日內政部公布實施了《縣政府政務警察歸併辦法大綱》（以下簡稱本大綱）。其內容主要包括三個方面：第一、政務警察歸併縣級警察機關的統一指導方針。各縣政府政務警察應依照內政部頒發的各省縣市三十年度整理警衛原則暨本大綱之規定一律歸併於縣警察機關（縣警察局或設警佐之縣政府），與普通警察混合編制，政務警察名稱應予取消。〔註21〕第二、政務警察歸併縣級警察機關後的事務處理。各縣政務警察歸併後應由各該縣警察機關實行甄別，汰弱留強並訓練之；〔註22〕歸併後原有經費、經費、械彈裝具一律歸入各該縣警察機關統籌支配，長警出差旅費每年度應列入各該縣警察機關預算，歸併後關於縣政府政令之推行與強制執行等項得由縣警察機關派警輪流擔任。另外，關於政務警察中兼理司法縣分政務警察歸併後的處理辦法，其另有特殊規定。其具體內容是：「兼理司法縣分政務警察歸併後，其原兼司法警察職務除依照刑事訴訟法規定辦理外，如縣司法處有向各該縣警察機關調派長警常川駐在司法處執行司法警察職務之必要時，其薪餉等費應依照調度司法警察章程規定由縣司法處負擔，其原兼執達員任務應由縣司法處設置專任執達員辦理之。」〔註23〕再者，各縣政務警察歸併後，警察人員因承辦縣政府政令之推行與強制執行事項所需旅費應由縣警察機關支給之，各縣警察機關得斟酌地方實際情形擬定長警出差旅費支給標準並呈報省政府核定後行之。第三、政務警察歸併縣級警察機中各省省政府的義務。各省省政府應依照內政部頒發省縣市三十年度整理警衛原則暨本大綱之規定，參酌實際情形擬定各縣政務警察歸併實施辦法，諮報內政部核定後轉飭各縣於三十年度內完成之。〔註24〕縣政府政務警察歸併縣級警察機關是戰時陪都重慶地區適

---

〔註21〕內政部編印：《內政法規彙編》，1941年11月重慶，第一目，第11頁。
〔註22〕內政部編印：《內政法規彙編》，1941年11月重慶，第一目，第11頁。
〔註23〕內政部編印：《內政法規彙編》，1941年11月，重慶，第一目，第11頁。
〔註24〕內政部編印：《內政法規彙編》，1941年11月，重慶，第一目，第11頁。

應新縣制的重大舉措，實現了縣級警察機關的統一管理，便利了戰時重慶地區縣級機關警務工作的開展。

### 2. 強化縣級警察機關組織建設

隨著新縣制的不斷推行，強化縣級警察機關的組織建設顯得較為迫切，因此，南京國民政府行政院於 1941 年 3 月 21 日公布實施了《縣警察組織大綱》，〔註25〕其就縣級警察機關的宏觀運行及縣、區、鄉鎮三級警察建制的制度構建作了詳細的規定，概而言之，其主要有四個方面：第一，縣警察機關運行的總綱。縣警佐或警察局長由縣政府依法遴選合格人員並呈請省政府委任，警察訓練員、督察員、警察所長所員、巡官由縣政府依法遴選合格人員委任並呈報省政府備案；縣特務警察（包括舊稱政務警察）隊應一律予以整理訓練後改縮為警察隊，保安隊應逐漸予以整理訓練後改編為警察隊，承縣政府之命受警佐或警察局長之指揮辦理全縣警察事宜，其隊長由警佐或警察局長兼任；關於違警處罰應以縣政府警察局、區警察所處理為原則，但在距離遼遠交通不便地方得授權鄉鎮公所辦理，警察經費應編入縣預算，不得就地攤派。第二，縣警察。縣政府設置警佐，辦理全縣警察事務，但在地域重要人口眾多的縣應設置警察局，其業務範圍包括全縣警察之編練調遣考核獎勵，全縣警察裝械管理及勤務配備，全縣戶口調查、保安正俗、消防、交通、衛生及農林漁獵、名勝古蹟之維護，全縣違警處理及司法協助，全縣保甲長及國民兵隊訓練之協助警察與保甲工作聯繫之規劃指揮事項等。〔註26〕第三，區警察。區署所在地得設警察所，承縣政府之命及區署之指揮監督辦理全區警察事務，其業務包括，全區戶口調查及保安正俗、交通、衛生防護及農林漁獵、名勝古蹟之維護，全區之違警處理及司法協助，全區警察與保甲之聯繫訓練指揮運用等。未設置區署之地方於必要時得設區警察所直隸於縣政府。第四，鄉（鎮）警察。鄉（鎮）公所之警衛股主任以曾經訓練合格巡官或警長人員充任之，保辦公處之警衛幹事以曾訓練合格於警士資格者充任。警衛股主任受鄉（鎮）長之指揮監督辦理警察事務。〔註27〕

為處理戰時警察組織中的職權劃分，以便於警務開展，內政部還以行政解釋的方式予以明確。如 1938 年 6 月 16 日，內政部諮覆四川省政府：關於

---

〔註25〕內政部編印：《內政法規彙編》，1941 年 11 月，重慶，第一目，第 10 頁。
〔註26〕內政部編印：《內政法規彙編》，1941 年 11 月，重慶，第一目，第 10 頁。
〔註27〕內政部編印：《內政法規彙編》，1941 年 11 月，重慶，第一目，第 10 頁。

行政督察專員兼縣政府之警佐與專署各科職權關係問題，查行政督察專員兼任駐在地之縣長執行縣行政事務時，其地位與普通縣長同；〔註 28〕該縣政府之警佐仍應依照前諮解釋，直接承兼縣長之命處理事務，不逕受各科之指揮。1939 年 10 月 30 日，內政部指令湖南民政廳備案：關於縣警察局與鄉鎮公所行文如何規定問題，查縣警察局長負全縣治安之責，關於治安事項警察局對鄉鎮公所行文用令，餘件用函。〔註 29〕等等。

### （四）戰區警察的安置處理

抗戰時期，為了適應戰爭需要，國民政府出於指揮戰爭方便的考慮於 1937 年 8 月將作戰地區劃分為五個部分，並視其為戰時與日本進行戰鬥的最為基本的戰略單位。〔註 30〕五大戰區中第一戰區由蔣介石兼任司令官，作戰地區定在河北及山東北部；閻錫山任第二戰區的司令官，其作戰地區定在山西、察哈爾和綏遠三個省份；馮玉祥任第三戰區的司令官，作戰地區設在浙江和江蘇以南；何應欽則任第四戰區司令官，其作戰地區設在福建、廣東兩省；第五戰區仍由蔣介石任司令官，並將作戰地區設在山東省及江蘇以北。〔註 31〕

隨著戰爭形勢的發展，先前以國民革命軍為主體進行的戰區劃分，難以適應戰勢需要，根據戰爭發展的實際狀況及日本所佔領的區域，國民政府於 1938 年、1939 年、1944 年分別進行了三次較大規模的戰區更動。戰區警察即是在此種區域劃分形式下產生的，作為一種特定區域的警察機關，戰區警察的組建及處理方式較為特別。

### 1. 戰區警察安置處理的制度建設

1938 年 9 月 22 日行政院指令備案《戰區警察處理大綱》，〔註 32〕該大綱規定了各戰區各地方警察的臨時編制撤退及處置辦法，其涉及事項主要包括四個方面，一是戰區警察的機構組織。戰區各級警察機關在管轄區成為戰區時應體察情形迅將所屬員警按照戰時需要改編為警察隊。各級隊長分別以局長、督察長、分局長、縣警佐、巡官或其他有軍事學識經驗之原有人員選任

---

〔註 28〕 內政部編印：《內政法規彙編》，1941 年 11 月，重慶，第一目，第 9 頁。
〔註 29〕 內政部編印：《內政法規彙編》，1941 年 11 月，重慶，第一目，第 9 頁。
〔註 30〕 何應欽：《日軍侵華八年抗戰史》，第 21 頁。
〔註 31〕 《大本營頒布國軍戰爭指導方案訓令》，（1937 年 8 月 20 日），載於中國第二歷史檔案館：《抗日戰爭正面戰場》（上），南京：鳳凰出版社，2005 年版，第 37、39 頁。
〔註 32〕 內政部編印：《內政法規彙編》，1941 年 11 月，重慶，第一目，第 11 頁。

之。二是戰區警察撤退前的工作安排。戰區各地警察隊除執行戰時方案所規定之任務外，並應隨時請示當地上級軍政機關明白指定其在交戰時所擔負之防區或或特殊任務，非奉命不得撤退。〔註33〕另外，戰區各警察機關於撤退前預行精選機警幹練員警潛伏所轄區域內擔任敵情報告工作，其成績應由各省政府分別考核報部備查。三是戰區各地警察撤退方案。戰區各地警察撤退依照下列規定辦理：省會警察局編成之警察隊於奉令撤退後，以駐守於省政府臨時所在地為原則，並受省政府主席及戰區司令長官之指揮調遣；市及工商業繁盛地方之警察局編成之警察隊於奉令撤退後，應駐守於屬地或指定地點聽受上級機關官長及防軍司令長官之指揮調遣。縣警察機關編成之警察隊於奉令撤退後，應駐守於縣政府臨時所在地或其他指定地點，並聽受縣長及防軍司令官之指揮調遣。四是戰區淪陷的警察安置。戰區各市縣及工商業繁盛地方之警察隊於本管區全部淪陷時，應隨同各該上級官署移駐於鄰縣屬境或合併於其他警察機關或交由軍事機關改編為游擊隊或別動隊。〔註34〕

　　安置戰區警察是抗戰時期陪都重慶警察機關一項非常重要的工作，其不僅明確了戰區警察的組織機構劃分及戰區警察的工作要求，而且制定了省、市、縣三級警察機關的撤退方案，並對戰區淪陷區警察的人員安置進行了宏觀指導。

### 2. 戰區警察人員的安置

　　戰區警察安置是戰爭中警察管理的一項重要工作，其必須遵循一定的程序進行。首先，要做好戰區警察的登記工作。戰區內外警察機關因地方淪為戰區或奉令解散不能繼續服務之警察人員資歷、年齡、體格健強等符合標準者，得向內政部登記。〔註35〕其次，嚴格依照登記程序辦理。其登記程序上要求請求登記之員警開具原任職務、離職日期、離職原因、志願服務事項及服務地點等事項，逐呈內政部或呈由各省民政廳轉呈。最後，安置戰區警察。員警登記合格者須送交主管機關考核後分別訓練任用，其服務警察者發交中央警官學校或直轄警察總隊予以訓練。〔註36〕其訓練完成後按規定由內政部、軍委會政治部等機構分派充任陸海空軍之政治訓練員、社訓教官、戰地服務、

---

〔註33〕內政部編印：《內政法規彙編》，1941 年 11 月，重慶，第一目，第 12 頁。
〔註34〕內政部編印：《內政法規彙編》，1941 年 11 月，重慶，第一目，第 11～12 頁。
〔註35〕內政部編印：《內政法規彙編》，1941 年 11 月，重慶，第一目，第 11 頁。
〔註36〕內政部編印：《內政法規彙編》，1941 年 11 月，重慶，第三目，第 16 頁。

民眾組織宣傳事務等。警長警士訓練後的安置方式：由內政部撥充警察總隊派赴戰區或收復地區服務，或發交各省編為省保安警察隊或補充警察缺額及由軍政部發交憲兵司令部補充憲兵。

### 3. 安置戰區登記合格的非現任警官

1940 年 7 月 10 日，內政部頒布了《內政部安置戰區登記合格非現任警官辦法》，並指出：「內政部對於聲請安置之戰區合格非現任警官得斟酌情形分發中央及各省市警察機關服務。」〔註 37〕，在分發前，各警官必須就近入中央警官訓練機關或由各該省就原有訓練機關予以短期訓練，其中特別注意精神訓練。受分發的警官在接到通知後一個月內前往指定機關報到，不得無故遲延或請求改分。願意自籌出路的應立即呈內政部及指定分發省市政府備案，凡無故逾期不向制定機關報到及請求自籌出路的不得再行呈請分發。〔註 38〕分發警官在訓練期內除伙食服裝等費應由各訓練機關供給外，並應由訓練機關酌給二十元至三十元之生活費，分發警官之生活費自報到之日起由受分發機關支給，其已派任正式職務者支應得之薪俸，其原有之生活費即行停發。

### 4. 戰區警察安置處理的實施

抗戰發生以後，各淪陷區域內警察人員或因機關撤消，或因強制疏散，因而流離失所的為數頗多。內政部一方面將已失業的員警設法救濟，以免為敵偽所利用，同時使戰區內的警察機構發揮效能擔任抗戰守土的工作，先後擬具戰區警察人員安置辦法和戰區警察處理大綱，兩項辦法實施步驟是：第一步是登記失業的戰區員警；第二步是將已登記合格員警開班訓練；第三步是受訓後員警的分發。〔註 39〕內政部將戰區警察人員安置辦法呈准之後即舉辦戰區員警登記，將登記合格的發交中央警官學校在漢口重慶兩處就近開班訓練，共計受訓的長警 320 名、警官 238 名。長警受訓期之後都分發在警察總隊服務，警官則因受戰事影響無法安置，因派員與各方接洽，幾經磋商，始辦理就緒。此項警官分發以後，關於工作的督促和考核由內政部規定一種報告表分給各個警官按月填報以便考查。戰區警察處理大綱內將戰時警察的臨時編制、移動時機、處理辦法、聯絡要領、隸屬系統、工作方針等均明白

〔註 37〕 內政部編印：《內政法規彙編》，1941 年 11 月，重慶，第三目，第 17 頁。
〔註 38〕 內政部編印：《內政法規彙編》，1941 年 11 月，重慶，第一目，第 17 頁。
〔註 39〕 中國國民黨中央執行委員會宣傳部編印：《四年來的內政》，1941 年 7 月 7 日，抗戰第四週年紀念小叢書，第 16 頁。

的加以規定，於 1938 年 3 月呈准施行。

內政部為明瞭各戰區警察處理情形起見，後規定種種項目，一面通知各省市政府查報，一面分函原警察機關負責人撰編報告，各省依照辦理的計有浙江、福建、安徽、江西、湖南、湖北、河南等七省，九江、廬山、靖安等地警察機關和水警總隊、福建的廈門市警察局和水警總隊以及威海衛警察局等機關。〔註 40〕又大綱內還規定有獎勵潛伏敵區擔任敵情報報告工作員警的辦法，內政部認為此項工作關係重大，為獎勵此項員警努力服務起見，特呈准於 1939 年度救濟戰區員警人員經費項下移撥兩萬元作為戰區員警情報補助費之用以資鼓勵。

戰區警察安置問題的解決有效地利用了具有從警經驗的戰區警察投身戰時陪都警察業務進行戰區社會秩序管控，發揮了他們參與抗戰衛國的積極性。更重要的是維護了戰時警察隊伍的穩定，實現了戰時全民參與抗日的目標。

綜上所述，戰時陪都重慶警察組織體系的調整與改革是順應時勢的重大壯舉，重慶作為戰時全國的政治、軍事、經濟、文化和外交中心，維護戰時重慶安全穩定是爭取抗戰勝利的第一要務。內政部警察部隊是隸屬於內政部的專門警察機關，作為戰時守衛中央安全的重要警衛機構，對保障戰時南京國民政府中央的安全作出了巨大的貢獻，可以說戰時陪都警察組織體系改革奠定了陪都重慶警察機關改革的基礎。面臨淪陷的大片國土和戰爭影響下凋敝的經濟狀況，南京國民政府財政吃緊，戰時縣級警制改革是因勢利導注重基層警政建設的重大舉措，它保證了戰時南京國民政府「新縣制」國策的順利推行，強化了南京國民政府中央對地方的控制，最為重要的是挽救了幾近衰落的農村經濟，動員了農村人力物力對抗戰的支持。〔註 41〕正如蔣介石所說的那樣：「廣大農村，是決定抗戰勝利的場所，鄉村的廣大人力、物力、財力便是成為支持長期抗戰建國的主要源泉。農村的地位便隨著抗戰的發生和發展而跟著提高和重要。」〔註 42〕。另外，戰時陪都警察組織體系調整與改革還就戰區警察的處置及撤退工作作出了詳細的安排部署，便利了戰區警察工作業務的開展，指明了戰區警察的行動走向，使戰區警察進退有序地開展工作，他們要麼潛伏化為諜報人員，要麼轉編成軍隊，為中國贏得抗日戰爭

〔註 40〕中國國民黨中央執行委員會宣傳部編印：《四年來的內政》，1941 年 7 月 7 日，抗戰第四週年紀念小叢書，第 17 頁。

〔註 41〕忻平：《論新縣制》，抗日戰爭研究，1991 年第 02 期，第 186 頁。

〔註 42〕轉引自《安徽政治》第四卷第七期，第 11 頁。

的最終勝利發揮了重要的作用。

## 二、陪都警察治安管理職能的調整

地方治安為一切建設的基礎，如地方治安不能維持，則一切建設根本無法推進，〔註 43〕故維護治安工作之重要不言而喻。然而維護治安的方法一方面是要嚴密組織人民，使其根本不能發生匪患，同時又要加強地方自衛力量和統一指揮，以便於清剿。前者治本，後者治標。就全國而言，治本的方法最重要的如清查戶口、整頓保甲、辦理聯保連坐以及登記民槍等，清查戶口和整頓保甲為內政部門的中心工作，其正在積極推進之中，此等工作的主要目的不在於防止匪患，防止匪患成效較為消極。內政部推行積極的治安管理政策，並對各省作出指示，其指示原則包括：一是依照保安團隊調整辦法，整飭各該省保安團隊。〔註 44〕二是清查訪緝有賴於警察之普及，各省就實際情形，規劃逐漸改進辦法並注意使警察逐漸普及於鄉鎮。三是注意選用並訓練新縣制實施後之鄉鎮及保之警務人員，使充分受警察教育，以加強警衛力量。各省應規定維持治安為縣長之中心工作，縣境治安應由縣長負責督率維持。縣長考績之比率對於治安所佔之成分應盡量提高。國民兵團副團長及主辦警備任務之團副如有辦理治安不力或不遵規定切取聯繫者，得有縣長呈准上級主管機關予以撤換。國民兵團自衛隊、自衛分隊長得由縣長委派及撤換。撥歸縣指揮之保安團隊長官，如有辦理治安不力、不聽指揮等情形，得由縣長呈請撤換。〔註 45〕

而就城市、特別是作為戰時首都和陪都重慶而言，治安管理更是警察一項至關重要的常規的職能，關係國家政治運作和民眾生活的方方面面。抗戰時期為了實現對陪都重慶的治安管控，維護社會秩序穩定，重慶市政府進行了一系列的治安方面的警政改革，改革的內容與日常社會生活息息相關，亦突顯戰時需要，具有濃烈的戰爭色彩。概而言之，可以分為遊行集會管理、特種行業管理和戰時陪都治安管理加強三大部分。

〔註 43〕中國國民黨中央執行委員會宣傳部編印：《四年來的內政》，1941 年 7 月 7 日，抗戰第四週年紀念小叢書，第 18 頁。

〔註 44〕中國國民黨中央執行委員會宣傳部編印：《四年來的內政》，1941 年 7 月 7 日，抗戰第四週年紀念小叢書，第 19 頁。

〔註 45〕中國國民黨中央執行委員會宣傳部編印：《四年來的內政》，1941 年 7 月 7 日，抗戰第四週年紀念小叢書，第 20 頁。

## （一）陪都遊行集會管理

為維護戰時社會管理秩序，1939 年 11 月 27 日重慶市政府核准的《重慶市警察局取締團體遊行規則》，對民眾舉行遊行活動做了嚴格限制。舉行遊行示威應按照一定程序申請：「凡集眾遊行者須由負責籌備人員於三日前敘明左列事項呈報該管警察分局轉呈本局核准後方得舉行，但遇必要時雖經核准本局仍得隨時以命令停止之。」〔註 46〕並提交包括舉辦團體名稱及地址，負責籌備人情況，遊行宗旨，集會地點，遊行日期及時間，經過路線等材料。如有不遵守遊行秩序的，一經查覺，除立即解散其遊行團體外並將負責人拘捕依法究辦。〔註 47〕

戰時重慶警察對集會也加強了管理。在 1942 年 2 月 19 日修正公布的《重慶市警察局執行非常時期取締集會演說辦法應行注意事項》中規定，戰時集會演講須呈經許可後頒發許可證，該管分局及蒞視員警應認真核查許可證的內容印鑒是否真實、編號是否與給分局通知單編號相符及填發月日及其他，對於無許可證的集會演說，該管分局應停止或解散之。〔註 48〕另外，該事項還規定了集會蒞視員警有負責注意演講人講詞是否與所報演講要旨相符的義務，應現場記錄並予以指導及糾正，蒞視員警還負責維持會場秩序及切實查明參加人數與其職業及其他蒞視詳情，分別報由該管長官轉呈本局查核並限於散會後十二小時以前送達，〔註49〕對於發現未經許可擅自集會演說的情形，該管警察分局及員警應受懲罰，懲罰依據本局獎懲規則辦理。

## （二）陪都特種行業管理

特種行業是指理髮店、澡堂、飯店、客棧等公共場所，戰時陪都警察對特種行業的管理目的在於維持戰時重慶社會秩序的穩定，保障陪都重慶的安全，因而，戰時關於特種行業管理也有所強化。按照 1941 年 1 月 20 日重慶市政府頒布的《重慶市警察局管理理髮店規則》，「理髮店發現顧客有形跡可疑者，須立即密報就近崗警查究。」〔註 50〕對形跡可疑之人幾乎所有特種行業都有具報義務，以便戰時警察對社會治安的管控，1941 年 1 月 30 日《重慶

---

〔註 46〕重慶市政府參事室編印：《重慶市政府法規彙編》，1942 年 8 月，第 6 頁。
〔註 47〕重慶市政府參事室編印：《重慶市政府法規彙編》，1942 年 8 月，第 27 頁。
〔註 48〕重慶市政府參事室編印：《重慶市政府法規彙編》，1942 年 8 月，第 31 頁。
〔註 49〕重慶市政府參事室編印：《重慶市政府法規彙編》，1942 年 8 月，第 32 頁。
〔註 50〕重慶市政府參事室編印：《重慶市政府法規彙編》，1942 年 8 月，第 33 頁。

市警察局管理澡堂規則》也規定：「澡堂發現浴客有形跡可疑者須立即密報就近崗警查究。」〔註51〕另外，重慶市政府 1942 年 2 月 23 日頒布的《重慶市警察局管理旅棧規則》則要求「旅客如有左列各款情事之一者，旅棧應報請該管警察分局法辦」：其內容既包括言語舉動形蹤可疑或身帶重大傷痕、無故離棧五日以上不知去處者、私帶他人住宿未曾登記者等。〔註52〕筆者以為，戰時陪都警察對形跡可疑之人的治安管控多與戰時防諜肅奸有關，隨著日本對華侵略的推進，漢奸間諜不斷滲入抗戰大後方中心所在地重慶，為日本帝國主義充當走狗，刺探出賣國家情報，伺機破壞後方或為敵人襲擊後方提供指引，更可恨的是無恥漢奸助紂為虐與日本侵略者一起欺壓凌辱國人，戰時陪都警察對形跡可疑之人進行治安管控，為偵緝肅清漢奸間諜提供了必要線索支撐，維護了陪都重慶的安定和抗戰大後方的安全。

　　日軍攻下武漢後，停止陸軍推進，對重慶進行了狂飆式轟炸，造成了巨大的人員傷亡和財產損失。因而戰時陪都警察在進行治安管理的同時往往注重對空襲造成次生災害的預防。《重慶市警察局管理理髮店規則》規定：「理髮店遇空襲時須即通知顧客走避，並停止營業熄滅爐火。」〔註53〕以防止轟炸時造成爐火蔓延而引起火災。《重慶市警察局管理澡堂規則》也作出同樣規定：「澡堂遇空襲時，須即通知浴客走避，並停止營業熄滅爐火。」〔註54〕，《重慶市警察局管理飲食店規則》亦就空襲時飲食店的義務作出同樣規定。與前面幾項規則相比，《重慶市警察局管理旅棧規則》的規定更為嚴格：「無論日夜發生危急事件（如空襲及水火災）須通知旅客走避。」〔註55〕該規則就旅棧的通知義務強調其不管「日夜」，均須履行。

### （三）陪都安全保衛措施的強化

　　重慶衛戍司令部是專門保護首都安全的機關，為了更有力的維護戰時陪都重慶治安，保證抗戰大後方的穩定，於 1943 年 8 月 12 日電呈重慶市政府：「本部為加強重慶市治安維護藉固陪都安全起見，特訂定加強重慶市治安維護實施辦法，除呈報暨分別函令外，特檢同該辦法一份電請查照並飭屬多加

〔註51〕重慶市政府參事室編印：《重慶市政府法規彙編》，1942 年 8 月，第 35～36 頁。
〔註52〕重慶市政府參事室編印：《重慶市政府法規彙編》，1942 年 8 月，第 62 頁。
〔註53〕重慶市政府參事室編印：《重慶市政府法規彙編》，1942 年 8 月，第 33 頁。
〔註54〕重慶市政府參事室編印：《重慶市政府法規彙編》，1942 年 8 月，第 36 頁。
〔註55〕重慶市政府參事室編印：《重慶市政府法規彙編》，1942 年 8 月，第 62 頁。

聯繫，俾利事功為苟。」〔註 56〕同年，重慶市政府在給重慶市警察局的令中稱：「警察局在治安方面直接受該部（衛戍司令部）指揮，原辦法當已檢廢，附件由本府提存，令飭轉知可也。」〔註 57〕據此可知，重慶市警察局作為常規治安管理機關在戰時首都治安加強中必當發揮了極大的作用。

### 1. 日常防範盜匪之具體措施

為了防範戰時匪盜對社會秩序的破壞，保障人民生命財產安全，陪都警察在治安管控中推行以下措施：其一，加強戶口清查。清查戶口包括定期清查和不定期清查兩種，定期清查嚴格按照保甲法規辦理，不定期清查隨時以命令規定行之。其二，加強警戒部署。此為戰時陪都治安預防的重要舉措，因而，警戒部署在具體計劃安排上較為詳細，可以分為若干項目。各鄉（鎮）保所轄地區之警戒由各鄉（鎮）保原有之自衛武力擔任，適宜計劃配置之，以確保各該鄉鎮保地方之安寧。在較大之村鎮而無軍警團聯合督察處組織者，其警戒勤務仍由當地之保甲力量擔任，如其附近有駐軍時，並由駐軍長官協助指導辦理之。關於重慶市區各旅棧的檢查，除有特殊情形或憲軍警臨時奉有特別命令外應個別或共同局部施行外，其經常性的普遍檢查應遵照衛戍司令部頒布的重慶市客棧統一檢查辦法辦理。

其三，明確憲、軍、警三大機關在執行檢查時的職權。其屬於軍事案的送由憲兵團處理；屬於違警及普通刑事案的送由重慶市警察局處理，屬於政治案或其他不屬憲警主辦之案的送由稽查處處理。〔註 58〕各水陸交通重要處所及偏僻街巷或無人居住的公共場所以及深夜出入市內的人員物品，憲軍警及各該管區內的區鎮長保甲人員等均須隨時注意查察防範，如發現有可疑的住戶及行人時應嚴密監視詳加盤查後分層報請各直屬主管機關（部隊）核辦。重慶市區內除各機關部隊最高長官之衛士及服行勤務之憲兵警與各機關部隊特工人員以及領有正式槍照者可隨身攜帶自衛武器外，其他無證攜槍者由本部稽查處或憲兵團、警察局發現後予以取締。）〔註 59〕憲兵軍隊及各機關特

〔註 56〕1943 年《重慶市衛戍司令部電呈重慶市政府》，重慶市檔案館館藏民國檔案，檔案號：0053-0002-00031-0000-098-000。

〔註 57〕1943 年《重慶市政府給重慶市警察局的令》，重慶市檔案館館藏民國檔案，檔案號：0053-0002-00031-0000-098-000。

〔註 58〕1943 年《加強重慶市治安維護實施辦法》，重慶市檔案館館藏民國檔案，檔案號：0053-0002-00031-0000-098-000。

〔註 59〕1943 年《加強重慶市治安維護實施辦法》，重慶市檔案館館藏民國檔案，檔案號：0053-0002-00031-0000-098-000。

工人員等如須檢查住戶或商店時，應會同當地警察或保甲長共同辦理，該管保甲長應接受辦案人之指導，特工憲兵軍隊緝捕市區內之匪盜，除現行犯外務須先行函知警察局派遣警官會同辦理，但有特殊情形者得逕行緝辦，事後須函知警察局以資聯繫。

重慶市警察局應從嚴管理各拍賣行、當貨業古物、商號、貨攤店等以期斷絕銷贓出路。重慶市郊無論部隊或個人絕對禁止任意鳴槍，尤不准開槍追捕逃兵或射殺民間雞犬，無論軍民，如發現有任意鳴槍者除由憲警隨時查緝外，並准當地民眾及保甲人員將鳴槍者拘捕解送本部究辦。若係軍警應將部隊番號及鳴槍者姓名密報重慶衛戍司令部，經其查實後即行捉拿訊究。重慶市區所有公私防空洞，夜間必須予以鎖閉，以免宵小潛匿。空襲警報中，住戶、商民均已進入防空洞，憲軍警在此時間應派員兵分赴各偏僻街巷注意巡察，以防宵小乘機撬門盜竊財物。關於藏匿市區內可疑之人與違禁品，各機關法團以及保甲民眾有檢舉密呈當地治安機關。〔註60〕

另外，對於大小車輛，無論至市區或郊外，凡無牌照及簽證加成通行證與在夜間不開燈光者均應制止行駛詳加盤查，由重慶衛戍司令部交通處負責執行憲兵協助。各地區駐軍（城區以外有軍警督察處者由督察處派）警察所轄區範圍內。夜間應派夜巡隊認真徹夜核巡，務使宵小無法活動應與巡查地區內之軍警部隊切取聯繫，以便發生事故時之呼應。駐郊外服勤務之小部隊，各該直屬部隊主管長官應不時前往各小部隊駐地點名考查嚴行約束，務使士兵不得有違犯軍風紀之事件發生，凡駐在各地區之稽查處人員、憲兵隊應隨時派員查考各駐在或服勤部隊之軍風紀並供給各該部隊長之情報。

### 2. 匪警發生之處置方式

戰爭期間，匪患是國之大害，古代即有王者之政，莫急於賊盜。一但戰事爆發，盜匪乘機作亂，禍害國民、擾亂治安並嚴重危及陪都重慶社會秩序的安定和抗戰大後方的安全。因此，匪警發生時通常賦予執法者以特定的處置方式。關於民眾方面，被匪闖入住戶之同居或鄰居應迅速報告附近治安機關部隊以便圍捕。關於執行警戒機關部隊方面，履行警戒勤務的機關部隊如果派人馳赴出事地點搜剿時，一旦遇到盜匪逃逸時，應不分地域跟蹤追剿，其他駐守之機關部隊應協力堵截，以便將匪犯全部抓獲。而各治安機關部隊

---

〔註60〕1943年《加強重慶市治安維護實施辦法》，重慶市檔案館館藏民國檔案，檔案號：0053-0002-00031-0000-098-000。

於獲悉匪警消息後，應首先利用電話或其他最迅速方法報告該管長官；並轉通報重慶衛戍司令部參謀處值日官，同時填造本部頒發之重慶市區發生劫案報告表，逕送該部參謀處以利統籌緝捕。另外，各治安機關部隊於獲悉鄰近地區發生匪警時，應立即派遣精幹武裝部隊分途截緝，仍應以迅速方法通知鄰近機關部隊協同緝捕。〔註 61〕匪犯於搶劫後，各保甲人員於發覺匪犯竄逃路線或可能藏匿之處時，應即設法緝捕，如力有未盡時，應一面追蹤監視一面供給追緝部隊之情報，協助緝剿之。

### 3. 緊急事件之處置

警察業務工作中一項重要的素質就是處置突發緊急事件的能力。抗戰時期，陪都作為抗戰大後方的中心所在地其突發緊急事件發生次數較為頻繁，對警察管控治安的能力要求較高，稍有不慎極易釀成陪都重慶社會秩序的混亂。因而，此項規定為戰時處置突發緊急事件提供了可供參考的藍本，便於陪都警察業務工作的推進。遇有重大事件發生時，被害人或最先聞報人應以最迅速方法報告就近治安機關部隊，治安機關部隊得報後一面迅作適當之處置一面以最迅速方法報告所隸上級機關及總部。〔註 62〕重慶衛戍司令部稽查處在獲得重大事件發生的情報後，應迅速通報有關各治安機關派員前往肇事地區扼守要道嚴密警戒，並由稽查處長或或派高級人員馳往協力部署會商處理之，到達出事地點的所有治安機關部隊官長必須由其最高級統一指揮之。但其處結要犯應依據權責之區分辦理之。各治安機關於重大案件發生時，除馬上自行動員偵察外，並須即時相互通知並密取聯繫。〔註 63〕憲軍警各治安機關部隊於所得情況認為某幫會、某團體、某娛樂場所所有可疑情形或有可疑分子潛伏時，應即迅速派員前往偵察或調查，其情節重大者，應迅速呈報衛戍司令部核辦。

### 4. 憲軍警維持治安權責之區分

為了便於憲軍警共同防範奸宄匪盜，並使其不能藏匿於重慶市區，從而確保重慶治安秩序穩定起見。在這三機關履行職權中，除憲軍警本身固有的

〔註61〕1943 年《加強重慶市治安維護實施辦法》，重慶市檔案館館藏民國檔案，檔案號：0053-0002-00031-0000-098-000。

〔註62〕1943 年《加強重慶市治安維護實施辦法》，重慶市檔案館館藏民國檔案，檔案號：0053-0002-00031-0000-098-000。

〔註63〕1943 年《加強重慶市治安維護實施辦法》，重慶市檔案館館藏民國檔案，檔案號：0053-0002-00031-0000-098-000。

權責外，對於社會方面有關治安的事項在權責上應予以區分。散兵遊勇與屬於軍事性之偵察調查由憲兵團就其轄境內主負其責。戶口清查與煙民賭徒娼妓等之調查及處理由警察局主負其責。〔註64〕哥老會及各幫會漢奸姦偽流氓等之查拿與娛樂場所人員之調查由稽查處主負其責。

### 5. 空襲警報中防止奸宄暴動之處置

抗戰時期，日本對重慶進行了大規模空襲，造成了重慶市區社會秩序的極度紊亂。為了防止空襲時奸宄乘機作亂製造暴動，重慶市衛戍司令部就空襲防止奸宄暴動作出了工作部署。其一，處置奸宄的暴動行為主要由各單位特工人員平時嚴密偵察，緝拿其組織並使其無法存在，如其利用空襲警報乘機暴動時，應一面制壓一面通知附近憲軍警協助撲滅之。其二，各要點（機場、銀行、廠庫、官邸、重要機關及軍事要地等）均為奸宄暴動所欲破壞或佔領之場所，而對於一切交通工具之破壞與利用尤為暴動時必採之手段，凡駐在當地之憲軍警等對於警戒上均須特加注意、切實防衛。〔註65〕其三，重慶市區內所轄渝市遷建江南江北四個地區之指揮官在空襲警報時為制壓或撲滅奸宄暴動，有指揮所轄區內擔任警備任務憲軍警及地方民眾武力之權。其四，各地區指揮官於各要點除原有之警備兵力外，應於適當地點控制相當之部隊作為緊急時之機動使用，各單位特工人員並須實行化裝潛伏布於要點之周圍。各特工組織無論平時或空襲時應酌量組織聯絡網擔任秘密或公開之查防，由重慶衛戍司令部稽查處辦理之，重慶市有關各機關之特工組織並應由該處密與聯繫。其五，遇到暴動突發情況緊急時，特工人員應迅速向各要點之警衛部隊或附近地區布置的部隊請求協助，該部隊除盡力制壓外並迅速報告該管地區指揮官處理之，地區指揮官於接到該項報告後應即為適宜之處置，並以電話或其他迅速方法分報本部及第一分區司令部，如遇暴徒猝襲時亦得獨斷處理之。〔註66〕各級指揮官、憲警稽各級服務人員之聯絡主用電話，其無電話可資利用者得指派人員或利用其他交通工具聯絡之。各單位特工人員與警備部隊之聯絡識別以各特工人員所屬機關之識別證為準，必要時得由本

〔註64〕1943 年《加強重慶市治安維護實施辦法》，重慶市檔案館館藏民國檔案，檔案號：0053-0002-00031-0000-098-000。

〔註65〕1943 年《加強重慶市治安維護實施辦法》，重慶市檔案館館藏民國檔案，檔案號：0053-0002-00031-0000-098-000。

〔註66〕1943 年《加強重慶市治安維護實施辦法》，重慶市檔案館館藏民國檔案，檔案號：0053-0002-00031-0000-098-000。

部稽查處統一核定之。

　　為了進一步加強對戰時重慶市區的治安管控，警察局與部隊、憲兵隊以及特工人員齊心協力，共同對匪盜奸宄人員進行預防、制止和處置行動，有力地拱衛了陪都重慶社會秩序的安全穩定，為大後方全力應對戰爭提供了重要的支撐。

　　縱觀上述戰時陪都警察的治安管理，不難發現，無論戰爭還是和平時期，治安管理都是社會管理的核心要素。戰時陪都警察為了捍衛陪都重慶安全、保障大後方穩定，為了抗擊外辱維護民族尊嚴，他們積極履行治安管理的職責，為爭取抗戰勝利捨身忘我地辛勤工作，在維護戰時社會秩序的安定中，他們甚至付出了血和生命的代價。

## 三、陪都警察其他常規職能的變化

### （一）陪都警察戶籍管理職能的調整

　　戶籍管理是警察業務中的基層和基礎工作，對戰時重慶市警察局的總體警務工作影響巨大。抗戰時期，戶籍管理不僅事關民生，而且為國家防範奸諜和匪盜提供必要的線索支撐。加之戰時陪都重慶政治軍事地位突出、戰略位置顯赫，重慶的安危在一定程度上事關戰爭全局，保衛陪都重慶安全和抗戰大後方穩定必須改革戶籍管理工作，將戰時戶籍管理做細做實。

### 1. 居民身份登記管理

　　抗戰時期，核實重慶市區居民身份對拱衛陪都安全和維護抗戰大後方的穩定意義重大，鑒於此非常時期，重慶市警察局相繼制定有關市區居民身份管理的法規，並呈報重慶市政府核准公布實施。依據 1942 年 2 月 9 日《修正重慶市居民身份登記辦法大綱》，設立重慶市居民身份證登記處。動員重慶市區軍隊憲警機關、地方保甲長及中央警官學校學生、軍事委員會、調查統計局、特訓班學生等協同辦理。〔註67〕辦理身份登記前先開展戶口清查工作。由於居民身份的清查對維護戰時重慶社會秩序及抗戰大後方的穩定意義重大。故而規定了較為詳細的清查項目，其包括職業、服務處所、空襲避難處所、曾未服兵役、領有平價米或軍米等。戰時身份證的作用至關重要，政府對於居民糧食之供應、平價米之分配以及防空洞證之發給均依據身份證而定，以

---

〔註67〕重慶市政府參事室編印：《重慶市政府法規彙編》，1942 年 8 月，第 116 頁。

免有冒領或以少報多的情形。〔註 68〕身份證辦理和戶籍整理完畢後，憲警及稽查、保甲人員應依照規定隨時檢查，以期本市居民均有證可憑有冊可稽。為此還制訂了罰則。凡居住市區之居民，如果不申請登記得處以罰鍰或拘留，並勒令補辦登記手續，經此處罰後仍舊不申請或故意隱匿不報的應即勒令出境。

### 2. 出入陪都重慶市區管理

戰時重慶市區加強身份證管控的同時，對於出入市區人員的管理亦是戶籍管理中非常重要的一部分。為了切實掌握市區人口異動起見，市民辦理身份證同時辦理市區出入境證，凡人民出境入境均須領證，市縣連界各交通要口並須設立檢查所嚴加檢查。對出入境證件的檢查成為戰時陪都警察及其他相關部門一項非常重要的業務工作。在入境檢查中，如果發現有違禁物品或犯罪嫌疑重大者，須將人證一併扣留，並按其情節送請衛戍司令部或警察機關依法究辦。〔註 69〕由於重慶作為戰時陪都的特殊地位，加強出入市區人員的管控有利保證戰時首都的安全，維護大後方的穩定。1942 年 3 月 9 日的《重慶市出入境證填發檢查辦法》，對於陪都城區入境管理、出境管理、出入境檢查和違法出入境的懲罰措施作了具體規定。

### 3. 陪都重慶暫住人口管理

抗戰時期，由於大量政府機關、社會團體、高校、工廠企業等從淪陷區遷入重慶地區，加之戰時社會秩序紊亂，重慶市區人口流動量驟增，且流動頻率較高。故而，規範對重慶市區流動人口的管理對維護戰時陪都重慶社會秩序安定和抗戰大後方安全至關重要。正如 1941 年重慶市衛戍司令部制定《換給重慶市民居住證辦法》時即開宗明義的講到：「重慶市衛戍司令部為拱衛陪都治安與改善空襲期間維護市民之安全起見，特遵照國防最高委員會國綜字第一一四〇五號訓令之指示制定換給重慶市民居住證辦法。」〔註 70〕重慶市衛戍司令部從原則上規定了居住證的辦理宗旨、標準及相關管理。其中涉及警察職責的有：各機關團體學校之職員及一般市民申請居住證，必須先經戶籍登記，由重慶市警察局核轉重慶市衛戍司令部審定發給。警察局管控重慶

---

〔註 68〕重慶市政府參事室編印：《重慶市政府法規彙編》，1942 年 8 月，第 117 頁。
〔註 69〕重慶市政府參事室編印：《重慶市政府法規彙編》，1942 年 8 月，第 130 頁。
〔註 70〕1941 年 1 月 21 日《國民政府行政院給重慶市市政府的訓令》，重慶市檔案館館藏民國檔案，檔案號：0053-0002-00743-0000-085-000。

市區居住人口數與戰時防空的要求密切相關。

　　戰時陪都重慶戶籍制度改革使抗戰時期的重慶戶籍管理模式適應了戰時需要，有了良好的制度保障，陪都警察在具體執法中才有據可循、有法可依。從某種程度上說，戰時有關身份證管理制度、出入境管理制度和暫住人口管理制度的改革，做實了戰時陪都重慶警察機關的基層基礎工作，對維護戰時重慶社會秩序的穩定功不可沒。

### （二）陪都警察消防管理職能的變化

　　戰時陪都警察消防管理工作是警察業務工作中十分重要的一部分，在那個戰火紛飛的年代，戰爭製造的火災司空見慣。加之日本對陪都重慶的頻繁空襲，大轟炸後產生的火災危害更是讓民眾苦不堪言，消防工作的重要性由此可見一斑。解讀戰時陪都警察的消防管理職能，有必要從瞭解戰時消防管理意義和戰時消防警政改革兩個方面來進行。

#### 1. 戰時消防工作的意義

　　消防警察是警察行政的一部分，凡是做消防工作的警察都是消防警察，「消」是消滅的意思，「防」是防止的意思，只要是做撲滅火災的或是防止火災的事務都為消防工作，〔註71〕因而，從事消防工作的警察即為消防警察。消防警察的任務即為滅火和防火兩種，消防工作的目的在於保護民眾的生命財產。抗戰時期，重慶屢次遭受日機空襲造成火災頻發，潛入後方的間諜更是乘戰亂之時伺機放火，擾亂陪都重慶的社會秩序。因此，戰時消防警察的業務工作至關重要，認識消防警察業務工作的意義亦屬必要。

　　第一、消防警察是專為消防火災而設的，火災的發生不問是人為的或是天然的，負有消防責任的警察必須精詳計劃竭力防止。如果防止的計劃不周發生火警，更須用精巧的技術迅速撲滅之，使其為禍不大，這是最重要的一點。社會的經濟因時間和空間的不同有內勤和外勤兩種，同樣，消防警察的行為又有積極和消極之分。一是防止火災。火災的危害比較任何的禍害更烈，必須於其未發生之前設法防止是為上策。倘或預防不周不能制止其於未成事實之前，雖有精良的器械、巧妙的技術用迅速的方法來撲滅，民眾已飽受虛驚蒙受其害了。所以，消防警察工作的重心完全在「防止」兩個字上著想，能夠預防的周密，不論民心如何奸詐、環境如何惡劣，使其無隙可乘無機可

───────────

〔註71〕南京武學書局發行所印行：《消防警察概要》，1946 年 11 月，第 1 頁。

取，才可以使良善的民眾安居樂業高枕無憂。尤其是在戰爭的時期，敵人常常利用火來進攻，如駕駛飛機投擲燒夷彈或派遣間諜放火為事實上所難免，如果有精密的防備，則敵人之計雖毒也不能使其僥倖成功。能夠做到這一步可算是達到了消防警察圓滿的目的，此即為積極的消防警察。〔註72〕二是消滅火災。消防警察工作的重心固然在預防，有時因人力、物力、財力不足不免有疏漏，倘或不幸發生了火災，只好用置備的器械、熟諳的技術、適宜的方法也就是保全社會經濟。敏捷的手段發揮其滅火的效能迅速撲滅之，不任其延燒以圖損害的減少是為首先注意的要點。同時，在火災既成事實的時候，擔任滅火工作的人員不論當時情況如何的危險，必須以大無畏的精神竭力施救，切不可計及個人私利、存望畏縮之心，誤了公共之利益，是為消防人員不能不先有的決心。不過，這種滅火的工作是在火災發生之後才夫實行，所以說他是消極的消防警察。

第二、消防警察是專為救護人民生命財產社會經濟的。人民的生命財產固有很多的原因可以來危害，總不若火的危害來的猛烈。因為火的為禍不管人的善惡和財產的貴賤，一經其為害幾無方法可以補救，整個的社會經濟連帶的蒙受影響，所以專設消防警察承擔救護之責：救護人民生命財產。〔註73〕火災發生，人民的生命財產就有危險，最妙的方法在事前防止使火災不致發生。如果發生之後，須迅速救護以謀損害的減輕，因為民為國之本，財為民之基，國無民不立，民無財不生，其關係的重要性可想而知。是消防警察的防火滅火，其目的完全在保護人民的生命財產；保全社會經濟。經濟為群眾結合的，經濟有無可以想通彼此互為利用。如果一人受了損失，他人同受其害，彼此連帶關係之深可以概見了。可是火的為患最易毀滅人的財產，不若盜賊之為害，僅將財物更易其主仍存在於社會，個人固受其害社會經濟不受影響，所以消防警察是為救護人民的財產。

## 2. 戰時消防警政改革

由於戰時消防工作的重要性不容小覷，鑒於時局需要，重慶市警察局適時補充、完善了一系列消防法規，實施消防警政方面的改革，為戰時消防工作安排提供了重要的制度保障，更有力地推進了戰時消防業務工作的開展。

1941 年 6 月 5 日公布的《重慶市警察局火險保戶登記規則》，其要旨在於

〔註72〕南京武學書局發行所印行：《消防警察概要》，1946 年 11 月，第 2 頁。
〔註73〕南京武學書局發行所印行：《消防警察概要》，1946 年 11 月，第 2 頁。

防止火險保戶浮額投保縱火圖賠及恃符合賠償政策增加火災而保護市民生命財產。為了保證居住在重慶市的投保火險者能夠遵守該規則，重慶市警察局專門設立了火險保戶登記處執行火險管理事宜。同時，為了做好火險保戶登記管理工作，其還規定：「凡保戶在本市內保險公司投保火險於其保單時，即由該公司通知保戶於三日內攜帶保單及保費收條向該管分局呈驗領取聲請登記表，填明請求核轉本局登記。關於堆店貨物保險由堆店及保險公司兩方通知保戶於即日攜帶保單及保費收條向該管分局呈驗領取聲請登記表，填明請求核轉本局登記。」〔註 74〕有關警察的職責，則要求各警察分局呈報填好後的聲請登記表給市警察局，市局登記處即對保險金額確實不浮予行登記並發給登記證，在審查中如若發現保險金額與事實不符或有其他疑問得向保險業同業公會、銀行業同業公會加以查詢，一旦查明具有不合情事即由重慶市警察局勒令保戶向保險公司更正再行辦理登記。凡已經投保的足額財產不得再向其他公司投保，保戶警核准登記後須將保險公司所發之牌記釘掛門首，保期屆滿時向該管警察分局報明注銷登記，其繼續投保者仍照本規則辦理。另外，保戶如不遵章登記，一經查覺，除勒令補行登記外並處以罰金，其不登記因而失火得有保險公司賠償者得由本局勒令將賠償金額全部撥充本市消防購買器材之用。

　　為確定火警發生時能夠形成一定的處置程序，重慶市警察局於 1942 年 2 月 16 日公布了《火警警報次序》。各消防隊接到火警報告時除相互告知馳赴火場救護外，應立即電話通報警察分局、警備司令部、憲兵司令部等部門；作為火災最先的接觸者，各接到管轄區內火警報告時應立刻派警到場撲救及維持秩序。最一線的值勤警士在本警管區發現火警時，應就近電話報告本管局所、通報各消防隊及有關各處，並一面求助附近崗巡協力撲救。〔註 75〕

　　戰時陪都重慶消防管理警政改革，其終極目的是為了適應戰爭對警察消防管理工作要求。規定火險保戶登記，防止了戰時某些居心叵測的保戶乘戰爭混亂放火蓄意製造虛假保險賠償。明確火警警報次序，使火警發生時各相關機關不致手足無措，可以快速果斷高效的處理火災，最大限度地減少人員傷亡和財產損失。另外，鑒於消防器材管理工作在消防救火中的重要性，重

〔註 74〕1942 年 2 月 16 日《火警警報次序》，重慶市檔案館館藏民國檔案，檔案號：00610007000330000037000。
〔註 75〕1942 年 2 月 16 日《火警警報次序》，重慶市檔案館館藏民國檔案，檔案號：00610007000330000037000。

慶市警察局還制定了消防器材管理規則，為戰時消防警察處置火警提供了重要的後勤保障。戰時消防警政改革，有力地應對了因戰時日本頻繁空襲產生的大面積火災危害，為戰時消防救火提供了必要的制度保障，極大地減少了國家損失和人民困苦，保衛了戰時陪都的安全和抗戰大後方的穩定。

### （三）陪都警察交通管理職能的加強

隨著日本侵華日益加劇，國府西遷後重慶市區人口急劇增長，各種政府機關林立，軍隊及國家政要移居重慶，加之大批難民湧入，給這個山城造成了不小的交通壓力。因而，進行警察交通管理制度改革，顯得必要且緊迫。1942 年是日本對重慶轟炸進入白熱化的階段。重慶由一個美麗的山城變得千瘡百孔，人民痛苦不堪，交通狀況的糟糕落後更是讓重慶社會狀況雪上加霜。為給戰時人員和財產疏導提供必要的交通支持，重慶市政府於同年 5 月至 12 月相繼核准了《重慶市警察局訓練交通個人暫行辦法》、《重慶市空襲時憲警管制交通辦法》、《重慶市警察局取締民渡木船逾額載客辦法》和《重慶市人力車管製辦法》等法規，為戰時交通疏導提供了有力的制度保障。

其一，交通工人訓練管理。交通工人是指進入工會的人力車、板車、及轎馬車夫，戰時重慶警察局訓練交通工人的目的在於充實其交通知識，保證戰時公共交通安全。戰時重慶警察局訓練交通工人以在不妨礙其生活的前提下進行短期訓練。由重慶市警察局就其所轄分局分設訓練區，利用轄區內的廣場或其他公共場所為訓練地。〔註 76〕各分局所管交通工人每日輪番受訓，以免停頓交通影響行人。訓練期內重慶市警察局隨時派員赴各分局督飭考察，訓練完結後由各分局予以簡單測驗並由市警察局發給證書，對於本局訓練期滿後其未參加受訓的應向該管工會申明緣由，由工會報呈社會局轉函，其是志願充當車輪馬夫的，應向該管工會申請登記並發給會員證，其持有證件者方得營業。

其二，水上交通管理。重慶環抱長江和嘉陵江，水上交通發達。水上交通管理自然是戰時陪都警察交通管理中非常重要的一部分。水上交通管理由重慶市警察局水上分局負責，切實執行取締船隻逾額載客及勒索渡資等相關事宜，並由本局及該分局派員隨時前往督察指導。為了保證乘客安全，重慶市警察局規定，民用渡江木船船工需按規定配備，裝載乘客實行最高限額，

---

〔註76〕重慶市政府參事室編印：《重慶市政府法規彙編》，1942 年 8 月，第 153 頁。

不得超載。遇霧、漲水等情形需在安全情況下才可開航。〔註77〕對違反乘客定額規定及上述相關要求的，重慶市警察局水上分局有權拿案罰辦，執勤警員依照本辦法切實執行，如果不積極作為，對違法行為熟視無睹不加取締者，除值班長警應從嚴懲處外，該管分局所負責長官應受連帶處分。

戰時陪都重慶警察交通管理職能的強化，有效地保障了戰時重慶的交通運輸，有力地支持了戰時陪都重慶人民的生活生產活動，便利了敵機轟炸時重慶市區人員和物資疏散工作的開展，為戰時首都重慶應對敵人轟炸提供了重要支撐。

### （四）陪都警察外事管理職能的改革

抗戰時期，重慶成為國家的政治和外交中樞，對外交往頻繁。重慶市政府為保衛陪都安全、規範外事活動、加強外事管理，於 1942 年 6 月制定公布了《重慶市警察局辦理外僑註冊發照加簽暫行章程》（以下簡稱本章程），提出一系列改革外事管理的措施。

#### 1. 無約國、無國籍人的管理

由於中國自 19 世紀中葉鴉片戰爭以來，不斷遭受西方列強欺凌，被迫簽訂了一系列不平等條約，國家主權的完整性受到侵害。於是，在華外國人又有了「有約國人」與「無約國人」的區分。顧名思義，有約國人即其母國與中國訂有條約，享有條約規定權利的外國人。無約國人則不屬於上述情況，只是普通的外國僑民。

按本章程規定，無約國、無國籍人居住或經過本市停留時間十日以上的，應到重慶市警察局註冊登記，申請人需提供一定證明文件證明其在渝，經審核後發給註冊護照，護照的有效期為一年。對於應到警察局註冊的無約國、無國籍人，於抵渝十日內須來局註冊，超過規定時間未註冊者，一經查出加倍處罰。〔註78〕上述外國人提供的證明文件包括：若為中國官署、學校、公司、廠店所聘雇員，應持該官署、學校、公司廠店出具的保證書；外國學校、公司、廠店所聘雇人員應持該學校、公司、廠店出具的保證書，必要時得經該學校、公司、廠店本國領事保證方能發給執照。對於上述無約國、無國籍

---

〔註77〕重慶市政府參事室編印：《重慶市政府法規彙編》，1942 年 8 月，第 151 頁。
〔註78〕1942 年《重慶市警察局辦理外僑註冊發照加簽暫行章程》重慶市檔案館館藏民國檔案，檔案號：00610015029710000069000。

人如果既無今法護照執照亦無人保證者即予遣送出境。有些無約國、無國籍人雖然在我國獲得居留或遊歷的權利，如查有不法行為或妨礙治安之處或有間諜偵探嫌疑者，除依法令辦理外得注銷其執照並驅逐出境。

## 2. 有約國人的管理

有約國人居留本市與無約國、無國籍人一樣，須隨時將護照攜帶身上以供警察局檢查之用，如欲在內地遊歷請發護照的則應呈驗其本國護照並填表存驗。關於有約國人來渝傳教其使領館請求本局加簽的，其本人必須到場辦理。倘若該外國人所持本國護照並無我國駐外使領館入境簽證或國內其他官署之加簽者，須由該持照人請該國駐紮本市或就近商埠領事以書面向本局解釋原委，方能發給內地遊歷護照或予以內地遊歷應簽證。〔註 79〕對於有約國人示所持本國護照來渝的即送交該國駐在本埠或就近商埠領事處理，而有約國人在本省無領事或其他外交代表管轄，如發生事端則須向上級機關請示辦理。抗戰時期重慶警察加強外事管理對捍衛陪都安全，保證外事活動的有序進行發揮了極大的作用。

綜合上述，通過本章對於抗戰時期陪都重慶警察常規職能改革的論述，筆者以為，這一系列戰時警政改革措施推行，有些是在戰前南京國民政府警政建設基礎上的自然延伸，有些是為適應戰爭形勢需要而進行的警政制度革新。因此，探討抗戰時期陪都警察常規職能改革，離不開對國家戰時警政總體改革的剖析。與此同時，戰時陪都警政改革又反映出戰時抗戰大後方的警政建設與警政改革的歷程，呈現出戰爭影響下的國家警政改革的面貌。警察自近代作為職業化的強力管理機構以來，其職業特性和工作特徵決定了其履行職責的特殊方式。雖然戰時陪都警察管理模式被納入軍事性的訓練和管理框架之下，以彰顯其應對戰爭需要時代色彩，但是其進行社會管理的主要任務還是通過履行常規職能實現社會秩序的安定。在戰爭的影響之下，陪都警察常規職能因時勢需要而進行的服務於戰時需要的調整便利了戰時陪都重慶警察機關的有效運行和警務工作的順利開展。其在陪都警察常規職能基礎上融入的戰時元素，便利了戰時陪都警察各項工作的推進，通過戰時陪都警察常規職能的調整與改革，全面發揮了戰時陪都警察履行社會管控的能力，對維護陪都安全穩定和保證抗戰勝利意義重大。

---

〔註79〕1942 年《重慶市警察局辦理外僑註冊發照加簽暫行章程》重慶市檔案館館藏民國檔案，檔案號：00610015029710000069000。

# 第三章　抗戰時期陪都警察職能的延伸

　　抗戰爆發後，陪都重慶的政治經濟及社會大環境發生了巨大變化。在全國總動員〔註1〕的時代背景下，重慶作為戰時首都為適應戰時需要，進行了警察常規職能改革，通過調適、制定、修正警察法規使警察常規職能逐步適應戰時需要。然而，單純的警察常規職能結構調整難以滿足戰時確保社會秩序安定的要求。特別是在日本對渝空襲不斷加劇、漢奸間諜大批滲入陪都重慶的情形下，戰時陪都重慶的安全及中華民族的命運受到前所未有的威脅。警察作為維護社會秩序的常備工具，其天然地擔負起戰時防空和肅奸的使命，並在實踐歷練中逐步形成獨特的警察職能。為了進一步完善戰時陪都警察的職能結構體系，全面發揮警察在戰時防空和肅奸中的作用，進而達到維護社會秩序安定的目的。國民政府十分重視陪都警察防空和肅奸能力的培養，並將戰時陪都警察的防空職能和肅奸職能提升到警察職能結構中非常重要的位置。

　　因此，不妨說，防空與肅奸職能是在警察常規職能難以適應戰時需要的歷史背景下的職能延伸，通過戰時警察職能改革，它們與警察常規職能一起構成了較為完善的警察職能體系。當然，陪都警察在履行防空和肅奸職能的

---

〔註1〕1937 年七七事變後，國民政府 8 月 14 日發布《自衛抗戰聲明書》，表明堅持抗戰立場。8 月 16 日國民政府下達《國家總動員令》，宣布國家進入戰時體制。1942 年 3 月 29 日又頒行《國家總動員法》，宣布「國民政府於戰時為集中運用全國之人力物力，加強國防力量，貫徹抗戰目的，制定國家總動員法。」其第四條關於「本法稱國家總動員業務」之第 11 項是「關於維持後方秩序並保護交通、機關及防空業務。」從而將警政事務納入國家總動員業務範圍。

過程中亦不辱使命，他們竭力履行職責，為挽救人民生命財產安全和根除漢奸對國家安全的危害立下了汗馬功勞。不僅確保了戰時陪都社會秩序的安定，而且適應了戰時國家總動員的要求，有力地支持了抗戰勝利。

## 一、陪都警察的防空職能

關於防空的概念，現代的說法是指通過組建防空系統、實施反空中偵察和反空襲作戰並進行偽裝、隱蔽、防護等行動從而達到消除來自空中或外層空間的敵方飛行器危害的目的。其核心在於和平時期保衛國家領空安全，戰爭時期掩護國家轉入戰時體制，並保衛國家重要目標、保障軍隊行動自由和保衛人民群眾的安全。南京國民政府於抗戰前即開始組建防空，並於 1934 年建立了防空處。為了培養防空人才，國民政府還成立了防空學校，並進行防空監視和組織防空演習。隨著日本對華空襲的加劇，國民政府於 1935 年還相繼建立了高射炮、探照燈、防空情報等部隊。

七七事變以後，國民政府還頒布了防空法，並在首都南京及全國各地相繼建立防空司令部，他們在國家核心城市積極部署高射炮、戰鬥機，有力地對抗了日本的空襲。隨著國府中心西遷重慶，重慶不僅是戰時首都和陪都，而且是全國的政治、軍事、經濟、文化和外交中心。為了迫使國民政府投降，從 1938 年開始，日軍對陪都重慶進行了長達 6 年的大規模空襲。保衛陪都重慶安全成為戰時賦予重慶警察的一項艱巨任務。面對日本帝國主義的猛烈空襲及制空權的喪失，南京國民政府實施消極防空政策，努力保存有生力量，使抗戰進入相持階段，為最終實行戰略反攻和贏取抗戰勝利奠定了基礎。

陪都警察為響應國家總體戰略方針，積極進行職能轉變，在履行刑偵、治安、交通等常規警察職能的基礎上擔負起戰時首都的防空職能。其中包括履行防空預警職責、進行空襲時緊急治安秩序維持和人員財產疏散管理、實施空襲後人員救濟安置和未爆炸彈排除措施等。戰時防空職能是戰爭環境賦予陪都警察的一項全新的社會管控職能，警察機關作為和平時期維持公共秩序最重要的工具，在社會秩序管控上比其他部門更具經驗和優勢。隨著日軍對渝空襲步步加強，陪都警察直接或協助其他部門積極參與國家防空，全力應對日機空襲。具體工作中一切以減少人員傷亡和財產損失努力保存有生力量為出發點；一切以捍衛陪都安全穩定為中心點，一切以取得抗戰勝利為終結點。陪都警察堅持不懈的履行防空使命，與其他機關一道形成戰時國家防

空的合力，為戰時應對日本空襲增添了一份不可或缺的力量。戰時陪都警察的防空工作，盡可能地減少了人員傷亡和財產損失，有力地維護了戰時陪都重慶社會秩序的穩定和抗戰大後方的安全，為中國最終取得抗戰勝利發揮了積極的保障作用。

### （一）空襲前防空預警職能

我國古代即有凡事豫則立，不豫則廢的說法，「豫」有預防、事先準備之意。在應對日本空襲時，防空預警對減少戰時人員傷亡和財產損失中的作用較大。警察作為維持社會秩序最重要的職能部門，與其他防空機關一起共同行使防空預警的權力，並主要履行空襲前防空警報信號發布和人員物質疏散的職責。

警報臺是戰時防空警察發布警報信號最重要的工具。為了保證警報臺的正常使用，警察主要負責對警報臺的管理工作，敵機空襲時要依據空襲前防空警報發布方案及時發布防空警報信號。

而國府西遷重慶過程中，隨著大量人口湧入重慶市區，一時間陪都重慶人滿為患，人口的壓力和社會秩序的混亂嚴重影響了空襲時人員和物質的疏散搶救。為了解決此種問題，在重慶衛戍司令部和重慶市警察局的主導下，其不僅開展了空襲前疏散動員工作，而且制定了切實有效的疏散預案。盡最大可能地保證了空襲時各項工作的順利開展，有力地減少了人員傷亡和財產損失。

### 1. 發布防空警報信號

在接連不斷的空襲中，日軍逐漸轉變空襲方式，其對渝空襲由先前的試探性轟炸轉向規模化轟炸，對重慶市區的轟炸，造成了人員的重大傷亡和社會秩序的極大混亂。為了應對日機空襲，南京國民政府國防部 1941 年制定頒布了《全國各地防空警報機關辦理防空警報事宜實施規則》（簡稱規則）。該規則規定防空警報臺主要負責防空警報信號的發布，而防空警報臺的管理原則上由當地警察機關派員管理使用，除因「各防空機關監視站哨能兼管理警報臺及憲駐在地為職務上行使之便利得交由軍憲警機關部隊負責管理仍應加以訓練並注意聯繫外」〔註 2〕，由此可見，防空警報臺的管理權主要由警察機

〔註 2〕1941 年《全國各地防空警報機關辦理防空警報事宜實施規則》重慶市檔案館館藏民國檔案，檔案號：00430001000270000005。

關承擔，並且主要負責防空警報信號的發布。防空警報信號除法令另有規定外，應於各種時期按照規定分別發布空襲警報、緊急警報、解除警報。戰時陪都警察採用此種方式發布防空警報信號，及時傳遞防空訊息，為戰時人員和物質轉移爭取了時間，方便了戰時軍隊及時應對日軍空襲，對捍衛陪都安全和抗戰大後方的穩定起到至關重要的防範作用。

### 2. 制定空襲前疏散預案

空襲時，人員物質疏散及時與否與疏散過程中秩序維持的效能高低，對拯救生命、挽回財產損失、維護陪都安定至關重要。警察作為專門維持社會秩序的職能機關，其不僅要積極參與戰時人員物質疏散，而且還要制定先前的疏散預案，以保證空襲時各項疏散工作的有序進行。1941 年 5 月 15 日重慶市警察局根據《二十九年春季渝市人口疏散計劃》制定了《重慶市警察局執行疏散任務實施辦法》(以下簡稱辦法)。該辦法對人員和物質疏散作了詳細的分期部署，第一期疏散人員有無生活連帶關係之老弱婦孺、與抗戰無關之自由職業者等。第一期疏散的物質包括有關抗戰需要之交通通信各種器材、汽油柴油等物品。而第二期需要疏散的人員則有負有交通通信責任之公務人員及其眷屬、各娛樂場所之無證演藝員等。第二期疏散物質有工廠商店囤積之大量貨物，第一期未疏散完畢之機器。〔註 3〕通過對兩期人員和物質疏散工作部署的比較分析，筆者以為，重慶市警察在人員疏散上依照老弱和無力應對空襲者現行疏散的方式，然後逐步推進到無治安勤務人員和工商業工作人員家屬及無證演藝人員，彰顯了戰時疏散中的人道主義關懷。在物質疏散上以應對戰爭作為中心，重點保證軍需物質現行，其疏散步驟採取軍需物資先撤、工商業機器和囤積物質後撤的疏散方針。在戰時極端艱苦的環境下，此舉保存了有生力量，維護了戰時陪都社會秩序的安定，為贏得抗戰最終勝利蓄積了能量。

另外，該辦法還規定了警察在執行疏散人員和物質的主要職責，概而言之主要有以下幾點：第一、調查核實重慶市內所有機關、團體、學校、工廠堆棧倉庫；第二、勸導重慶市中產以上居民前往指定疏散地點疏散；第三、各警察分局負責調查應疏散人民與物質並呈報督促疏散；〔註 4〕第四、與救濟

---

〔註 3〕1940 年 02 月 01 日《重慶市警察局執行疏散任務實施辦法》，重慶市檔案館館藏民國檔案，檔案號：006100153406。

〔註 4〕1941 年《重慶市黨政軍各機關商店執行疏散任務分配表》，重慶市檔案館館藏民國檔案，檔案號：0053000200827。

機關及重慶市黨部一起全力調查和疏散沒有能力疏散的市民；第五、會同檢查所對無證居民進行檢查；第六、為實現疏散目的，防範已疏散重慶市民返回市區，在水路、陸路各處設置卡點；第七、重慶市各警察分局嚴格進行客棧和戶口調查，並對無居住證和通行證的人及店主一併對其進行連帶處罰；第八、積極協助防空司令部開展防空洞的調查工作；第九、竭力派遣警察協助防空司令部等進行平時和空襲時的公私防空壕洞的管理，第十、根據現行戶口管理辦法，嚴格進行戶口清查。

不難看出，在抗戰時期重慶市區疏散方案的制定中，較多的體現了警察機關與其他部門之間的配合合作，並對戰時陪都警察履行人員和物質疏散的職責權限進行了明確規定，這不僅有利於戰時陪都警察及時有序地執行重慶市區的人員和物質疏散任務，而且較好地保證了疏散工作的穩妥進行，減少了人員傷亡和物質損失，維護了戰時陪都社會秩序的安定。

### 3. 進行空襲前人員和物質疏散動員

空襲前疏散動員工作是國民政府《抗戰建國綱領》中「實現總動員之效能」〔註5〕決策部署的具體落實，1941年6月30日，重慶市動員委員會第一次常務會議議決組織市民疏散訪勸隊，該訪勸隊的組成人員來自青年團中央團部、社會部、軍事委員會政治部、重慶市黨部、市政府、陪都空襲服務總隊、市警察局等十二個部門。為了使訪勸隊能夠發揮疏散市民的作用，重慶市動員委員會還頒布了《重慶市各界擴大市民疏散宣傳訪勸隊服務辦法》（以下簡稱本法）。重慶警察作為市民疏散訪勸隊的組成人員，主要負責與其他部門人員一起對重慶市普通住戶和有居住證者進行訪勸，目的是及時傳達國民政府疏散要旨並讓訪勸對象填寫訪勸報告表，以便政府對市民疏散的先期情況有一定的瞭解。不僅如此，該辦法還規定了戰時陪都警察的協助義務，並要求「重慶市警察局應通令各區鎮公所於本年7月10日以前將鎮內籍冊備齊，於訪勸隊到達時會同戶籍警察及該管保甲長前往辦理訪勸工作，並由戶籍警察攜帶疏散證隨時填寫在案。」〔註6〕

由於國民政府前期應對轟炸準備工作不足，1938年10月至年底，面對日本對重慶市區的試探性轟炸，國民政府的各方面工作及成效都令人不滿意。

---

〔註5〕《抗戰建國綱領》，國民黨臨時全國代表大會，1938年4月。
〔註6〕1941年《重慶市各界擴大市民疏散宣傳訪勸隊服務辦法》，重慶市檔案館館藏民國檔案，檔案號：0053-0012-00054-0000-049-000。

於此，日本迅速佔據制空權，對渝實施了更為猛烈的空襲。有鑑於此，重慶市動員委員會組建了市民訪勸隊，積極勸導市民疏散。其雖然取得了一定效果，然而卻成效甚微。據史料記載，1939年1月至1942年底是日本對渝轟炸的最主要階段，僅1939年5月3日和4日「兩天之內共炸死市民3991人、炸傷市民2287人，毀滅房間4871間」。〔註7〕顯而易見，國民政府先期的疏散工作並不理想，訪勸隊的工作是在戰時重慶遭受巨創的情況下為進一步做好戰時疏散工作所作的預先鋪墊。

抗戰爆發後人口由東至西的大遷徙，給戰時陪都警察執行疏散工作帶來了巨大困難。由於戰時全國各地人員驟聚陪都重慶，市區人口迅速激增，人口和物質疏散工作行動遲緩。為此，重慶市警察局在梳理分析諸多問題後，首先清理無居住證市民和調查核實確無遷移力量的民眾。重慶素有山城和霧都之稱，每年冬季時分霧天較多，不利於日本對渝的轟炸，一旦春天來臨霧氣漸散，往往為日本轟炸提供有利條件。鑒於對重慶氣候的分析和對社會局勢的擔憂，1941年3月14日，重慶市警察局在給防空司令部的函中報告到：「查時屆春令，霧季將過，敵機襲渝，勢所難免。本市換發居住證後，對於無證市民，即將開始疏散，惟茲事體大，非由鈞部策動黨政軍各機關通力合作實不足以奏全功。在執行之前，請鈞部對無證市民宣傳通告限以相當期間，俾結束其在渝事務，以免執行時事實上發生困難。同時飭各指定疏散地區之縣政府及救濟機關，對此項市民到達後之糧食、住屋、安全、子女教育、醫藥、職業及主客感情之協調等問題，亟應早事解決，俾使安於新環境，無重返市區之念。至執行辦法，業經本局草就，並請鈞部核定公布施行。」〔註8〕防空司令部覆函重慶市警察局「所陳頗有見地，仰候統籌辦理，可也。」〔註9〕因此，重慶市警察局制定的執行疏散無證市民辦法獲得通過並在實際工作中實施。該辦法對無證居民的疏散程序作了較為詳實的規定，其疏散期限定在「三月底以前一律疏散離市」〔註10〕，而疏散地點與供應之車船則依據重慶

〔註7〕西南師範大學歷史系、重慶市檔案館：《重慶大轟炸（1938～1943年）》，重慶：重慶出版社，1992年版，第184頁。

〔註8〕1941年3月14日《重慶市警察局給防空司令部的函》，重慶市檔案館館藏民國檔案，檔案號：0053-0002-00827-0100-178-000。

〔註9〕1941年3月14日《重慶市警察局給防空司令部的函》，重慶市檔案館館藏民國檔案，檔案號：0053-0002-00827-0100-178-000。

〔註10〕1941年3月14日《重慶市警察局給防空司令部的函》，重慶市檔案館館藏民國檔案，檔案號：0053-0002-00827-0100-178-000。

市警察局制定的《疏散渝市人口交通工具供應辦法》，對於應疏散人員，稽查處憲三團會同戶籍民警及保甲長按戶調查給予疏散證並注明所住地點與離渝日期。該辦法對於願意疏散的市民按照其自願去往地點進行，沒有去處的由保甲長指定。疏散期間，警察與軍隊按日分別檢查市區居民及公共處所。對於疏散過程中存在的疏散證逾期不離渝市或無居住證之人民應由警察機關勒令出境並封閉其住所。

在被疏散的人員中，考慮其客觀存在的特殊情況，針對有些人確實存在疏散困難及確無力量遷移的問題，重慶市警察局制定了《本市疏散確無遷移力量之人民調查辦法》。該辦法明確規定，對確無遷移力量人民的調查由警察局督同區鎮保甲人員辦理。對於先前存在的確無遷移力量人員標準界定問題，該辦法規定四類人員：第一、赤貧者；第二、老幼殘廢鰥寡孤獨貧苦者；第三、出征軍人家屬貧苦者，第四、貧苦之勞工小販以市區為生活根據，離開市區一時無法生活者。〔註11〕在具體執行中，陪都警察可以依此標準對是否具有遷移力量的人員進行調查。另外，對於確無遷移力量之人員，一旦查證屬實，應給予資助疏散證，以便其向振委會領取資助金。該調查完畢警察局將資助疏散證存根統計列表上報衛戍司令部和市政府，然後開始強行疏散。

由於空襲造成的危害巨大，防空預警的重要性不言而喻。陪都警察在履行防空預警職能的過程中，逐漸探索尋找到及時發布警報和有效疏散人員及物質的方式方法，在疏散工作中融入的人性化關懷和人道考慮值得深思。由於空襲前陪都警察的不懈努力，高速快捷地做好了防空警報發布準備工作，盡最大可能地進行了人員和物質疏散。所有這些空襲前的動員和努力極大地減少了空襲時的人員傷亡和財產損失，維護了戰時陪都社會秩序的安定和抗戰大後方的安全，為陪都軍民實施戰略轉移贏得了時間。後方的穩定和安全對前方戰區意義重大，後方作為戰時後勤總部源源不斷地向戰區輸送人員和物質，為戰區軍民應對抗戰提供了重要的後備支撐。

## （二）空襲時緊急社會秩序維持職能

抗戰時期，日本採取空襲方式進攻重慶是鑒於特定時局的戰略權衡，正如日本學者前田哲男所說：「關於攻下武漢後的戰爭指導思想，除遠距離地面攻擊這一點外，政府、軍部、派遣軍三者的認識一致。他們認為，步兵對崇

〔註11〕 重慶市警察局《本市疏散確無遷移力量之人民調查辦法》，重慶市檔案館館藏民國檔案，檔案號：0053-0002-00827-0100-178-000。

山峻嶺的大巴山脈，艦隊從武漢對揚子江上游都不適宜，要停止擴大戰線的理由不僅如此，此時陸軍掌握的兵力幾乎已全部投入作戰，日本本土只剩下近衛師團了。補給線拉的太長，已無力開闢新戰線。只得承認守住武漢，地面部隊的攻勢已走投無路。」〔註12〕重慶作為戰時陪都是國民政府反覆斟酌的考量後的重大抉擇，其獨特的天然屏障使日軍難以陸空並用，只能採取空襲的形式迫使國民政府就範。空襲時造成的社會秩序紊亂、人員傷亡及物質損失令這個積貧積弱的國家苦不堪言。為了保證陪都社會秩序的穩定和大後方的安全，陪都警察積極轉變職能結構，在常規職能的基礎上努力培養戰時防空技能。在具體履行防空職能中，陪都警察採取了一系列應對日本瘋狂空襲的人員物質疏散措施。同時，鑒於空襲時社會局勢動盪，不法分子乘機作亂現象頻發，陪都警察更是積極採取有效措施，實行緊急社會秩序維持。戰時陪都警察防空職能是警察職能結構中重要組成部分，其職能發揮的效果不僅捍衛了陪都重慶社會秩序的安定，而且保證了抗戰大後方的穩固，有力地支持了抗戰勝利。

其一，進行空襲時水上人員疏散。重慶四面環山，地處長江上游，水運較陸路更為發達。因此，日本在空襲時往往將水上人員及物質運輸作為轟炸目標，故而，空襲時的水上人員疏散顯得較為重要。重慶市警察局針對「交通部長江區航政局電稱停泊渝港輪船遇空襲時應協助疏散市民一案」通飭各輪船公司，並會同社會部和重慶市警察局水上警察分局召集重慶市輪船商業公會、四川省民船業同業公會聯合會與各輪船公司等開會商討解決辦法，力加鼓動曉明大義協助疏散市民，並由重慶市警察局擬定停泊重慶港輪木船空襲時疏散市民管理辦法草案提交會議討論。出席這次會議的部門有社會部、慶磁公司、華中內河航業聯營局、合眾公司、民生公司、招商局、水警分局、重慶市警察局。〔註13〕會議討論的事項共有六項：第一、關於航政局所擬停泊重慶港輪木船空襲時疏散市民管理辦法案，會議決議：修正通過。第二、關於停泊港內之輪船於空襲時擔任疏散市民工作是否應收船費案，會議決議：除各短航班輪照票價收費外，其餘一律免費。第三、關於木船於空襲擔任疏散市民工作應如何收付船

---

〔註12〕〔日〕前田男哲：《重慶大轟炸》（中譯本），成都：成都科技大學出版社，1989年第一版，第58頁。

〔註13〕1941年《停泊重慶港輪木船空襲時疏散市民管理辦法》，重慶市檔案館館藏民國檔案，檔案號：0061001504344030031 2000。

資案，會議決議：各木船收費應照重慶市警察局之規定由水警分局嚴格執行。第四、關於擔任疏散各輪須照乘客定額裝載應如何執行案，會議決議：由水警分局嚴格執行並由空襲救濟服務總隊協助。第五、關於擔任疏散各輪如有搶先爭航如何取締案，會議決議：由航政局、水警分局、空襲救濟服務總隊嚴格監督，如有發生搶先爭航情事，應立刻記明船名、時間及地點，以便由航政局依法嚴辦。第六、關於疏散市民之輪木船其秩序應如何維持案，會議決議：由水警分局、空襲救濟服務總隊負責。〔註14〕

　　縱觀這次會議通過的決議事項，不難看出水警分局作為重慶市警察局的一個職能部門，其擔負著重要的水上防空職能，在戰時防空中其不僅履行監督執行木船收費標準、檢查監督各疏散輪船定額裝載乘客的職能，而且還擔負著取締搶先爭航和維持民眾船上疏散秩序的職能。重慶市警察局制定的《停泊重慶港輪木船空襲時疏散市民管理辦法》，經過本次會議討論後基本通過，並成為水上警察進行疏散工作的行動指南。因此，可以說陪都警察作為戰時維持社會秩序的重要工具，為應對日本空襲，其積極發揮防空職能，在疏散市民渡江、躲避空襲中確實發揮了極大的作用。

　　其二，實行空襲時緊急治安秩序管理。從1939年開始，日本對重慶連續進行了猛烈空襲，其空襲造成的危害有過程中的和實行了的兩種，過程中的是指轟炸造成了社會秩序的極度紊亂，不法分子渾水摸魚，社會治安面臨嚴峻挑戰，嚴重危及到陪都重慶的安全穩定，實行了的則是空襲後重大的人員傷亡和財產損失，使整個社會局勢瀕臨幾近失控的境地。為了保證陪都社會秩序的安定，重慶衛戍司令部制定了《重慶市空襲緊急維持秩序辦法》，對警察、警備司令部、部隊、防護團、等各個機關團體的空襲時工作職責作了統籌規定。其中關於警察職責的規定有五處，一是即日起，警察局應多派巡查隊實施梭巡，尤其注意夜間與空襲時之巡查；二是警察局應多派使探嚴防漢奸、敵探及竊盜活動；三是警察局應趕製柴油燈（或馬燈）多盞（加防空幕）分發各崗警，於夜間電燈被破壞時還能繼續工作；四是警察局應即妥籌在自來水破壞後之救火辦法，五是警察外服、外勤務不得因空襲任意離開崗位哨所。〔註15〕

〔註14〕1941年《停泊重慶港輪木船空襲時疏散市民管理辦法》，重慶市檔案館館藏民國檔案，檔案號：00610015043440300312000。

〔註15〕1944年11月7《重慶衛戍總司令部對重慶市區空襲間治安維持辦法》，重慶市檔案館館藏民國檔案，檔案號：0053-0002-01282-0000-009-000。

　　較之 1939 年的試探性轟炸，1940 至 1943 年日本對渝空襲幾近達到白熱化程度。為了嚴防奸尻匪盜在空襲間乘機作亂，重慶市衛戍司令部於 1944 年 11 月 7 日制定了《重慶衛戍總司令部對重慶市區空襲間治安維持辦法》（後稱辦法）。該辦法是空襲期間各治安機關部隊維持社會治安的準則，警察局作為維持治安最重要的社會管理部門自然位列其中，其目的是為了確保戰時陪都的安全穩定。該辦法就空襲時重慶市區第一分區的治安管理領導權作了規定，即「為適應機宜指揮靈活起見，所有在第一分區內之憲軍警及地方武力，在空襲間維持治安時統通第一分區司令部指揮。」〔註 16〕進行治安管控的範圍則是以市區為中心防範諜奸暴動，各小區兼為空襲間治安維持區，各區指揮官由原有之小區指揮官兼充指揮，各該區轄境內憲軍警及地方武力維持空襲間之治安。

　　為了更好地維持空襲時重慶市區穩定，警察局在空襲警報發放的幾個階段均有其相應注意事項和權責範圍。空襲注意情報發出後，警察局應派必要便衣人員分赴奸尻及匪盜容易潛匿或混跡處所，施行嚴密偵查與戒備。而當空襲警報發出後，警察局則應派武裝巡查隊對轄區內各要點（如機場、銀行、重要廠庫，機關學校等。）及僻靜地區輪番梭巡並與便衣人員切取聯繫，同時禁止市民在防空洞口附近聚集，並取締沿途攤販，以免緊急警報發出時秩序頓行紊亂。警察人員在緊急警報發出後及敵機投彈時，對於奸尻匪盜乘機騷擾及形跡可疑之人以預為埋伏各要點之便衣或特工人員不失機宜迅速予以拘捕。如有未逮時，即行嚴密監視並報告轄指揮官，該區指揮官接得報告後，應一面指揮轄區憲軍警予以撲滅，一面報告上級指揮官同時分報本部。空襲時警察的另一個職能是轉化為諜報人員，於本轄區易為奸尻及盜匪潛伏的場所作事先埋伏，用以窺探附近之動態及加以適當之處置，並適時提供情報報告區指揮官。對於平時偵查認為形跡可疑的住戶、商店及有奸尻匪盜之嫌疑的人員於空襲間應作嚴密注意，必要時進行搜查或拘捕。〔註 17〕

　　戰時陪都警察的防空職能是警察常規職能的延伸，然而，防空職能發揮的過程中時刻伴隨著警察常規職能的運用，它們共同構築了戰時陪都警察的職能體系。空襲時陪都警察進行水上人員疏散與對重慶市區進行緊急秩序維

〔註16〕1944 年 11 月 7 日《重慶衛戍總司令部對重慶市區空襲間治安維持辦法》，重慶市檔案館館藏民國檔案，檔案號：0053-0002-01282-0000-009-000。

〔註17〕1944 年 11 月 7 日《重慶衛戍總司令部對重慶市區空襲間治安維持辦法》，重慶市檔案館館藏民國檔案，檔案號：0053-0002-01282-0000-009-000。

持，不僅對保證戰時陪都社會秩序穩定和防止漢奸間諜滲入起到積極作用，而且為南京國民政府集全國之力積極對抗日本帝國主義侵略並贏得抗戰最終勝利奠定了基礎。

### （三）空襲後恢復社會管理秩序職能

陪都重慶慘遭空襲後，市區滿目瘡痍，人民流離失所，空襲的後續隱患猶存，社會秩序極度混亂。重慶警察機關作為維持社會秩序最重要的職能部門，其自然負有恢復空襲後重慶社會秩序的重大職責，消除空襲危害是戰時陪都警察履行防空職能中非常重要的一項業務工作，為了保證社會秩序盡快回到正常軌道，使戰時陪都人民正常的生產生活，陪都警察重點做了以下幾項工作。

### 1. 空襲後及時總結經驗教訓

鑒於空襲對重慶造成的慘重傷痛，1939 年 5 月 26 日 9 時，重慶市政府召集重慶市各個機關召開空襲善後臨時座談會，在此次會議上重慶市警察局督察長何溶蘭就本年 5 月 25 日日本空襲重慶時警察的工作情況及急需解決的問題作了詳細彙報。其報告稱：「昨晚大部分警察、防護團、消防隊均能努力執行職務，沙包運送頗收效果。」同時提出了亟待解決的事項，諸如交通工具、電筒、擔架缺乏，請予補充；增加警察掩體，軍警執行職務常感朽腹之苦；模範市場水管炸壞不便工作；中央公園避難民眾不願深入洞內，多集洞口，投彈時擁擠不進致多傷亡；南紀門避難人民過多，崗警無法阻止，致踏死四人重傷十餘人，以後請派部隊協助維持；增加南北兩岸渡輪以利輸送等。〔註 18〕

由於空襲中日本投彈引起火災頻發，嚴重影響公共安全，因而，空襲後的救火工作尤為重要，重慶市警察局消防隊作為警察局的特別機關亦出席本次會議，並由市警察局消防隊隊長李湘丞對空襲時的消防工作做了彙報：「此次工作效力較前增加，沙包掩火迅速，都郵街、海關、商會、防空司令部皆因積沙頗多即時撲滅。問題在於燃燒彈投下時樓上樓下同時起火，撲滅較難，請布告民眾，凡樓上易燃物一律移放郊外或最下層，以便易於搶救；空襲警報時，應將爐灶餘火完全熄滅以免復燃或置水鍋於其上；本市消防僅有四隊，火頭常至十

---

〔註 18〕1939 年 5 月 26 日《重慶市空襲善後臨時座談會記錄》，重慶市檔案館館藏國檔案，檔案號：0053000400021000025000。

餘處，不能同時施救，有時交通不利亦致事倍功半；火塌後，附近民眾應各帶水桶幫助熄滅餘火，以便消防隊提前轉移他處搶救；救火應以輕重緩急為主，不能瞻徇情面，已飭消防隊各隊，無論何人請託，非奉准不得擅自移轉。[註19]

對於空襲時重慶市警察局在具體工作中存在的問題，會議作出了統籌安排並形成會議決議，其決議事項包括：警察崗位應於傘形裝置下，加鑿防空孔，以容身為度，用水泥做成。已有後加強洞口，置厚圓木蓋，每一交通警均須有一防空孔，俾隨時執行職務，避免無謂犧牲，其人行道中防空掩體木蓋並應檢查加厚；利用火場多作簡易防空壕及水池。以上二項由防空司令部負責辦理工務局協助；準備電筒、路燈、紅十字燈、汽油燈及燈籠、火把以便臨時應用；本市空襲救濟工作，以軍隊為總預備隊，約需添置九百人用消防器具，由消防隊妥速辦齊；夜間自十時至上午五時進出轟炸防空洞者由警察局取締；南岸彈子石、龍門浩、海棠溪、黃桷椏、老君洞道中，奉委座手諭飭特別注意清潔及秩序，由警察局不論是否權責所及，先行趕辦具報，化龍橋、小龍坎等處須應同時辦理；南紀門遇空襲時應加派警察維持秩序。[註20]

由會議報告內容及決議事項可見，空襲後重慶市警察局各個職能部門深刻剖析了空襲中自身履行防空職能中的不足及救援工作中存在的困難，其最突出的問題在於空襲中防空工具不足及防護設施簡陋。就細節而論，空襲時消防工作中要重點告誡民眾積極配合國家消防工作，注意引起火災發生的隱患及採取防止火災擴大的措施，將民眾納入戰時國家總動員之中，全力應對日本帝國主義的空襲。在國家防空體系構建及戰時防空職能發揮中，警察職能須以應對戰爭為首要任務，其要突出解決空襲後電力恢復、水管修理、電筒及燈配置、消防救火及秩序維持等事關公共秩序安全的重大問題。重慶市政府對空襲中警察工作中存在的諸多問題進行總結和解決，有利於提高戰時陪都警察應對日軍空襲的能力，減少空襲造成的人員傷亡和財產損失，保證了重慶市區社會秩序的安全穩定。

### 2. 實施空襲後難民的救濟安置

雖然重慶市區多次遭受空襲，但是關於難民收容救濟卻一直未形成行之

---

〔註19〕1939 年 5 月 26 日《重慶市空襲善後臨時座談會記錄》，重慶市檔案館館藏民國檔案，檔案號：0053000400021000025000。

〔註20〕1939 年 5 月 26 日《重慶市空襲善後臨時座談會記錄》，重慶市檔案館館藏民國檔案，檔案號：0053000400021000025000。

有效的方案，在戰時防空救援中各救濟機關大多各自為政，辦法分歧頗不一致。為了解決空襲造成的民眾困難，防止影響社會穩定的因素進一步擴大，重慶市警察局因時擬定了《重慶市空襲被災難民收容救濟疏散暫行辦法》（以後簡稱辦法），本辦法將空襲受災難民的救濟類別分為臨時收容、發放急賑、供給火食、小本借貸、疏散鄰縣五項。由於小本借貸中並未涉及警察職責，筆者僅就另外四項有關警察職責的規定作如下梳理。

其一、對遭受敵機轟炸無家可歸的難民，警察局所得為其指定臨時收容，並根據能力將其編成服務隊協助辦理災後工作。空襲後，社會秩序極度混亂，流動人員充斥重慶市區，將難民集中進行統一救濟安置對維護戰時陪都社會秩序顯得尤為重要。《重慶市警察局空襲後臨時收容所組織及管理辦法》進一步就警察在難民收容管理中的職責作了可操作性的規定：空襲後難民收容所的地點選擇上，由市警察局行政科會同各分局共同尋覓，臨時收容所選定後，尋覓人員須通知該管分局所派戶籍生或幹警負責登記管理。難民收容過程中，各分局所須派國民兵團或防護團員維持秩序，必要時由市警察局派保安或特務警察進行維持。〔註21〕難民的管理上，災民憑證就餐，入收容所後須遵守所內秩序相互敬愛，開飯時先讓老幼殘廢者，夜間歸所時間應在晚七時以前，每晚十時就寢，熄燈後不得喧嘩。對違反以上規定者，由市警察局行政科及該管分局輪流派員前往訓話，嚴重者進行警告或罰做苦工，其涉及違警或刑事者解局分別懲辦。

其二、由於戰時物質緊缺，局勢混亂，對難民發放急賑需做好必要的準備工作。第一、對於受災難民，警察局須一面通知空襲救聯處，一面於當晚鳴鑼傳知災民於翌晨集合各該管分駐所聽候發放急賑。第二、發放急賑以警察局戶籍簿為根據，如係流動與新增戶口尚未登記者，應由保甲長及有正當職業之鄰居以書面證明，經審核後始得發放。第三、核對戶籍簿及維持發放急賑秩序由警察局負責。

其三、供給火食之前，警察局臨時收容所收容受災難民時，應立即通知救聯處，服務總隊按照收容人數準備茶飯送往各該收容所。〔註22〕

其四、難民疏散鄰縣之前，由警察局進行登記並發給疏散證，疏散地點

〔註21〕重慶市警察局《重慶市警察局空襲後臨時收容所組織及管理辦法》，重慶市檔案館館藏民國檔案，檔案號：0051-0002-00611-0000-062-000。
〔註22〕重慶市警察局《重慶市警察局空襲後臨時收容所組織及管理辦法》，重慶市檔案館館藏民國檔案，檔案號：0051-0002-00611-0000-062-000。

由市政府制定，疏散過程中，警察局須派遣員警查驗疏散證並會同救聯處發給規定救濟費之半數。陪都警察空襲後積極維持收容秩序、做好急賑的登記管理、聯絡救聯處做好難民救濟、監督鄰縣疏散有力地恢復了空襲後重慶混亂的社會秩序，保證了陪都的穩定，為贏得抗戰勝利做出了極大的貢獻。

其五，協助排除未爆炸彈。空襲時日本帝國主義飛機投放的炸彈並未全部引爆，並且這種數量不在少數，啞彈的存在是社會的潛在危險，這種危險嚴重了陪都民眾的生產生活。為此，1943年5月12日，重慶防空司令部擬定了《重慶防空司令部處理未爆炸彈辦法》，並就警察在處理未爆炸彈中的職責作了如下規定：第一、本市一遭空襲後，防護團員應立即出動搜索有無未爆炸彈，並由憲警協助警戒之。第二、未爆炸彈彈穴周圍五十公尺內，絕對禁止車馬行人通過，由警察局製作（炸彈未爆繞路行走）及（不通車馬等）標示牌。第三、彈穴周圍五十公尺內居民，應由當班警察飭令暫時遷避，俟挖掘完畢後再行遷還。〔註23〕雖然警察在處理未爆炸彈中的職責更多是輔助性的，例如，警察只是對未爆炸彈彈穴周圍進行警戒，但是警察在協助處理未爆炸彈中的作用卻不容小覷。因為炸彈的殺傷力強、破壞性大，在排除過程中做好人員疏散和周邊環境警戒至關重要，稍有不慎極易釀成大禍。未爆炸彈的及時拆除，清除了空襲時留下的社會隱患，保障了民眾生命財產安全免受損失，穩定了戰時陪都地區的社會秩序。

抗戰時期，面對陪都重慶遭受中國歷史上從未有過的猛烈空襲，警察機關作為維持日常社會秩序最重要的工具，為應和戰爭需要，適時調整自身職能結構，在常規職能的基礎上進行職能延伸，全面發揮了戰時防空的作用，為維護戰時陪都社會秩序穩定和大後方安全作出了巨大貢獻。

通過防空預警，為戰時人員和財產轉移贏得了時間，減少了空襲時造成的人員傷亡和財產損失，為抗日戰爭的相持階段提供了有力的後備資源支撐。他們積極參與空襲前人員和物質疏散工作，進行戰時疏散秩序維持，為戰時人員和物質的有效疏散營造了良好的社會環境。他們還積極投入戰爭，面對敵機狂轟濫炸，始終堅守崗位，積極疏散群眾，及時發布戰時警情，表現出大無畏的犧牲精神，這種捨身忘我的時代警魂值得薪火相傳，代代相頌。空襲之後他們努力恢復社會秩序，為戰時陪都地區生產生活盡快步入正常軌道

---

〔註23〕1943年5月12日《重慶防空司令部處理未爆炸彈辦法》，重慶市檔案館館藏民國檔案，檔案號：00610015029340000120000。

提供了有利的秩序保障，維護了抗戰大後方的安全穩定，為中國贏得抗日戰爭的最終勝利奠定了堅強的基石。陪都時期重慶遭受的空襲是中國歷史上絕無僅有的，警察積極參與國家防空，培養了應對空襲的能力，為現代警察防空教育提供了有利的理論和實例支撐，在一定程度上推動了中國防空事業的發展。

## 二、陪都警察的肅奸職能

漢奸原指漢族的敗類，現泛指中華民族中投靠外國侵略者，甘心受其驅使，或引誘外國入侵中國，出賣祖國利益的人。抗戰時期，隨著日本對華侵略節節勝利，投敵賣國的漢奸數量不斷增加，他們喪心病狂助紂為虐，無恥地充當日本帝國主義侵略者的走狗；他們肆意欺凌殘害同胞，刺探我國情報，破壞大後方和戰區的基礎設施；他們進行虛假宣傳，煽動民眾對抗政府、投敵叛國，企圖分裂瓦解抗日統一戰線。為了肅清漢奸種種惡行對國家民族的危害，維護戰時陪都安定和國家主權穩固，爭取早日實現抗戰勝利，作為具有較強刑事偵查經驗和刑事犯罪打擊能力的陪都警察帶領民眾積極投入肅奸行動，並在防範和偵緝漢奸中發揮了主力軍的作用，為保證戰時陪都社會秩序穩定和中華民族贏取抗戰勝利貢獻了一份不可或缺的力量。

### （一）陪都警察對漢奸之認知

無論是淪陷區還是大後方都出現了出賣民族、背叛國家的漢奸，他們為敵國刺探情報，肆意破壞國家重要基礎設施，惡意宣傳散佈虛假信息欺騙民眾、動搖軍民抗戰信心。從某種程度上說，漢奸對國家的破壞不亞於敵軍的百萬軍團，因此，肅清漢奸成為戰時擺在南京國民政府面前亟待解決的問題。為了響應國家總體肅奸方針，陪都警察積極調整職能結構，在常規職能的基礎上發展延伸出一種新興的警察職能即肅奸職能。1940 年 7 月 29 日，重慶市政府在給重慶市警察的函中稱准予重慶市警察局局長唐毅兼充本市肅奸團團長，〔註 24〕並指令准許警察局對漢奸的偵查。另外，1943 年 11 月 20 日，重慶市警察局為掌握戰時肅奸團成員變動情況給第十四警察分局的訓令中也提到「查本市民眾肅奸網自二十八年九月成立以來，肅奸工作頗著成效，惟各級肅奸人員均為現任警察員官及保甲人員兼任，歷時已久，中間不無異動，

---

〔註 24〕1940 年 7 月 29 日《重慶市政府給警察局的函》，重慶市檔案館館藏民國檔案，
　　　　檔案號：00600001000960000001。

茲為推動本市肅奸工作、明瞭肅奸人員異動情形起。」〔註 25〕。據此可知，陪都警察在戰時主要履行肅清漢奸的職責。

筆者以為，陪都警察履行肅奸職能緣於警察在和平時期的破案打擊中積累了豐厚的刑事偵查能力和刑事辦案經驗，這些日積月累的刑事辦案經驗和技術使警察在肅奸中發揮主力作用成為必然。

肅奸是戰時社會賦予陪都警察的一項全新的社會管控職能，因而，進行肅奸前瞭解漢奸意義、認識漢奸活動方式、明晰漢奸作案手段都成為陪都警察開展肅奸工作的必要準備。

### 1. 漢奸的界定

1938 年 8 月 15 日，國民政府修正公布的《懲治漢奸條例》將通謀敵國並有圖謀反抗本國者、圖謀擾亂治安者、招募軍隊或其他軍用人工役夫者、供給販賣或為購辦運輸軍用品或製造軍械彈藥之原材料者、供給販賣或為購辦運輸穀米麥麵雜糧或其他可充食糧之物品者、供給金錢資產者、洩漏傳遞偵察或盜竊有關軍事政治經濟之消息文書圖書或物品者、充任嚮導或其他有關軍事之職役者、阻礙公務員執行職務者、擾亂金融者、破壞交通通訊或軍事上之工事或封鎖著、於飲水食品中投放毒物者、煽惑軍人公務員或人民逃叛通敵者、為前款之人犯所煽惑而從其煽惑者十四種行為者定為漢奸，處死刑或無期徒刑，包庇縱容上述行為者以共同正犯論處。〔註 26〕

由於對漢奸罪的處罰極其嚴厲，所以漢奸罪的適用須謹小慎微，尤其是在戰火紛飛的環境下，社會秩序紊亂，別有用心之人極易對他人動輒加以漢奸之罪，以致破壞懲治漢奸之本意。因此，國民黨中央執行委員會為矯正民間對漢奸意義的誤解於 1938 年 4 月發布通令：「吾國此次抗戰，旨在抵禦日本之侵略，以救國家民族於垂亡，凡有血氣之人，莫不踴躍以從。故軍與以來，我同胞之殉職殉難者，動輒萬千，壯烈慘痛，亙古所無。敵人暴戾殘酷，每在淪陷之區，肆橫屠殺，以恐怖為脅迫，我同胞積憤已深，願與偕亡，雖萬鋸在旁，而義不反顧，此種偉大精神，足使強敵奪氣。惟是敵人之狡詐百出，又每在淪陷之區網羅知名之人，強之使從，俾為傀儡。在潔己自好之人，或逾垣遁走，或舉家遠引，敵人則竊取其名，謬為宣播，遂致遠道傳聞，受

---

〔註 25〕1943 年 11 月 20 日《重慶市警察局給第十四分局的訓令》，重慶市檔案館館藏
　　　　民國檔案，檔案號：0057001800106000074000。
〔註 26〕《防諜肅奸須知》，第 99～100 頁。

誣不免。夫曾參殺人，慈母見疑，又況淪陷之地，消息阻隔，以敵人片面宣傳，遂使受誣被脅，無以自明。中央痛念至此劍及履及，抑敵方所希冀受其利用者，非義昔服官治軍之材，即鄉邑眾望所歸之士，實則其中率係明達攘外禦寇，初無二心。亦有身陷敵中，未及脫險，佯與委蛇，俟機潛避。度其引領內鄉，自當度日如歲，徒以流言日至，愈傳愈確，後方之報紙據以為信，或謂也附逆，或謂某也事仇。如此則身受之人不敢自拔，而敵術之詭竟以得售。於此全面抗戰之時殊覺可惜，亟應設法糾正。嗣後凡登載此類消息以務須力求詳實，苟非參加偽組織及附逆有據者，勿得率加偽逆之名，其有視顏事仇自殘同氣者是自絕於國人，除盡法嚴捕，以懲奸頑外尤當暴其罪狀勿使清幾，為之混淆，庶幾是非明而邪惡不作。」〔註27〕以此詰誡國人，勿得對人率加逆偽之名。對漢奸意義的說明，有利於警察和普通民眾更好地認識漢奸，明晰肅奸工作的目的，防止戰時魚龍混雜的環境給無辜之人帶來傷害，使潔身自好之人因謠言而無法自拔。

### 2. 漢奸的活動方式

漢奸的活動方式主要有刺探、通訊、破壞、搗亂四大類。所謂刺探是指敵人利用漢奸獲取我國軍事、政治、經濟信息，為其進攻我國提供參考依據。刺探的對象囊括軍事政治經濟三大方面，軍事方面主要包括最高軍事機關、陸海空軍、軍器製造廠及軍事學校、交通地理和作戰地帶；政治方面主要有各級重要政治機關之名稱地點及組織情形、各級機關主要人員姓名年齡履歷嗜好及個性、機關內部之派別及消極之公務員、一切政治外交之重要會議內容及往來重要文件、其他有關政治事項；經濟方面主要包括工廠礦廠及商業區之地址、工廠礦區高級負責人姓名履歷及個性、商會之組織及負責人姓名履歷及個性、個人待遇生活狀況及對黨之信仰、各廠每日生產量、商品原料及來源、國營及私營銀行資本營業狀況與政治之關係、各地農業生產品之種類及年產數量、農民組織及生活情形、政府對經濟及工商物品之統制情形。抗戰時期，敵我雙方對情報信息的掌握，事關戰爭全局，日本利用漢奸刺探情報實為影響戰勢之大害，陪都警察對漢奸刺探情報角度的掌握，為肅清漢奸作好了預先鋪墊。

漢奸使用通訊方式主要有示號和秘密通訊兩種，使用示號通訊的多為低級漢奸，他們利用規定信號為敵機轟炸指示目標。1937 年 10 月 24 日，大公

〔註27〕《防諜肅奸須知》，第 101～102 頁。

報曾刊登:「敵機轟炸廣州的時候,若在晚上便不斷的有起火,該火之一種能向上升起,顯出一道火線來。後經防空機關發放一次警報,並且使自家的飛機飛在空中,那時正在晚間,起火又不斷的向上燃升。於是,警察便抓到幾個漢奸,在嚴訊之下,供出他們的秘密機關所在地,由此而抄出來許多漢奸,並且還抄出他們的軍火。」〔註28〕秘密通訊是漢奸傳達消息最常用的方式,其主要有密碼通訊和化學通訊,密碼通訊是雙方事先約定用何種密碼通信,即用何種密碼翻譯。抗戰時期,重慶漢奸寄給萬縣某漢奸的信中寫到:「某某吾兄惠鑒,奉別□句,時切馳繫,比維公私均□,為頌無量。弟自月之九月抵渝,寓朝天門某某旅社,當日即往訪親友,頗為忙碌,現此地因空襲頻繁,商店多已疏散下鄉,現已租得店鋪三間,祈將訂貨早日運渝,以便擇吉開張,並請先行匯款若干,以便布置,餘□後陳,即願臺安!」此案例即是漢奸利用秘密通訊手段,以事先規定的暗語傳達重慶市內情報。警察在隨後對漢奸的訊問中發現:「往訪親友頗為忙碌」釋義為「接見漢奸甚忙」;「現已租得店鋪三間」釋義為「找到設置護奸機關之地址」;「訂貨早日運渝」釋義為「指示敵機轟炸目標之信號」,「先行匯款若干」釋義為「請加派幾個漢奸來」。漢奸敗類以此種方式傳遞訊息,為敵機轟炸重慶提供目標指引,不僅嚴重危及了陪都人民的生命和財產安全,而且嚴重威脅到在渝國民政府中央機關的安全,阻礙了中國人民爭取早日奪取抗戰勝利的歷史進程。

較刺探與通訊而言,破壞是漢奸最直接的活動方式。國家重要機關、武器彈藥廠庫、交通工具、水塔橋樑、鐵軌公路以及民宅區域皆為漢奸破壞的目標。漢奸的破壞方式特別多,舉例而言,對軌道、水塔、橋樑及重要建築物採用爆炸的方式進行破壞;對飛機汽車等,使用摩托進行破壞,只需在摩托中放少量糖質或在摩托尾管內放置雞毛雜物即可;對重要機關或住宅區域,漢奸隨時利用時機進行放火,特別在空襲時,漢奸慣性乘機放火,以此對國家物質造成重大損害。〔註29〕故而,空襲時,陪都警察在防空過程中,需嚴防漢奸乘機作亂,從事破壞社會秩序穩定的活動。

敵人利用人類認識問題的差異性,唆使漢奸煽惑造謠破壞瓦解國家團結力量,此種搗亂行為大則能使國內發生政見紛爭、軍隊叛變、慘案發生、銀行擠兌、工廠罷工、學校罷課,使全國人民對抗戰勝利的信念發生動搖,小

〔註28〕《防諜肅奸須知》,第 110 頁。
〔註29〕《防諜肅奸須知》,第 113~114 頁。

則使社會秩序發生紊亂、人心惶恐不安。更有漢奸用錢財資敵、為敵人引路、在飲用水中投毒，以此殺戮同胞，實乃國家民族的心腹巨患。因此，在肅奸過程中，陪都警察應謹記對漢奸的任何活動方式都不可小覷，即使較小的動作，其產生的破壞力足以駭人聽聞。

陪都警察在肅奸前掌握上述漢奸活動方式，有利於及時瞭解漢奸活動軌跡，在肅奸工作中做到有備而戰，為肅清漢奸提供必要的理論支撐。

### （二）陪都警察對漢奸之防範

漢奸對國家的危害由上文漢奸活動方式可見其一斑，陪都警察在履行肅奸職能過程中，對漢奸行為不僅要懲處其於已然，更要防患於未然，避免因漢奸活動給國家造成更大的損害。防範漢奸最有效的辦法，便是政府與人民同心協力，政府方面從根本上防止漢奸之產生，人民方面則應該作為政府耳目，隨時隨地注意漢奸的活動，由於人民眾多，分布周密，如全國人民都能從事防範漢奸，則此種民族敗類將無活動空間。

為了防範漢奸從事危害社會的活動，1937 年 8 月 16 日，內政部頒布《防止漢奸間諜活動辦法大綱》（以下簡稱大綱），並就警察在防止漢奸中的職責作了明確規定，該大綱規定：「漢奸及間諜之防止，由各地方水陸警察機關負責辦理。鄉鎮村地方未設警察者，應由鄉鎮村長、聯保主任、保甲長會同辦理。」〔註30〕由此可知，警察在防止漢奸中起到至關重要的先鋒作用。為了嚴密偵查及防範漢奸間諜活動起見，各地方鑒於戰時警力的不足積極組織義勇警察協助執行防範任務，並由警察機關監督指揮。

陪都警察在執行防範漢奸活動中，絕非盲目的四處撒網，其必須首先確定嫌疑對象，並從嫌疑人、嫌疑行為、公共處所、機關公務員及工役人員、工廠職工五個方面進行嚴密監視。第一、關於人的方面。其必須注意以下行為：平素行為不正者、不務正當職業專好參加社會活動者、無職業而暗行忙碌者、無職業家產而生活優裕或不感困難者、有正當職業而無心工作專忙於為人不知之事務者、平素貧苦突形暴富者、戶口不清者、住所出入形跡鬼密者、往來之人特別複雜者、服裝變化異常穿著不定或標有特別記號者、衣服華貴行動不符或用錢揮霍身份不符者、神色不定言語支離者、旅客來歷不明及形跡可疑者、攜帶行李異於常人者、深夜或清晨出入徘徊街巷之中或公共

〔註30〕內政部：《防止漢奸間諜活動辦法大綱》，1937 年，第 1 頁。

場所聚眾密語者、行路之時以帽及著色眼鏡遮掩面部者、行路時常反顧似恐有人追隨者、行路倉皇面現驚怯者、僧道乞丐車夫小販其形跡奇突不相類似者、往來電報信件突然增多者、言論反動或有為敵人宣傳之嫌者、平素並無深交往來突然以財物相贈者、著用中國衣服而言語習慣行動不類中國人者、與外國人交往密切者、屬敵國國籍者、其他行動異乎常人者。

第二、關於行為方面。其必須注意：未經准許或派員監視舉行集會者、舉行異乎常態之婚喪壽事者、故意洩露軍政秘密者、刺探軍政國防機密情形供給敵人者、勾通敵人者、受敵人利用者、造謠生事煽惑人心擾亂治安者、破壞金融者、鼓動學校風潮者、鼓動工廠罷工者、破壞水陸交通要道及其他重要設備者、對於軍政機關重要地域及道路橋樑等交通要點擅自攝影或繪圖者、其他有可疑之行為者。

第三、關於處所方面。其必須注意：火車站汽車站電車站飛機場、輪船碼頭或沿海江河兩岸易於停靠上下之處、城門及要道出入路口、公園圖書館、電影院戲院及其他各種遊樂場所、旅館會館公共寓所宿舍青年會醫院工廠、貧民聚居之地、可疑之住宅商店或房屋、可疑之新聞社通訊社及其他社會團體、份子複雜之機關學校、寺廟庵院、敵國人民聚居及往來之處、其他份子複雜及情形可疑之處所。對上述所列各注意事項，警察在防奸工作中要隨時隨地認真監視、嚴密偵查以資防範。〔註31〕

第四、關於機關內公務人員及工夫雜役。其必須注意他們的這些行為：除正式辦公時間外時時秘密他往者、身無要職而信件來往特多者、會客頻繁且來客均係生疏者、過去曾參加其他反動黨派或現時與反動黨派有關者、上下辦公時常有人在守候或與其同行者、有不滿政府或無故頌揚政府之表示及暗作反革命之宣傳者、收入有限並無正當進益而支出特多毫無窘狀者、時常翻閱他人之公文者、工役偷藏字紙者、舉止文雅與工役身份不相稱者。〔註32〕

第五、關於工廠職工方面。其亦必須注意他們的以下行為：面色白皙學識頗好不類工作者、時向工友表示工廠待遇苛刻者、廠內職員與工友有特殊聯繫者、時以金錢援助工友者、組織幫會結拜兄弟者、有反對黨國之言論者、不時請假外出行動詭秘者、上下工時常有人同候與之接談者。〔註33〕

---

〔註31〕內政部：《防止漢奸間諜活動辦法大綱》，1937 年，第 1～5 頁。
〔註32〕《防諜肅奸須知》，第 123～124 頁。
〔註33〕《防諜肅奸須知》，第 124 頁。

在防範漢奸工作中，理論上，除了掌握必備的防奸知識準確確定嫌疑對象、認真甄別漢奸外，實踐中，戰時陪都警察在履行防範漢奸職能過程中，更是採取了一系列積極的防範漢奸行動。1941 年重慶市警察局在給第十三分局的密令中就江西漢奸活動及防範漢奸作了必要指示，其大意為國民政府中央執行委員會調查統計局呈稱在泰和查獲漢奸曾佩清，該人供稱他們一共二十七人，由吳玉堂任隊長（化名歐獨），於二月間由通城出發經巴陵、平江、長沙、劉陽、醴陵等地，除隊長帶兩人外，其餘二十四人分兩組，一組十二人潛入贛北作士兵反戰投敵工作，另外一組六人潛入民間作反戰宣傳、六人在學校作反戰宣傳活動。他們相互之間的聯繫標誌為左手佩戴黑布袖套一個，暗號以花會名稱代用，吳玉堂帶有無線電收發報機並裝置手枚中。曾佩清所在組為合同組，組長王華，四川秀山人，組員有楊以達、吳有春、李應祥等，他們沿途結識駐軍長官或士兵進行調查軍情活動，近來敵人派漢奸赴我內地活動情報，希各特飭所屬嚴防為要。

另外，1941 年 5 月 29 日重慶某警察分局在給轄區各派出所的通飭中稱：「重慶衛戍總司令部令為據航政局函以民生公司於民康輪查獲漢奸利誘無知幼童放火仰飭屬嚴密防範。」〔註34〕並要求各派出所嚴密防範。其實抗戰時期，敵人利用無知少年作為漢奸的案例並不鮮見，最為的經典案例當屬 1941 年 7 月 8 日發生在河南洛陽新安縣的年僅十三歲小孩漢奸案，該漢奸供稱：「隨老師在洛陽南關一帶居住並分組辦事，每組十餘人，男女老幼均有，我們小孩專向井內投藥。每次老師叫我們出來只給錢三毛可買饅吃，老師發給每人一個磁茶缸，如往井內投藥時可為改要水喝，乘人不見即將藥放進井內。我們二四天見老師一面報告工作情形，老師即給每人五元，准許吃花應用，不准隨便買衣服，如被人盤查時只說我們是淪陷區人，父被日本人打死，母被日本人劫去。我們來的很多，但與外組均不認識，來的大人均背包袱，內有白旗記號等語。」〔註35〕該案發生後，國民政府中央軍事委員會高度重視，立即致電重慶市政府，此事事關防制漢奸之要務，並且較為典型，令其通飭各地嚴加注意，重慶市政府在給重慶市警察局的訓令中要求各警察機關必須嚴密防緝。可見，敵人對漢奸的利用可謂無孔不入，連無知幼童亦在其列，

〔註34〕1941 年 5 月 29 日《重慶某警察分局給轄區各派出所的通飭》，重慶市檔案館館藏民國檔案，檔案號：0061001501143000001000。

〔註35〕1941 年 7 月 8 日《河南洛陽新安縣十三歲小孩漢奸案》，重慶市檔案館館藏民國檔案，檔案號：0053-0016-00077-0000-009-000。

對漢奸的防範確實任重道遠。

漢奸間諜對國家的破壞方式並不限於進行投敵反戰宣傳和投毒，1944 年 5 月 15 日，重慶市警察局給第十分局的密令中稱：「敵機襲桂機場，據報目標上空發現信號甚多，顯係敵諜平昔潛伏附近，地方軍政機關未能覺察所致。值此國軍反攻將與敵寇待殲之際，吾人對防諜肅奸工作應如何周密警覺以展開吾人之工作，豈容諜奸為虎作倀。茲特重申前分仰切實遵照防諜敎令之規定嚴飭所屬一體遵行，並將遵辦情形詳細據報為要。」〔註 36〕漢奸間諜為敵人指示轟炸目標，助長了敵人的侵略氣焰，對國人造成了重大危害，影響了抗戰大後方應對戰爭的方略。戰時重慶作為陪都，儼然成為國家的心臟，也是漢奸刺探情報的核心地點。因此，嚴密防範漢奸入渝，制止漢奸對陪都造成破壞，對拱衛戰時首都安全、抗戰大後方的穩定及保證國家全力應戰意義重大。另外，為嚴密防範漢奸滲入重慶，警察實際工作中要特別注意對戶口的調查管理，對於保甲旅館上報的居民人口數量增減的情況，應嚴加查看，以免漢奸乘機滲入陪都，從事破壞活動。對於嫌疑戶口應隨時調查考詢，密切監視，必要時予以取締。針對無業游民容易被敵人利用的情況，警察機關應會同鄉鎮坊長、聯保主任、保甲長隨時隨地稽查登記並勒令安居，對於不服勸誡或屢戒不悛者應立即察看情節輕重予以監視或拘送官署勒令服役。

通過戰時陪都警察積極履行防範漢奸職能，極大地減少了因漢奸從事刺探情報和搗亂破壞活動給國家、民眾帶來的重大危害，有力地保衛了陪都安全，維護了戰時重慶社會秩序的穩定，彰顯了中華兒女不畏外辱懲治敗類的決心和信心，為戰時戰區和大後方全力應對日軍侵略提供了良好的社會環境。

### （三）陪都警察對漢奸之偵緝

偵查是警察從事專門調查工作和採用有關強制性措施的活動，在肅奸工作中，偵查同樣是陪都警察履行肅奸職能中的一項重要手段。針對確定的漢奸嫌疑人，警察主要通過實行訪問和秘密跟蹤的方式進行偵查。

在實行訪問方面，訪問的目的在於瞭解漢奸嫌疑人的生活情形和活動狀況，訪問的方法有直接訪問和間接訪問兩種。〔註 37〕所謂直接訪問即以警察、

---

〔註 36〕1944 年 5 月 15 日《重慶市警察局給第十分局的密令》，重慶市檔案館館藏民
　　　　國檔案，檔案號：00610011000540000040000。
〔註 37〕《防諜肅奸須知》，第 125 頁。

保甲長名義進行訪問，如調查戶口即可明白對方有無職業、經濟來源、生活狀況、家庭情形、社會關係等，以此供偵查上之參考。如果想細緻偵查嫌疑犯的思想態度及行蹤等，可依據當時環境、利用種種掩護進行訪問工作。警察在進行此類活動時可化裝新聞記者訪問高級漢奸，窺探其政治態度；冒充漢奸嫌疑人朋友向其家人探詢其行蹤，化裝泥水匠、電錶檢查員認清對方面貌特徵。而間接訪問則是利用從旁探聽的方法向其傭人、茶房、同學、朋友、車夫等打探消息。間接訪問與直接訪問相比顯得效果更好，因與漢奸嫌疑人經常接觸的人對其瞭解更為深刻，漢奸嫌疑人本人無形之中也會露出蛛絲馬蹟。而直接訪問獲得信息僅僅是憑自己的判斷，面對身經百戰的漢奸老手，這種判斷有時難免失真。訪問在偵查漢奸工作中至關重要，稍有不慎即易被對方察覺，以致打草驚蛇使漢奸逍遙法外。因而，警察在實行訪問中，要特別注意以下事項：實行訪問時，欲與對方面談時所訪問者若非熟人，須設法託人介紹，以免對方懷疑或敷衍；見面時，觀察對方為何種人物，無論對方為新交或舊識，均應注意其初會之態度，以定談話之層次；相互對談中，必須觀察對方態度神色及言詞，如對方興味甚濃，毫無顧忌，可將預訪問事件乘機發文探其究竟；遇對方談話半吞半吐欲言復止時，宜用興奮言詞以刺激之；遇對方談話敷衍不能將真相表明時，須捉住其談話之要點輕巧詢問，使其於無意間說出或吐露一部分意思；如環境困難，為免除對方之疑忌或厭煩時，可用試探口吻略為提及，視其接受之程度若何，以定談話之內容；無論對方所談之真偽，勿與辯駁，並不宜表示自己意見，致使對方知道偵查者之用意；如對方懦弱無能，而堅不吐實時，有時可採用恐嚇、誑詐、誘騙之談話以詢問之，使其吐出真相；對方如能作長時間之談話，不妨詳為探詢，但仍須簡單明瞭，直接或間接談入本題，以免空費時間；〔註38〕談話時應注意對方的表情及態度，是否猶豫慌張支吾（普通人難以掩飾），以供偵查案情之參考；實行各種化裝訪問時，應注意言語身份動作，以免露出破綻，引起對方懷疑。

而秘密跟蹤性質上表現為以視線束縛對方之行動，使其無論到達任何處所會見客人、乘坐車船、購買什物皆不出視線之外，遇有漢奸罪行發生，或設法逮捕，或繼續跟蹤，以明底蘊，以便一網打盡。跟蹤者本人必須自身素質過硬，其不僅要體形上須中等身材且無特別標記、對於跟蹤之地形地物熟

---

〔註38〕《防諜肅奸須知》，第 126 頁。

悉，而且要沉著勇敢、吃苦耐勞、善於化裝能隨機應變適應環境需要。

　　為了保障陪都社會秩序的穩定和抗戰大後方的安全，徹底清除漢奸對陪都重慶的危害，陪都警察積極開展偵查緝捕漢奸的行動。1941 年 10 月 31 日，重慶警察局局長唐毅就漢奸張漢華潛伏重慶一案在給各分局長和直轄所所長的令中稱：「案據密報，確有漢奸張漢華等六人已於七月五日由漢口動身經九江、湖南瀏陽來渝活動等語。查在抗戰大後方之陪都，如有此種姦偽潛伏，損害國民不堪設想，亟應嚴密查究以杜奸宄，除各令外合行令仰該分局長即便遵照轉飭所屬及戶籍員警嚴密查究具報核奪勿忽為要。」〔註39〕為了進一步強調偵緝漢奸張漢華的重要性及突出戶籍員警在偵緝漢奸中的關鍵地位，1941 年重慶市警察局督察處呈報警察局長唐毅：「鈞長密令所屬及行政科轉令各戶籍人員嚴密調查、隨時具報藉杜奸宄可否之處，敬乞鑒核示尊，謹呈。」基於重慶市警察局的飭令，各分局及直轄派出所廣泛開展緝捕漢奸張漢華等人的行動。以重慶市警察局第十分局為例，1941 年 11 月 10 日該局劉家臺所巡官彭漢文給該分局長的呈中稱：「當派值日警長飭同戶籍警等嚴密查究，茲據報稱本管內確無該項姦偽潛伏，並飭各警隨時注意查究等清，據此查報告屬實……」。〔註40〕1941 年 12 月 28 日，該局相國寺所王化成亦呈報分局「查該漢奸張漢華等於陪都活動經職派警暗察，迄今無蹤。」緊接著 1941 年 12 月 29 日該局貓兒石派出所所長王祝年和石馬河派出所巡官吳謙相繼呈報分局，王祝年報稱：「除隨時派戶籍長警一體嚴密查緝外，理合備文呈請鈞局俯予鑒核示尊。」〔註41〕，巡官吳謙則報稱：「隨派長警鐘海泉轉飭各警嚴密查究，去訖，茲據報稱遵即查緝，迄今數日管區內並無張漢華等有此種姦偽潛伏。」〔註42〕

　　筆者就掌握的現有檔案中雖然未發現陪都警察偵緝漢奸張漢華的結果，但根據上述重慶市警察局第十分局各派出所偵緝漢奸張漢華的情況彙報，卻

---

〔註39〕1941 年 10 月 31 日《重慶警察局局長唐毅就漢奸張漢華潛伏重慶一案給各分局長和直轄所所長的令》，重慶市檔案館館藏民國檔案，檔案號：00610015011110000032000。

〔註40〕1941 年 11 月 10 日《劉家臺所巡官彭漢文給重慶市警察局第十分局局長的呈》，重慶市檔案館館藏民國檔案，檔案號：00610011000540000008000。

〔註41〕1941 年 12 月 29 日《貓兒石派出所所長王祝年給第十分局的呈》，重慶市檔案館館藏民國檔案，檔案號：00610015032060000089000。

〔註42〕1941 年 12 月 29 日《石馬河派出所巡官吳謙給第十分局的呈》，重慶市檔案館館藏民國檔案，檔案號：00610015032060000089000。

是陪都警察在抗戰時期全面履行肅奸職能、積極投入偵緝漢奸行動的有力證據。然而，抗戰時期漢奸活動中最為震撼南京國民政府的要數漢奸沙建中，此人兵強馬壯割據一方，並且地理位置上距離陪都重慶較近，對戰時抗戰大後方的危害巨大。因而，偵查緝捕此人必然是陪都警察執行肅奸工作的重中之重。1943 年 3 月 22 日，西康會理普隆七保民眾代表申銳鋒、聶貴有、錢星魁、閔天品、劉吉成、徐正才、劉鼎明及保長玉科銀聯名呈報重慶市政府：「為漢奸逞兇，窺探黨國，剝削佃農，擾亂後方，懇請嚴密逮捕，以除巨憝而救邊民事！竊查等，住居西康會理綠普鄉普隆七保，去歲因田主沙建中屬入漢奸團體，組織偽隊，強迫七保佃民普遍種煙，收穫數萬煙土，掉槍換彈，招兵買馬，燒殺略搶，擾亂治安，盤據寨子巢火，欲作肇亂之根據。強逼七保佃民壯丁編入漢奸隊伍，在七保中大肆搜刮，借收煙款為名時，曾將七保牛羊畜生押銀家具出變罄盡，又復大肆加租加押，弔打勒搕，姦淫估宿，各情已先後迭報請願在案。繼經駐軍七十六師剿辦，該匪潰逃只略毀及房舍，該匪潰後在滇各地活動，聘的參謀長陳步雲、秘書長王□永如虎生翼，重整軍馬，自搶摟燒殺滇綠勸金土司麗堯家後，又復重攻過康，仍盤踞寨子巢。日夕收羅漢奸隊伍，公開賣煙公開搶劫，囤積贓物山穴皆滿。該沙建中，原名沙本楠，……賊心大萌，暗入首都，窺探重慶，先與一般匪黨隱跡蓉市、樂山之間，現又暗轉入重慶，窺探工作已有成效，已急急來函促陳王二參謀長秘書長在後起事，今該陳王二偽長各宣稱『沙建中已任中央要職，渝市各首長連日歡讌，後方不得不聚集作賀。』以此為名聚集大批漢奸偽徒，屯聚山巢，工作緊張，顯是有意暴動擾亂後方。代表保長等見此景象不生惶悚，一旦禍發，糜爛地方必非淺□矣！是以不揣煩瀆，再聯名懇請市鑒核俯賜將該漢奸嚴加緝捕以正國法，抗戰勝利造福邊疆，功德莫大矣！謹呈重慶市市長賀（耀祖）」〔註43〕。

　　縱觀此案，漢奸沙建中具備了一般漢奸的特性，其殘害魚肉百姓，進行虛假宣傳，鼓動民眾投敵叛變，囤積物質對抗政府。同時漢奸沙建中又比一般漢奸更為狂妄，其公開搶劫、公然販賣煙土，積極籌集戰略物質，以有組織有預謀的軍事結構蓄意策劃暴動擾亂後方，暴露了漢奸拙劣的賣國本質和不可小覷的危害能量。重慶市政府接到西康民眾代表和保長的呈後，立即於

---

〔註43〕1943 年 3 月 22 日《西康會理普隆七保民眾代表聯名呈報重慶市政府》，重慶市檔案館館藏民國檔案，檔案號：0053-0016-00077-0100-318-001。

1943 年 4 月嚴命重慶市警察局偵緝隊嚴密偵查並隨時予以監視。

其實，抗戰時期，陪都警察偵緝漢奸的範圍不僅包括重慶市外來渝的流竄犯，而且包括對重慶本土漢奸的偵緝。為了緝捕重慶巴縣漢奸曹德芬和居住重慶巴縣來鳳場二十六號漢奸陳培其，1942 年 9 月 11 日，重慶市警察局長唐毅給第十分局局長徐樹的密令中稱：「竊查倭寇鬼域密組奸團，潛跡後方，意圖擾亂，迭經職府仰承中樞注意防制，意旨令飭所屬嚴密偵查酌情緝辦各在案。茲准本省黨部調查統計室主任劉匯川 7 月 11 日簽稱，茲據警察局協助本室捕獲漢奸王鳳湘，供認與盛練秋等二十人發起組織協同社，由現住成都通順街 95 號曾任 29 軍營長之劉光渠為首領，以邛崍海會寺為大本營，且設有百瓦特電臺通報渝蓉、長沙、昆明、信陽、江油等地散在川康工作者七八千人，以紙剪鞋樣為同黨聯繫證件，已參加該社組織者計有盛練秋（成都人）、曹德芬（巴縣人）、陳培其（現住巴縣來鳳場二十六號），該王鳳湘之受命來康係該劉許以成功時任省政府科長並給洋六千元，命在康光組織五十八人成立支社兼假經商作經濟之建樹。擬每人備手槍一支，除一部分自備外，一部分由劉運來，於一月後日軍進攻康境時即起接應敵軍，如此成功計即任康主席等情，用特簽請鈞府轉令所屬知照並對類似此種分子嚴為查辦具報為禱謹呈等由，除迅電達該漢奸王鳳湘供出餘黨所在地之軍政機關嚴密偵緝訊辦並飭所屬嚴密注意查辦外，理合電呈鈞院鑒核示遵等情，除電覆迅將獲案奸徒迅即依法訊辦繼續偵緝並分電有關各省市政府外，合行電仰轉飭所屬一體注意偵緝、嚴密防範為要。」〔註 44〕由此案不難看出，重慶市警察局長之所以給第十分局密令，除了原自本案影響巨大需通報各地外，還有一個重要原因是重慶市警察局肩負著緝捕重慶巴縣籍漢奸曹德芬和居住重慶巴縣漢奸陳培其的重任。

抗戰時期對漢奸的偵查緝捕是全國各族人民的共同責任，警察作為更為專業的職能機構，在戰時肅奸中發揮了主力軍的作用。漢奸的肅清阻止了漢奸對國家和民眾的危害，維護了戰時陪都社會秩序的穩定和抗戰大後方的安全，提升了全國人民愛我中華的民族精神，感召了民眾反抗侵略的決心和信心，保證了抗戰大後方的團結穩定，為中國人民奪取抗日戰爭最終勝利奠定了堅實的基礎。

---

〔註 44〕1942 年 9 月 11 日《重慶市警察局長唐毅給第十分局局長徐樹的密令》，重慶市檔案館館藏民國檔案，檔案號：00610015025530300267000。

　　陪都警察戰時肅奸職能是戰爭影響下的警察職能結構調整，在警察常規職能基礎上延伸出的肅奸職能應和了戰時社會形勢對警察職能的需求，為了維護中華民族的獨立和自由，陪都警察與廣大民眾一道展開了與漢奸的殊死搏鬥，他們不僅積極採取措施加強對陪都重慶內外漢奸的防範，而且根據全國彙報的線索全力投入漢奸的偵查緝捕工作。就戰時的輿論導向而言，抗戰時期對漢奸的整肅，懲處了賣辱求榮認賊作父的民族敗類，樹立了熱愛祖國反抗侵略的民族精神，感染了廣大民眾積極投入反抗日本侵略的熱情。就中日民族戰爭的較量而言，廣大陪都警察積極投身肅奸工作，有力地剷除了漢奸對我國軍事、政治、經濟、外交情報的刺探，遏制了漢奸滲入大後方和戰區從事破壞活動的陰謀，保衛了戰時陪都的安全，維護了抗戰大後方的社會穩定。

　　對戰時陪都警察肅奸工作歷史資料的分析解讀，是以一種客觀公正、實事求是的實證態度認識中華民族防禦外辱、抗戰救國的光輝歷史，用真實的檔案史料再現抗戰時期的歷史真相。2015 年 7 月 7 日，習近平主席參觀《偉大勝利歷史貢獻》主題展覽後高度評價中國人民抗日戰爭勝利的歷史意義，並在集體學習講話中進一步強調「深入開展中國人民抗日戰爭研究，必須堅持正確歷史觀、加強規劃和力量整合、加強史料收集和整理、加強輿論宣傳工作，讓歷史說話，用史實發言，著力研究和深入闡釋中國人民抗日戰爭的偉大意義、中國人民抗日戰爭在世界反法西斯戰爭中的重要地位、中國共產黨的中流砥柱作用是中國人民抗日戰爭勝利的關鍵等重大問題。」〔註 45〕從某種程度上講，挖掘、收集、整理、呈現抗戰史料不僅讓中國人民牢記中國抗戰的歷史真相，更是向世界展現日本侵華的醜惡史實，警示當代中華兒女「牢記由鮮血和生命鑄就的中國人民抗日戰爭的偉大歷史，牢記中國人民為維護民族獨立和自由、捍衛祖國主權和尊嚴建立的偉大功勳，牢記中國人民為世界反法西斯戰爭勝利作出的偉大貢獻，珍視和平、警示未來，堅定不移走和平發展道路，堅定不移維護世界和平，萬眾一心把中國特色社會主義推向前進。」〔註 46〕

---

〔註 45〕「習近平：讓歷史說話用史實發言　深入開展中國人民抗戰研究」，載《人民日報》2015 年 08 月 1 日第 1 版。
〔註 46〕「習近平：讓歷史說話用史實發言　深入開展中國人民抗戰研究」，載《人民日報》2015 年 08 月 1 日第 1 版。

　　在單純依靠警察常規職能難以適應戰時社會需要的情形下，抗戰時期陪都警察的防空職能和肅奸職能應運而生，它們是戰爭影響下警察職能結構的發展變化，在警察常規職能基礎發展延伸出來的特殊職能應和了戰爭期間社會形勢的需要。通過戰時陪都警察職能結構調整，最大限度地發揮戰時警察進行社會管控的能力，有力地捍衛了陪都安全和維護了大後方社會秩序的穩定。在警察職能體系的轉變過程中執法主體除了要學習瞭解這兩大新興職能的特性和工作要領外，更重要的是在戰時警察業務工作中發揮維護陪都重慶安定、保證大後方安全和支持抗戰的作用。在戰時陪都防空體系中，警察作為維持社會秩序的常備機關，其先前的工作經驗和業務素養使其在戰時防空中必然發揮主力軍的作用，作為和平時期治安防控的主體，戰時陪都警察的防空職能是警察治安管理職能的延伸，在日本對渝的連年轟炸中，陪都警察的警務工作特別是防空職能的發揮極大地挽救民眾生命、減少了財產損失，為支持前線蓄積了能量。情報工作對戰爭的影響十分重大，漢奸的破壞性自然不言而喻，面對漢奸猖狂行為，陪都警察的肅奸職能應運而生。較之戰時陪都警察的防空職能而言，肅奸職能可以說是警察刑事執法職能的延伸，正是鑒於警察刑事執法中的豐富經驗，戰時陪都重慶的肅奸職能自然而然地賦予警察的肩上。戰時陪都警察這兩大特殊職能的全面發揮對維護陪都重慶安定和抗戰大後方安全十分關鍵，對驅逐外辱、贏取抗戰勝利及維護國家主權和民族尊嚴意義重大。

# 第四章　戰爭推動下的陪都警察身份擴展和制度衍生

　　在戰爭的影響下，陪都重慶乃至整個大後方的政治、經濟及社會狀況發生了重大變化，為了應和戰爭需要，南京國民政府內政部、重慶市政府、重慶市警察局等多部門聯合，其除了進行常規職能警政改革外，還在此基礎上發展延伸出防空職能和肅奸職能，通過警察職能結構調整，使陪都警察職能體系逐步趨於完善。警察職能結構體系完善的目標在於全面發揮陪都警察戰時實行社會管控的作用，進而達到維護陪都社會秩序安定和抗戰大後方安全的目的。

　　為了最大限度地發揮陪都警察履行社會管控的職能，國府當局亦特別重視警察教育和民間力量的運用。在一切服務於戰爭要求的大政方針下，陪都警察教育重視軍事性而向「亦軍亦警」的雙重身份擴展，同時，為了充實戰時警力並節約經費開支，重慶市警察局還積極運用民間力量，由此催生了服務於戰爭需要的戰時義勇警察制度，實現了抗戰期間警民力量的高度融合。這種戰爭影響下的警察教育制度調整和義勇警察制度誕生，其終極目的在於協助或者說為戰時陪都警察職能履行奠定基礎，它們隸屬於警察制度體系之一部分，通過構建完善警察制度體系便於戰時陪都警察全面履行社會管理職能，最大限度地發揮其在社會管控中的作用，從而實現維護戰時陪都社會秩序安定的目標。

## 一、陪都「亦軍亦警」的警察教育制度

　　南京國民政府成立初期，隨著日本對華侵略一步步深入和加劇，國家警

政建設仍舊以常規職能為主，同時逐漸進行應對戰爭環境的準備，警察教育亦注意對警察進行必要的軍事訓練。戰爭全面爆發前，南京國民政府「攘外必先安內」的政治方針決定了警察教育的走向是注重維持內部社會秩序的穩定，而警察職業軍事化尚未提升到一個較高的程度。如 1929 年警察教育的課程設置上表現為較為職業化的警察學、警察法令、勤務要則、行政警察、交通警察、衛生警察、消防警察、違警罰法、指紋學、偵探學、警犬學等。從學習課程上，可見南京國民政府初期的警察教育突出職業化訓練，且涉及面廣，更多體現較為完善的近代職業化的警察培養模式。在警察教育中更為先進的是警察職業化訓練伸向航空領域，1931 年 3 月 16 日，國民政府軍委會參謀部致函內政部頒發《全國航空警察訓練辦法》，該辦法規定在各警官警察教練機關設立航空警務特別班，重在培養航空警察專門人材，以期對空中交通加以監察與指導，確保國家領空主權，維持地方秩序安全。航空警察的訓練的主要內容有航空監視勤務、信號之傳達、航空遇險後之檢查、證書之查核及統計之設立、稅務與護照事項、消防與衛生之設備、軍事防空認識要義、航空機械飛行及其他航空常識。〔註 1〕九一八事變後，1932 年內政部對警察教育的課程設置作了一定修改，在對警官人才的培養上，增加了刑法、行政法、戶籍法等法學理論，並且學習軍事學和進行操練、武術、馬術等軍事體育訓練。1935 年，下至警士警長，上至警官及高級警政人才，在進行常規化警察職業培訓的基礎上增加了專門的術科，並且就術科內容中的軍事訓練部分作了具體的規定，軍事訓練包含射擊、街市戰術、戰時警察勤務演習、武器使用、防空演習等，在日本侵華步步加強的情形下，這顯然是為應對日漸緊逼的重大戰事所作的教育方針的重大調整。1936 年 9 月 16 日內政部修正通過了《警士警長教育規程》，其中關於警察教育課程軍事訓練部分，增加了暴動處理演習、劈刺、簡易救火術等應對戰爭的警察訓練課程。〔註 2〕

1937 年初，南京國民政府刑事警察教育可謂南京國民政府警政建設史上一支奇葩，其重大成就是奠定了抗戰期間對刑事警察人才的需求。縱觀大量檔案資料，筆者發現抗戰期間以陪都重慶為中心的警政改革中並未涉及刑事警察領域的改革。中央警官學校要求各省市政府、首都警察廳及威海衛管理公署在現任警官中符合條件者選送一至二人入校學習。為了突出刑事警察的

〔註 1〕內政部編印：《內政法規彙編》，重慶，1941 年 11 月，第七目，第 26 頁。
〔註 2〕內政部編印：《內政法規彙編》，重慶，1941 年 11 月，第七目，第 23 頁。

工作方向，要求各省市對選送刑事警官進行考試，考試內容包括黨義、刑法概論和刑事警察實務。〔註 3〕顯然，刑事警察的選送學習基於學習要求和工作性質，這是因為警察的刑事工作是警察業務工作中非常重要的一項職責，故而，刑事警察教育中著重突顯以制度保障警制運行，將警學和警用納入法制的範疇，刑事警察教育始終踐行著中央警官學校「造就全國警官人材」的宗旨。〔註 4〕認知抗戰前刑事警察教育中重刑法理論學習和刑事事務經驗的要求，不難發現，面臨一觸即發的戰爭，南京國民政府因時推行刑事警察教育改革，可以說其是為未來維護戰爭下的社會秩序穩定做先前準備，其在一系列社會因素和政治意識的推動下「訴諸於觀念上的革新」〔註 5〕不斷因時推行警政改革，最終培養塑造了一大批適應戰時社會需要的刑事警察人才，為抗戰勝利奠定了堅實的基礎。戰前南京國民政府警察教育的發展軌跡，不難發現其教育內容由警察常規職能的職業化培訓逐漸向注重警察軍事化訓練的軌道上轉移。隨著抗戰全面爆發，警察教育不僅鮮明的體現出「亦警亦軍」的特性，而且還在具體的訓練中更加注重對警察的政治思想管理和軍事技能培訓。

　　警察教育從清末開始即被歷屆政府所重視，因其是培養警政人才之基，警政的發展離不開人的推動，正是警察隊伍建設的不斷職業化、法治化、統一化才成就了一個時代警政開拓創新的局面。抗戰前警察教育在吸收近代以來警察教育發展成果的基礎上雖已初具規模，但面臨日本帝國主義侵略者荷槍實彈的衝破國門，單單依靠常規警察職業教育和具備常規警察技能素養已難以適應戰爭大環境的需要，戰爭推動著警察身份由單一的維持社會秩序向在原有基礎上注重軍事訓練和積極應對戰爭的路徑上轉變。作為戰時陪都的重慶，其兼具國家政治經濟文化及外交中心，陪都警察人才的培養顯得意義突出，其不僅關乎戰時首都的安全，更對抗日戰爭的勝利乃至抗戰建國大業產生深刻影響。因此，不妨說，戰爭是陪都警察教育制度改革的推手，與此同時，警察教育理念的轉變亦應和了戰時需要，培養了一大批警政人才。他們不光練就了必要的處理日常警務的技能，而且政治立場堅定軍事實戰能力過硬，具備了在戰時陪都地區進行社會管控的能力，通過警察教育制度的革新，陪都警察的社會管理職能得到最大限度的發揮，有力地捍衛了陪都重慶

---

〔註 3〕內政部編印：《內政法規彙編》，重慶，1941 年 11 月，第七目，第 13～14 頁。
〔註 4〕內政部編印：《內政法規彙編》，重慶，1941 年 11 月，第七目，第 1 頁。
〔註 5〕袁建偉：《刑事法治的邏輯展開》，《中國刑事法雜誌》，2014 年第 2 期，第 24 頁。

的安全，維護了抗戰大後方的穩定，奠定中國人民奪取抗戰勝利的基礎。

### （一）陪都警察教育規章和法規的釐定

抗戰之初，國民政府移駐重慶時的大遷徙中，作為國民政府警察教育最高機關的中央警官學校亦在其列，並在遷渝之後進行了大幅度的警察教育改革。為了配合這一時期的教育制度改革，在內政部的主導下制定了一系列的警察教育規章和法規，確保了警察教育制度的實施。陪都重慶作為戰時國民政府的中央所在地和抗戰大後方之一域，其警察教育制度的改革和具體實施必然依據國家戰時警察教育規章和法規進行，從某種程度上說，陪都重慶不過是對戰時警察教育規章和法規的具體執行。

為了應對嚴峻的戰爭形勢，先前警察教育中對警察進行治安、刑事、交通等常規職能的培訓已經不能滿足戰時對警察業務素質的要求。殘酷的戰爭要求警察必須在人員培訓中強化政治教育和軍事技能訓練，警察不在是和平時期單一維持治安的社會管理者，其在戰爭風雲變幻的形勢下必須變換社會角色，隨時做好投入戰爭的準備。故而，中央警官學校在陪都重慶的警察教育中強化對警察的政治思想教育和軍事技能訓練，這一歷史時期的警察兼具警察和軍人的雙重身份，呈現出「亦軍亦警」的時代特色。

在貫徹「亦軍亦警」警察教育理念的過程中，南京國民政府警政要員提出，「擬以軍事訓練為基本、政治訓練為中心、警察訓練為主幹」的警察教育方針。警察教育在制度建設上注重加強中央警官學校的核心地位，實現戰時警察教育的高度統一；關注警官學校畢業生的實習分配機制，強調學以致用。在警察教育內容上注意引入現代警察教育理念，例如電氣學、偵探學等專門課程的設置及電氣實驗室、照相室、刑事陳列所等設備的配置。另外，強調戰時警察的思想教育和軍事技能的培養，有利於保證警察必要時能夠有效投入抗戰，從而實現「增強抗戰建國之力量」的偉大目標。南京國民政府內政部針對戰時環境頒布了一系列關於警察教育的法規，通過對戰時警察教育法規的解讀，能夠清晰地瞭解戰時陪都重慶警察教育演變的脈絡，為探討戰時陪都警察教育制度改革提供必要的理論參考。

### 1. 有關中央警官學校的規章

抗戰時期關於中央警官學校教育規章，主要有《中央警官學校戰時警察幹部訓練班辦法》（1937 年 10 月 26 日內政部轉奉行政院令轉備案）《中央警

官學校畢業學生分發實習綱要》（1937 年 11 月 30 日內政部公布）《中央警官學校組織條例》（民國 1938 年 11 月 16 日民國政府公布）《中央警官學校辦事細則》（1940 年 6 月 1 日內政部核定同年 7 月公布）〔註 6〕等。

　　抗戰時期中央警官學校教育制度的特徵有三個方面。其一，注重戰時警察幹部培養的警察教育理念。中央警官學校為應對戰時形勢，充實戰時警察幹部人才，特別設立戰時警察幹部訓練班。《中央警官學校戰時警察幹部訓練班辦法》對參訓人員的資格作了嚴格規定。雖然處於戰爭年代，國家對警察幹部人員的培養標準並未降低。概而言之，在戰時警察幹部的培養上，突出了重經驗、重學歷的特徵。參加訓練的人員要麼受過專門的警察教育，要麼受過軍事教育，並且要在中央警官學校考核及格者，方有入選資格。另外「受六個月警察教育」及「軍事學校一年的」〔註 7〕要求三年的警界經驗，體現了任用警察幹部注重實戰經驗的特性。

　　其二，注重警察人才綜合素質的培養。體現在中央警官學校畢業生的實習和分配。《中央警官學校畢業學生分發實習章程》中明確規定，學校在學生畢業後，將畢業生情況上報內政部。內政部根據學生自願、學習成績及各地實際情況酌量分配學生實習，並將實習名單報呈請行政院核准轉呈國民政府備案。內政部於分發名單呈准後，要通知學校，並通知被分發機關和學生本人。因不得已之事故不能報到者應說明理由並報內政部核准。學生畢業後因病或者其他原因不能實習的，須呈內政部核准，於來年與下一期畢業生同時分發實習，屆時仍不能參加實習的停止分發。分發學生非因本人過失致實習不能期滿者，經查實或者被分發機關證明後，得由內政部酌予改分，其實習期間合併計算。畢業生實習內容，包括警士勤務、警長勤務、巡官勤務等。實習完畢須對對畢業學生進行考核，期滿後一併呈報內政部備查。內政部審核後通知學校發給畢業證書。分發學生在實習期滿後由被分發機關遇缺依法任用之，但在實習期間遇有相當官等缺額時，亦得提請任用。

　　筆者以為，透過中央警官學校實習內容，能清晰的再現抗戰時期警察教育更加注重警察人才綜合素質的培養，對警察業務能力的廣泛性提出更高的要求。戰時人員的死傷在所難免，警員的供給補充亦是源源不斷，因此，警

〔註 6〕內政部編印：《內政法規彙編》，重慶，1941 年 11 月，第七目，第 1～2 頁，第 9 頁，第 15 頁。

〔註 7〕內政部編印：《內政法規彙編》，重慶，1941 年 11 月，第七目，第 15 頁。

校畢業生的實習內容注定注重綜合性而難以兼顧專業性，而對警校畢業生實習內容的規定只是適應戰時環境的不二法門。

　　其三，體現了「統一警制」的警察教育方針。《中央警官學校組織條例》規定：中央警官學校直屬於內政部，以研究警察專門學術，造就全國警官人才為宗旨。針對民國時期警察教育分散、秩序管理混亂的局面，抗戰爆發後，南京國民政府進一步以法規的形式明確規定中央警官學校旨在培養全國警察人才。並且中央警官學校的校長由蔣介石親自擔任，身居黨首、行政首腦的蔣介石更是把警察管理、警察教育的權力操控於自己手中，進一步實現了權力的高度集中。

　　在中央警官學校，李士珍〔註 8〕是南京國民政府時期名副其實的警察教育執行者。早在抗戰爆發前，李士珍已經認識到警察教育制度統一的重要性，他認為：「民國政府的警察教育在過去一直不統一，雖然中央早已明令警察教育統一於中央警校，但軍統在各地都辦有各種名目的訓練班，這些訓練班又往往冠以警察名義，擾亂了正常的警察教育秩序，造成『意志無法集中，力量也無形分散。』」〔註 9〕因此，在李士珍擔任中央警官學校教育長的漫長歲月裏，其本人深諳警察教育統一的重要性。教育長作為警察教育的具體實踐者其權力往往要被放大，以此才能真正在具體的警察教育中少受阻力，減輕權力間的相互掣肘。可見，教育長在實際的警察教育中擁有真正意義上的實權，才能推動警察教育實現統一。另據 1940 年內政部頒布的《中央警官學校辦事細則》，更是開宗明義，將教育長列為校務管理的二號人物，該細則規定：「校長總理全校校務，教育長承校長之命主持校務。教育長對教職員、學員生有指揮命令、考核、獎懲之責。」〔註 10〕

　　顯然，蔣介石作為戰時國家統帥，只是名義上兼任中央警官學校的校長，無暇過問警校的具體事務。該校警察教育管理的權力由李士珍執掌。李士珍曾經數次出國學習考察國外的警察教育制度，加上自己對國內實際警察教育

〔註 8〕李士珍（1896～1997），先後畢業於日本警官學校、黃埔軍校第二期，參加過北伐戰爭。1936 年任內政部警官高等學校校長，中央警官學校教育長。抗戰初督率警校學生參加淞滬保衛戰。警校遷址成都後，仍任教育長。創建中國警察學術研究會和警察學會；開辦西北、東南警訓班，為各級警政機構培訓幹部。

〔註 9〕陳竹君：《李士珍的警政思想探析》，北京人民警察學院學報，2007 年第 2 期，第 97 頁。

〔註 10〕內政部編印：《內政法規彙編》，重慶，1941 年 11 月，第七目，第 2 頁。

環境的認識，總結出一套切實有效的警察教育方針，而推行警察教育的平臺正是依託於中央警官學校。

### 2. 地方警察教育法規

1939 年 12 月 1 日，國家內政部頒布《各省市警察教育機關代募代訓特種警察暫行辦法》，1941 年 8 月 13 日又頒布《各省縣各級警察人員整訓暫行辦法》。1939 年至 1941 年，抗日戰爭進入白熱化階段，面對日本的瘋狂進攻和複雜的國內形勢，僅僅依靠中央警官學校辦理警察教育顯然無法滿足，而不得不將有些警察教育的權力下放到地方。一是各省市警察機關代募代訓特種警察。這是為了滿足中央各部會及其附屬機關對特種警察的需要。特種警察，顧名思義是擔負特定職責、承擔特別使命的警種，其要求顯然有別於普通警察。抗戰時期，內政部將招募訓練特種警察的任務交給委託部門就近之省市警察機關，一方面是為了節約特種警察訓練的成本，提高訓練效率，另一方面是戰時戰事吃緊，特種警察的教育培訓任務不得不暫時委託地方。二是整訓縣級警察人員。1941 年 8 月 13 日，內政部頒布《各省縣各級警察人員整訓暫行辦法》，以配合國家實施「新縣制」的需要。為了將新縣制推向全國，國民政府於 1939 年頒布了《縣各級組織綱要》，其核心在於加強縣級地方自治，逐步強化縣一級政府的職能，同時對先前的區署進行裁撤，強化鄉鎮公所和保甲建設。抗戰進入相持階段後，國民政府適時提出了「抗戰建國同時並進」的口號，〔註 11〕其出發點在於徹底調整縣級基層組織機構，從而方便國家戰時經濟政策的推行和糧款籌措，以期加強中央對地方的控制。通過學員受訓資格和畢業任職可見，抗戰時期警察幹部匱乏，特別是基層一線的警察幹部更是需要大量補充。因此，在基層警察幹部的選任上，條件有所放寬。

### 3. 陪都警察教育規章和法規的特點

抗戰時期警察教育的總體教育方針是服務於抗戰建國。課程設置上注重軍事化訓練，旨在提高警察隊伍應對戰爭形勢的素質和能力。因此，這個時期的警察教育制度具有典型的軍事化特徵和鮮明的政治色彩。其一，注重基層警員訓練。警士、警長身處警界基層，同時也是面對社會的一線人員。其職責的發揮關係到社會秩序的穩定，對於保障抗戰後方基地的安全，以致贏得抗戰勝利意義非凡。1938 年底，李士珍上書蔣介石，提出《中央警官學校

---

〔註11〕《抗戰建國綱領》，國民黨臨時全國代表大會，1938 年 4 月。

二十八度教育計劃》，提出「本校本年度教育方針為適合非常時期之需要，擬以軍事訓練為基本、政治訓練為中心、警察訓練為主幹，俾戰時可為軍官、平時可為警官，並養成其確能效忠黨國、信仰領袖，堅定其犧牲奮鬥精神，以增強抗戰建國之力量為目的。」〔註12〕而在總教育方針指導下，警士警長在日常教育中，軍事上主要學習步兵操典、射擊教範、野外勤務、街巷戰術等；政治上要學習「黨國精神」要義。

其二，強化警官培養。抗戰時期警官人才嚴重缺乏，中央警官學校雖然培養了大量警政人才，但對地方來說只是杯水車薪。〔註13〕故而各省市先後開展警官補習教育，像浙江、湖南、湖北、重慶等地紛紛在原有的警察訓練所中開辦警察補習教育。這在一定程度上滿足了戰時對警官人才的需求，有利於戰時戰區和後方的穩定。另一方面也反映出中央警官學校雖然統一辦理警察教育的權力，但面對戰時無論經費保障上還是人員訓練上都難以按預期進行，在警官人才培養培訓上顯得力不從心。

其三，努力培育高級警政人才。抗戰時期的高級警政人才教育，適應戰時之需，在課程設置上與抗戰密切相關。在術科方面，中央警官學校的教育內容更突出了軍事方面和警察應用技術的教練，開設了手榴彈、陣中勤務、夜間教育、柔道、劍道、捕繩術、救急法等課程，而先前的體育類的體操、田徑、游泳、球類等課程則有所忽略。〔註14〕另外，李士珍在抗戰時期擔任教育長時，非常注重對高級警政人才的貯備培養，積極為優秀警校畢業生和教官出國留學創造條件。

綜上所述，抗戰時期警察教育制度的變革，緊緊圍繞著戰爭這個最大的實際。戰時的特定環境使警察教育不僅重視警察技能學習，更注重精神洗禮和軍事素質的養成。這對於實現「戰時為軍，平時為警」的警察教育目標意義重大。

## （二）陪都警察教育制度的改革

抗戰時期陪都重慶的警察教育是在以重慶為中心的大後方警察教育的宏觀框架指導下推進的，因此，其必然因循「亦軍亦警」的警察教育方針，在具體的警察教育實踐中注重對警察的政治思想管理和軍事技能培訓。不容否

---

〔註12〕李士珍：《中央警官學校二十八年度教育計劃》，1938年。
〔註13〕王麗娜：《南京國民政府警察教育》，山東師範大學，2009年4月，第56頁。
〔註14〕中央警官學校編譯室編：《中央警官學校概況》，新民印書館，1942年。

認的是，戰爭推動了警察身份的擴展，其不僅要具備處理日常業務工作的能力，更要練就較強的軍事素質，樹立堅定的政治觀念。通過警察教育制度改革，不斷提升戰時陪都警察應對戰爭的能力，充分發揮其在社會管控中的作用，從而達到維護戰時陪都社會秩序穩定和大後方安全的目的。戰時陪都警察的雙重身份是戰爭下的縮影，更是中華民族無數兒女同仇敵愾、眾志成城捍衛國家主權和民族尊嚴的真實寫照。

為了突出強調戰時陪都警察的軍事教育，從 1941 年至 1945 年的警察教育實踐中，重慶市警察訓練所在不妨礙警察日常業務培訓的前提下，著重加深政治教育和軍事技能培養。1941 年 9 月 18 日重慶市警察訓練所所長唐毅在給重慶市政府的呈中稱：「查本所職員任務分配暫行辦法暨本所規程，業經本所第十次所務會議決議通過，茲已繕正，理合檢同該辦法及規程各兩份備文呈請鈞府准予備案，並請轉諮內政部備案。」〔註 15〕隨著戰勢推移，1945 年 4 月 12 日，重慶市政府核准公布了《重慶市警察局警察訓練所警長班調訓辦法》，其就最基層的警察機關員警進行整訓，對警長的訓練關乎到整個陪都警察業務工作的開展和警察隊伍的穩定，作為最基層的執法者，警長的工作和素質與民眾生產生活聯繫最為緊密，警長素質的提高不僅有利於充分發揮戰時警察的社會管控職能，而且有力地維護了戰時陪都社會秩序的安定，間接推動了抗戰建國的宏偉大業。1945 年 6 月 21 日，距離戰爭勝利已經越來越近，雖然國共雙方在抗日戰場上節節勝利，但是飽受日本侵略之害的國人卻一刻不敢忘卻對警察的軍事訓練，重慶市警察訓練所於此時呈報市政府的《調訓見習警訓練教育實施計劃》及《現役警訓練班調訓辦法》〔註 16〕更是就警察訓練的軍事性作了明確規定。戰時陪都警察教育制度改革主要反映以下兩個方面：

### 1. 加強警察政治思想管理

政治思想是社會成員在政治思考中所形成的觀點、想法和見解的總稱，它是人們對社會生活中各種政治活動、政治現象以及隱藏在其後的各種政治關係及有其矛盾運動的自覺和系統的反映，是政治文化的一種表現形態。在

---

〔註 15〕1941 年 9 月 18 日《重慶市警察訓練所所長唐毅給重慶市政府的呈》，重慶市檔案館館藏民國檔案，檔案號：0053-0002-00066-0000-002-000。

〔註 16〕1945 年 6 月《重慶市警察局呈重慶市市政府人事室》，重慶市檔案館館藏民國檔案，檔案號：00610003003570300025000。

戰爭對社會格局影響不斷加深的環境下，南京國民政府時期陪都警察的政治
思想關係到其對執政黨當局的政治態度，加強政治思想管理不僅有利於警察
隊伍的穩定和警察業務工作的開展，而且樹立了戰時陪都警察的民族精神和
愛國情操，凝聚了戰時警察與軍隊齊頭並進共同應對戰爭的力量。特別是在
「亦軍亦警」警察教育方針的指引下，陪都警察教育借鑒軍事化的訓練管理
模式，其政治思想學習成為警察人才培養中一門較為核心的課程。

　　1941 年 9 月 18 日，重慶市警察訓練所制定了《重慶市警察局警察訓練所
職員任務分配暫行辦法》，在其人事結構中，設立了專門的政治教官，專職負
責對警察的思想政治教育，其主要負責教育長、教務主任交辦事項、政治學
科之講授、政治教材之編訂、主持撰報及政治報告、學員警個別談話、學員
警訓育事項、學員警思想之考核、黨務活動暨團務活動、畢業學員警之指導〔註
17〕等事項。可見，抗戰時期陪都警察教育在國家「亦軍亦警」的總體教育方
針下，將政治思想教育作為一項非常重要的工作來抓，南京國民政府始終相
信無論是軍人還是警察只有政治上絕對可靠，軍事上才會高度統一。在軍事
化的教育理念指導下，加強政治思想管理自在情理之中。與此同時，重慶市
警察局在《重慶市警察局警察訓練所規程》中進一步將對員警的政治思想教
育作為其學科學習的第一要務，其學科教育中的第一項和第二項分別是精神
講話和政治訓練，並且精神講話必須由所長（重慶市警察局局長）、教育長或
其他高級長官擔任，政治訓練包括新生活要義、抗戰建國綱領國際國內局勢
分析〔註 18〕等。不難發現，政治思想教育不僅極受政府重視，而且將其放在
警察教育中至關重要的位置上。

　　抗戰時期重慶市警察局注重加強對警察的政治思想教育管理，還體現在
1945 年 4 月 12 日公布的《重慶市警察局警察訓練所警長班調訓辦法》中的規
定，隨著抗戰勝利的腳步越來越近，政治思想的管理又呈現出與戰爭白熱化時
相比的些許變化，雖然重慶市警察局警察訓練所警長調訓班在其課程設置一如
既往地注重政治思想教育，只是隨著戰勢推進，將總理遺教和總裁言行〔註 19〕

〔註17〕1941 年 9 月 18 日《重慶市警察局警察訓練所職員任務分配暫行辦法》，重慶
　　　　市檔案館館藏民國檔案，檔案號：0053-0002-00066-0000-002-000。
〔註18〕1941 年 9 月 18 日，《重慶市警察局警察訓練所職員任務分配暫行辦法》，重慶
　　　　市檔案館館藏民國檔案，檔案號：0053-0002-00066-0000-002-000。
〔註19〕1945 年 6 月《重慶市警察局給重慶市市政府人事室的呈》，重慶市檔案館館藏
　　　　民國檔案，檔案號：0061000300357030002500。

放到至高無上的位置，戰時的精神教育地位明顯降低，反映出抗戰勝利來臨之際蔣介石個人獨裁思想苗頭的呈現。

### 2. 注重警察軍事訓練

學科與術科是戰時陪都警察教育的兩大科目，學科重思想，術科重軍事訓練。在八年的抗日戰爭中，術科始終在陪都警察教育中佔據核心地位。縱觀《重慶市警察局警察訓練所規程》，戰時陪都警察術科訓練包括三個部分：第一、軍事訓練。其內容有各個教練、班教練、排教練、連教練、戰鬥教練、射擊教練、夜間教育等。第二、技術訓練。其包括捕繩術、擒拿術、急護、劈刺術、駕駛術（車輛及船舶）。第三、體育訓練。其涵蓋國術、爬山、徒手體操、器械體操、球類運動〔註20〕等。觀其術科訓練內容，在1941年抗日戰爭進入敵我雙方膠著化時期，陪都警察教育幾近採取軍隊訓練模式，培養戰鬥式警察，所有警察隨時做好戰鬥準備。不僅軍事訓練和技術訓練呈現此種特徵，連體育訓練也表現出軍事特性。因此，戰時陪都「亦軍亦警」的警察教育模式不僅是對國府中央警察教育方針的貫徹，更是戰時其身份擴展的有力證據。這種變化，反映出抗戰時期戰爭推進下陪都警察教育理念的轉變，為了應和戰爭需要，培養訓練有素的警察隊伍，進而提升戰時陪都警察履行社會管控職能的能力，陪都警察教育實踐中呈現出鮮明的時代特色。

與陪都警察教育中專設政治教官一樣，其術科訓練中同樣設立了專門的技術教官和國術教官，技術教官負責員警的器械操、劈刺術教練、防空防毒講解及演習、自行車摩托車教練等項目的訓練，國術教官負責國術教練、劍術教練、騎術教練、擒拿術教練〔註21〕等，從教授內容不難發現，警察教育中較為重視軍事實戰技術的培養。雖然距離抗戰勝利已越來越近，但是陪都警察教育中注重軍事訓練的理念卻沒有放鬆。可以說，戰時陪都警察教育制度改革是戰爭推動下警察教育理念的變化，在全國總動員的情勢下，面對外辱沒有什麼比驅逐日寇更重要，只有動員一切力量全力投入抗戰才能贏得戰爭的最終勝利。戰時陪都警察軍事技能的培養，提升了其應對戰爭的能力，維護了陪都社會秩序的安定，減少了戰爭中的無謂犧牲，為抗日戰爭蓄積了能量。

〔註20〕1942年《重慶市警察局警察訓練所規程》，重慶市檔案館館藏民國檔案，檔案號：0061003003570300025000。
〔註21〕1941年9月18日，《重慶市警察局警察訓練所職員任務分配暫行辦法》，重慶市檔案館館藏民國檔案，檔號：0053-0002-00066-0000-002-000。

抗戰時期陪都警察教育在民國警察教育史上佔據了極其重要的地位，戰時警察教育制度建設並未因嚴酷的戰爭和複雜的社會局勢而停滯，反而在抗戰時期的警察教育中融入了許多近代警察教育的理念。以李士珍為代表的警政教育專家為此殫精竭慮，中央警官學校的設立，及警察教育制度改革的開展，培養了大批新式警政人才，保證了戰區和後方對警察人才的需求，維護了戰時陪都社會秩序的穩定，為抗戰的最終勝利提供了保障。

戰時警察教育制度的變通式改革，雖然是中國近代警察教育史上的一個特例，但也應當視為在特定歷史環境下，中國警察教育制度現代化進程中的一個階段。自清末引入近代西方「正統」警政教育理念開始，中國警察教育接受現代警政思想洗禮，其發展方向始終在職業化道路上前行。而南京國民政府在非常時期提出「戰時為軍，平時為警」的軍警一體辦警思想，似乎偏離了現代警察教育理念的軌道。但以發展的眼光審視，抗戰時期警察教育仍然繼承發展了清末以來警察教育思想，在辦警過程中融入了應對戰爭的戰時元素，有利於實現抗戰建國的民族大業，在推動中國警政制度近代化發展上功不可沒。

## 二、陪都義勇警察制度的創立

### （一）義勇警察制度的緣起

抗日戰爭全面爆發後，敵我雙方人員傷亡均較為慘重，加之國府遷渝之後，陪都重慶人口激增，經濟狀況凋敝、財政吃緊，戰時社會生產生活資料嚴重不足，重慶地區一時間社會局勢極為動盪。日本侵略者隨之而來的對渝數年轟炸更是讓這個山城的社會秩序雪上加霜，為了維護陪都重慶社會秩序的穩定和抗戰大後方的安全，充分發揮警察在社會管控中的作用，鑒於戰時陪都警力嚴重不足，國民政府嘗試運用民間力量，以此彌補戰時社會環境對警察的需求。義勇警察制度的誕生有兩大益處，一是補充了戰時陪都警力，二是節約了政府的經費開支，通過運用義勇警察，保證了戰時陪都重慶對警察數量的需求，最大限度地發揮戰時陪都警察履行社會管控職能的作用，實現了社會秩序安定的目的。

有人說，義勇警察是戰爭的產物，特指抗日戰爭時期為抗擊日本侵略者而組織起來的警察機構，這是有據可查的，義勇警察制度產生於戰時證據之一乃是抗戰時期重慶市警察局辦理義勇警察組訓概況報告書，在報告書中詳

細記載了戰時義勇警察制度產生的經過：「本市自國府遷駐後，即已成為全國軍事政治經濟之重心，機關林立，居民激增，治安責任自加倍於往昔。舉凡黨國要人、軍政機關、及各國使領僑民之衛護、奸諜惡宄之肅清、異黨宵加之防範、物價平抑之執行、空襲之管制等等，莫一劃警察之職責。而處此戰時經濟極度拮据環境之下，欲術人力與該備之充實，又勢所難能。爰特依據內政部所頒戰時警察方案，釐定本局義勇警察組訓綱要及實施辦法各一種。並在全市市民中選擇優秀適齡壯丁授以各項警察知能，以協助警察執行各項勤務，運用民間人力物力匡助政府之不足也。此二種辦法於二十九年五月呈奉，市政府指令核准，本擬即付實施，毋為適值敵機狂炸時始，徵選訓練及裝備之製作等等，均感困難，因一再延換。直至二十九年十月進入霧季，空襲較希，始令各分局開始組訓，為始一月即供見習勤務，現在仍在訓練期中，而補助本局勤務已屬不少。」〔註 22〕抗戰勝利後，1946 年 12 月 29 日重慶市政府在給人事處的令稱：「本府前為適應戰時業務需要，設立義勇警察隊，現在復員業已開始，專項戰時機構無繼續性必要，應即於本年底裁撤，用特簽請查照主辦。」〔註 23〕由此可見，義勇警察實為戰時的產物，應戰時業務需要而生，此為義勇警察制度產生於戰時證據之二。

戰時義勇警察制度的設立，始於戰時警察人員之不足，義勇警察的誕生極大地補充了戰時陪都的警力，他們協助警察進行戰時社會秩序管控，有力地促進了警察業務的開展，對拱衛陪都安全和維護抗戰大後方的穩定意義重大。雖然至今學界鮮有義勇警察的研究，但不容否認的是，抗戰時期，義勇警察制度的誕生是警民力量高度融合的創舉，在全國總動員的情勢下，警民精誠團結，國人眾志成城，確是支持中華民族抗戰事業的一股重要力量，戰爭已然結束，臺灣至今仍舊保留著義勇警察制度，可見義勇警察制度著實有其獨特的優越性所在。至此抗戰勝利 70 週年之際，研究義勇警察不僅重新喚起人們對那些與軍隊、警察一道投入抗日戰爭的無名英雄們的懷念，更重要的是探究分析戰時義勇警察的組建、整訓、業務工作及他們對維護陪都重慶穩定、抗戰大後方安全及支持中國抗戰勝利所作出的重大貢獻。

〔註 22〕《重慶市警察局辦理義勇警察組訓概況報告書》，重慶市檔案館館藏民國檔案，檔案號：00610007000450000002000。
〔註 23〕1946 年 12 月 29 日《重慶市政府給人事處的令》，重慶市檔案館館藏民國檔案，檔案號：0053-0029-00040-0100-088-000。

### （二）陪都義勇警察的組建

日本佔領武漢後，由於戰爭的巨大消耗，中日雙方的戰爭進入相持階段，日本企圖通過空襲迫使國民政府就範，於是對重慶進行了大規模空襲，造成了巨大的人員傷亡和財產損失，加之漢奸間諜不斷深入陪都重慶進行刺探情報和破壞基礎設施活動，一些不法分子於此乘機作亂，匪患盜賊猖獗，一時間陪都重慶面臨嚴峻的內憂外患。單靠現有警察難以達到維持社會秩序的目的，南京國民政府為適應戰時需要設立戰時義勇警察制度，並積極組建義勇警察，以義勇警察輔助警察履行社會管控職能，參與維持社會秩序。為了貫徹執行內政部頒布的戰時警察方案中義勇警察組織與訓練部分的規定，重慶市政府於 1940 年 2 月 20 日制定了《重慶市警察局義勇警察組訓綱要》〔註 24〕，並就義勇警察的徵選、組織和經費作了詳細規定。

### 1. 義勇警察人員的徵選

義勇警察的人員選任應同時具備年齡在十八歲以上三十五歲以下、高小以上學校畢業或有同等學力者、體格健康無不良嗜好、未受過刑事處分、有固定住址及正當職業五種資格。〔註 25〕但是在實際徵選義勇警察時，其標準往往難以達到法定要求，特別在學歷限制上基本形同虛設。

1941 年 5 月 2 日，重慶市警察局第二分局局長王繼何呈報重慶市警察局：「案據本分局蹇家橋分所巡官江文輝呈稱『竊查職隊前奉鈞隊成立義勇警察，現已組織就緒，已於四月二十六日正式成立命名為第二大隊第四中隊，總計官長六員隊員三十名，每晨由職率領五至七時至臨江路早訓，並加以精神講話。茲將成立日期及組訓各情檢同名冊一份賫請鈞隊鑒核備查』。」〔註 26〕縱觀重慶市義勇警察總隊第二大隊蹇家橋中隊官長隊員名冊，官長六員中，隊長江文輝和隊副張寒光為中學學歷，分隊長嚴熙、張超和分隊副徐繼云為私塾出身，另一分隊副戴志新為初中學歷。三十名隊員中小學學歷 11 人、初中學歷 12 人、私塾 2 人、中學 1 人、高小僅有 3 人。為了應對嚴酷的戰爭，適應戰時警察業務的需求，義勇警察在實際選任中放寬學歷的要求，或許只是鑒於戰時環境複雜、合適人員缺乏而戰勢對警察需求又不斷上升的特定情形

---

〔註 24〕重慶市政府參事室編印：《重慶市政府法規彙編》，1942 年 8 月，第 5 頁。
〔註 25〕重慶市政府參事室編印：《重慶市政府法規彙編》，1942 年 8 月，第 8 頁。
〔註 26〕1941 年 5 月 2 日《重慶市警察局第二分局局長王繼何給重慶市警察局的呈》，重慶市檔案館館藏民國檔案，檔案號：0061000300448010 0021001。

下所採取的權宜之計，但在嚴酷的戰爭環境下，人員傷亡極其嚴重，陪都義勇警察的選任能達到如此效果已實屬不易。

### 2. 義勇警察的組織結構

義勇警察總隊設總隊長一人、總隊副一人，負責全市義勇警察指揮監督及訓導，總隊部附設警察總局，內下設總務、行政、組訓三股，每股設主任幹事一人、幹事三人至五人分掌各項事務，其中總務股掌理會計庶務文書考核獎懲及其他不屬各股事項，行政股掌理義勇警察之調遣與政令之協助等事項，組訓股掌理義勇警察之組訓事項。〔註 27〕義勇警察總隊長由警察局長兼任，副總隊長及總隊部各級幹事由警察局長就警察局內現有人員中選派兼任之。義勇警察大隊隸屬於總隊之下，於每一分局所轄區域內成立，大隊部設於警察分局內，並設大隊長一人負該區義勇警察的指揮監督和訓導，設副大隊長二人協助大隊長處理隊務，大隊長由警察分局局長兼任，副大隊長中的其中一人由警察分局局員、巡官中選派一人擔任，另一人由該區署的副區長擔任。大隊下設中隊，每一警分駐所或派出所成立一中隊，中隊設中隊長、副中隊各一人掌理中隊一切事務，中隊長由警察分駐所或派出所所長或巡官兼任，副中隊長由該中隊長就曾受合格軍事訓練之當地居民中選擇三人呈由大隊長核定一人擔任。每中隊下設若干班，每班十六人，班內正副班長各一人就曾受軍事訓練之隊員中選任之。〔註 28〕義勇警察領導層仍由對應的局所領導擔任，中隊副以下要求具有接受軍事訓練的經歷，顯示了戰時國民政府內政部及重慶市政府對義勇警察的重視程度較高，突顯了組建義勇警察應對戰時業務需求的目的。

陪都義勇警察組建後，隨著業務工作的推進，不斷暴露出組織結構的問題，1940 年 12 月 23 日，重慶市警察局局長唐毅在給重慶市政府的呈中寫道：「查本局義勇警察業已積極組訓，惟查該組訓綱要第二章第二條運用欠零，茲就實際需要酌予修正，除分令外，理合善呈該修正條款一份，賣請鈞府鑒核備查。」〔註 29〕在修正條款中，重慶市警察局對義勇警察的組織結構進行的較大調整：諸如加強管理，明確規定副總隊長及總隊部各級幹事，由警察

〔註 27〕重慶市政府參事室編印：《重慶市政府法規彙編》，1942 年 8 月，第 9 頁。

〔註 28〕重慶市政府參事室編印：《重慶市政府法規彙編》，1942 年 8 月，第 10～11 頁。

〔註 29〕1940 年 12 月 23 日《重慶市警察局局長唐毅在給重慶市政府的呈》，重慶市檔案館館藏民國檔案，檔案號：0053-0002-00139-0000-042-000。

局行政科科長和偵緝隊隊長、行政科治安股主任等現職警官兼任；基層隊長、副隊長都要由行政科偵緝隊派員充任；各隊可視情形暫設茶房隊（包括女招待及所有公共場所夥友）、藝員隊（包括歌女）、樂女隊、車轎馬夫隊、碼頭工人車站腳夫隊、船夫隊、僧道隊等；各隊可就工作地域劃分為若干區隊，隊長由分局長兼任；各區隊下設分隊，其分隊長由各分所或派出所所長或巡官兼任之；分隊下設班，班長由義勇警察中挑選優秀者充之等。

修正後的義勇警察組織，副總隊長和隊長及副隊長的任用上注重偵緝業務技能，突顯戰時警察偵緝職能的重要性，這或許與戰時陪都社會秩序紊亂期間漢奸間諜橫行、匪患叢生有關，通過注重警察的偵緝經驗，提高陪都警察履行打擊漢奸間諜和盜賊匪患的能力，進而實現戰時陪都社會秩序的安定。另外，基層幹部任用上副分隊長和區隊幹事的選任上要求必須是優秀警長和巡長，一線工作人員班長的任用上亦要求是優秀義勇警察，說明戰時義勇警察人事任用上注重個人能力和工作業績，以業績和能力作為選拔基層幹部的依據，對義勇警察投身戰時業務工作起到極大的激勵作用。

### 3. 義勇警察的經費來源

隨著戰爭局勢的發展，日本帝國主義對華侵略不斷加劇，佔據了東北三省及東南沿海的富庶地帶。加之戰爭日漸趨向白熱化，國家軍費開支增強，人民生產生活難以照常進行，國家經濟困難，民眾生活苦不堪言。在戰爭期間，組建義勇警察更是需要巨大的經費保障，才能使義勇警察真正發揮服務於戰時業務需要的作用。為了解決經費不足的問題，重慶市政府在義勇警察經費來源上作了變通規定，在義勇警察任職上主張局所領導及警察局在編警員採用兼任的模式，並鼓勵義勇警察機構從民間籌集資金。義勇警察隊人員均為無給職，概不支付薪餉，各級隊部之傳達公差均由警察局所內之特務警公役擔任。隊員之裝備由警察局制定式樣，由各隊員自行製備或由本局募款統制，前項募款辦法另定之。各級部隊購置文具等必需品之費用由警察局所以及各級保甲機構之辦公費項下開支，不另支給辦公費。」〔註30〕，可見，戰時義勇警察隊的工作人員均是依靠隊內自行解決，戰時政府的經濟拮据狀況，實在是慘淡至極。另外，1940年8月20日，重慶市政府頒布的《重慶市警察局義勇警察組訓綱要實施辦法》亦就義勇警察經費問題做了補充規定：義勇警察之裝備費以自備為原則，不足將得由本分局依下列方式籌募：本局

---

〔註30〕重慶市政府參事室編印：《重慶市政府法規彙編》，1942年8月，第11頁。

商由各娛樂場所同意舉行遊業會；向各火商店、住戶、銀行勸募捐款。〔註31〕勸募捐款須製給正收據，騎縫處須編列字號加蓋局印，式樣另定。凡籌募所得之款項，均由本分局匯存銀行。所有收入支出帳目於辦竣時分別列榜造冊報銷，以昭信守。在戰爭進入相持階段後，為了堅持抗戰，恢復國家元氣，積極應對戰爭，在國家全民總動員的情勢下，一切以服務於戰爭為終結點，陪都民眾和警察機關的力量實現的極大融合，戰時義勇警察的經費取之於民，以用於籌備抗戰，在經費籌措的出發點上顯現出抗戰高於一切的特徵，在組建義勇警察中儘量節省費用，默許甚至鼓勵經費來源的多元化。

### （三）陪都義勇警察的整訓

義勇警察的整訓是重慶市警察局組建義勇警察之後最為要緊的工作，從某種程度上講，義勇警察整訓的優劣關係到其戰時履行警務工作效能的高低。更為重要的是，義勇警察因戰爭而生，其身處戰爭環境，如若整訓不到位，不僅不利於戰時警務工作的開展，其嚴重時可能會影響抗戰建國大業的順利進行。因此，戰時重慶市警察局極其重視義勇警察的整訓工作。

#### 1. 制定義勇警察整訓辦法

義勇警察是重慶市警察局為了解決戰時警力不足和應對複雜的戰時環境而籌建的警察機構，建立初期，由於各項制度不夠完善，導致義勇警察整訓效能過低。為了扭轉這種消極的現狀，1941 年 10 月 30 日，重慶市警察局局長唐毅在給各分局的令中稱：「查本局第一期整訓之義勇警察，訓練日久，異動甚大，編制及精神均甚渙散。亟應加以整飭，茲訂發第一期義勇警察整訓辦法一份，除分令外合照令仰該分局長兼大隊長遵照辦理具報為要。」，〔註32〕以期將義勇警察整訓制度化，保證整訓工作順利推進。《第一期義勇警察整訓辦法》以制度的形式就戰時陪都義勇警察的訓練時間、人事安排、材料報送及課程安排作了必要規定，為後期義勇警察整訓工作的開展提供了可據操作性的制度規範。

#### 2. 陪都義勇警察的考核

義勇警察在徵選入隊訓練前應有人進行擔保，其擔保事項包括：確信三

---

〔註31〕重慶市政府參事室編印：《重慶市政府法規彙編》，1942 年 8 月，第 16 頁。

〔註32〕1941 年 10 月 30 日《重慶市警察局局長唐毅給各分局的令》，重慶市檔案館館藏民國檔案，檔案號：0061000300448020011400l。

民主義，擁護總裁；無藉義勇警察在外索詐或為其他違法行為；無違抗命令或洩露秘密情事；任職一年以上。〔註33〕義勇警察具備上述條件方能參加整訓，義勇警察的整訓內容主要體現在課程設置上，通過課程表能反映出戰時義勇警察的訓練項目和學習內容。以重慶市警察局整訓第一期義勇警察學科課程表為例，第一期義勇警察共計四個分局參與整訓，上課時間為四周，共開設課八門課程：新生活要義、精神講話、黨義、違警罰法、交通警察、防護常識、巡守要則、偵探常識等。〔註34〕可見，抗戰時期加強義勇警察的政治教育在警察整訓中至關重要，時處戰時那個漢奸間諜叢生的時代，對義勇警察的思想政治教育在某種程度上比培訓警察業務技能更為重要。違警罰法和巡守要則共計占義勇警察課程學習的三分之一，因為這是警察實際工作中最直接最常用的知識，也在戰時履行社會管理職責中較為關鍵，故而，進行此種課程的安排亦屬合理。

抗戰時期對義勇警察的整訓並不限於警察常規業務的培訓，鑒於緊張的戰爭局勢，義勇警察隨時有可能投入戰爭，因而，整訓中亦注重對義勇警察的軍事訓練。根據戰時重慶市警察局義勇警察總隊第六大隊整訓科目進度表中的顯示，可以知道，其整訓主要有術科和學科兩部分構成，術科、學科占學習內容的比重幾近相同，術科內容包括單人教練、陸軍禮、軍姿、擒拿術、班教練和會操，〔註35〕主要是培養義勇警察的軍事技能。這與戰時陪都警察教育的模式幾近相同，義勇警察在整訓上同樣注重思想政治教育和軍事技能培養。

義勇警察整訓結業之時要進行考核，考核的內容包括術科考核和學科考核。為了進一步明確考核方式，1941年4月11日重慶市警察局局長唐毅在給各分局的令中稱：「查義勇警察訓練業屆期滿，補授學科亦已畢，依五規定應予考驗，及格者並應頒給訓練期滿證明書以資證明。」〔註36〕考驗辦法和方式：學科用口試方式，術科以實地動作為準；科題由主試人員臨時決定，以

---

〔註33〕重慶市政府參事室編印：《重慶市政府法規彙編》，1942年8月，第8頁。

〔註34〕《重慶市警察局整訓第一期義勇警察學科課程表》，重慶市檔案館館藏民國檔案，檔案號：00610003004480200119001。

〔註35〕1941年4月11日《重慶市警察局局長唐毅給各分局的令》，重慶市檔案館館藏民國檔案，檔案號：00610003004480100068000。

〔註36〕1941年4月11日《重慶市警察局局長唐毅給各分局的令》，重慶市檔案館館藏民國檔案，檔案號：00610003004480100068000。

實用淺明為主；考驗完畢，各大隊應將成績依照表式填報。〔註 37〕於是，各分局積極自行開展義勇警察考核，並把考核成績表上報重慶市警察局。例如 1941 年 4 月 18 日重慶市警察局第五分局局長楊遇春呈請重慶市警察局：「查義勇警察訓練業屆期滿，補授學科亦已完竣，依照規定應予考核，茲規定考驗辦法。仰該分局局長兼大隊長即便遵照，於四月二十日前辦妥具報，毋得延誤為要此令等因，附發成績報告表一份」。〔註38〕抗戰時期，日軍對渝空襲不斷，後方人員傷亡和財產損失都較為嚴重，在如此艱苦的環境下，義勇警察的訓練成績雖難以盡如人意，但能達到此種效果亦屬難得。

戰時義勇警察的整訓考核對義勇警察能否有效發揮戰時履行社會管控的職能意義重大，有鑑於此，1941 年 6 月 18 日重慶市警察局下令進一步強調義勇警察訓練考核的必要性，該令稱「市參議會第四次大會對於市政府施政報告之決議案全文一份，飭就主管事項切實辦理具報等因，下局經查該決議案中與本局有關者計十三點，該第一項載，義勇警察及義務警察應嚴加訓練，負有濫用職權或不能勝任之情形發生等語，查義勇警察與義務警察應嚴加考核訓練，甄別優劣。」〔註 39〕將義勇警察之訓練考核提到重慶市參議會上並且是事關重慶市警察局事務中的首要位置，可見戰時陪都義勇警察訓練考核的重要性確實不容小覷。

可以說，戰時義勇警察是正規警察的親密助手，他們積極協助警察處理各項警察事務，便利了警務工作的開展和警察職能的全面發揮，維護了戰時陪都社會秩序的安定，對保衛抗戰大後方安全和支持抗戰貢獻巨大。

### （四）陪都義勇警察的業務工作

抗戰時期，陪都義勇警察組建和整訓的最終目的還是使義勇警察能夠快速投入戰時警察業務工作中去，並使其協助警察充分發揮社會管控的職能，為維護陪都安定和抗戰大後方安全效力，為國家民族解放貢獻力量。由於義勇警察是新興的警察職能機構，設立之初，工作安排中難免出現諸多問題，義勇警察領導層面的問題反映在 1942 年 2 月 11 日重慶市警察局給一至十二分

〔註37〕1941 年 4 月 11 日《重慶市警察局局長唐毅給各分局的令》，重慶市檔案館館藏民國檔案，檔案號：00610003004480100068000。
〔註38〕1941 年 4 月 18 日《重慶市警察局第五分局局長楊遇春給重慶市警察局的呈》，重慶市檔案館館藏民國檔案，檔案號：00610003004480200001001。
〔註39〕1941 年 6 月 18 日《重慶市警察局給各分局的令》，重慶市檔案館館藏民國檔案，檔案號：00610003004480200030001。

局的令中：「查本局義勇警察組訓以來業經一載，而各級官長均係臨時指派，並未頒有委令，以致各官長頗多心灰意懶、懈怠工作，上有一部隊員以該官長等並未事有本局委令而存藐視之心，對業務之推進上殊多窒礙，為工作順利計，理合造呈總隊以下各級長官名冊一份隨簽賣請。」，〔註40〕義勇警察各級領導任命問題的存在極大地阻礙了義勇警察業務工作的開展，不利於戰時集中統一指揮義勇警察全力投入戰時警察業務工作，此令明確了義勇警察領導層的人事安排，便利了義勇警察中層領導合法合理地開展工作，為戰時陪都義勇警察的工作推進奠定了基礎。

陪都義勇警察戰時業務工作的開展，除了要解決義勇警察人事任命中存在的問題，對戰時義勇警察的工作推進進行預行安排亦屬必要。為此，1941年7月2日，重慶市警察局下令各分局：「查本局義勇警察總隊部第四次工作會報已於上月三十召開，所議及規定各事項均經記錄在卷，除分令外合行抄發該會議記錄一份令仰該分局長兼大隊長迅即遵照辦理，並飭屬遵照切實辦理為要。」，〔註41〕此令中所提及的義勇警察會議記錄多處涉及義勇警察的工作安排，並就陪都義勇警察的具體勤務作出明確規定：義勇警察不得任意加入退出，應由各大隊切實控制；嗣後空襲時，義勇警察應全部出勤，協助擔任交通、救火管制工作；義勇警察服務規程及獎懲規則應由總隊部即速擬定等等。該次會議就義勇警察的工作安排，細化了義勇警察的工作流程，為以後義勇警察工作開展提供了重要的行動指南。

陪都義勇警察的戰時任務主要包括協助警察維持治安、協助防護團工作、協助查報匪犯及偵緝反動分子和協助執行警察命令四種。〔註42〕戰時義勇警察的戰時業務工作雖然看似簡單，但具體到警務實踐中卻囊括了刑偵、治安、交通、巡邏、防諜肅奸、防空等職能。筆者於此難以窮盡陪都義勇警察戰時業務工作的所有項目，僅就義勇警察戰時的勤務安排來呈現當時義勇警察工作面貌之一斑。1941年5月27日重慶市警察局第八分局代局長沈佐洛就義勇警察的勤務分配上報重慶市警察局，〔註43〕詳細羅列了戰時陪都義勇警察建

〔註40〕1942年2月11日《重慶市警察局給一至十二分局的令》，重慶市檔案館館藏民國檔案，檔案號：00610007000400000055000。

〔註41〕1942年2月11日《重慶市警察局給各分局的令》，重慶市檔案館館藏民國檔案，檔案號：00610003004480200037001。

〔註42〕重慶市政府參事室編印：《重慶市政府法規彙編》，1942年8月，第12～13頁。

〔註43〕1941年5月27日《重慶市警察局第八分局代局長沈佐洛的義勇警察勤務分配表》，重慶市檔案館館藏民國檔案，檔案號：00610003004480100104001。

設情況：加強社會面巡邏管控，包括四個派出所的義勇警察巡邏時間、班次安排等，報告了該分局所轄義勇警察戰時積極履行職責進行社會管控的鮮活事例，為維護戰時陪都重慶的社會安定作出了巨大貢獻。

陪都義勇警察的戰時業務工作是戰爭推進下的警察職能的擴展，是戰時政府和民間力量的高度融合，通過有效的制度建設奠定了陪都義勇警察的工作基礎，便利了陪都警察職能的全面發揮，有力地拱衛陪都社會秩序的穩定和抗戰大後方的安全，用行動踐行了中華兒女捍衛國家主權和民族尊嚴的壯志雄心，為中國最終贏得抗戰勝利貢獻了巨大的力量。

陪都重慶作為戰時國家的首善之區，乃為全國的政治、經濟、文化和外交中心，敵人的瘋狂空襲、市區人口的激增、漢奸間諜的猖獗活動以及戰時糟糕的治安狀況賦予陪都警察更重要的社會管控職責和更高的工作水準。有鑑於此，重慶市警察局強烈需要速成式的警察業務人員，並且此類人員不會在薪酬開支上使這個經濟幾近崩潰的國家雪上加霜。義勇警察作為政府運用民間力量的一次巨大嘗試因時產生，在警務實踐中，他們積極協助警察維持社會治安，參與打擊匪犯和防空救火，認真貫徹執行警察的各項命令，有力地捍衛了戰時陪都的安全和抗戰大後方社會秩序的穩定。

義勇警察是戰爭推進下警民力量的高度融合，其產生於抗戰時期，通過進行組建整訓和業務工作開展最大限度地彌補了戰時陪都重慶警力的不足，全面發揮了陪都警察履行社會管控的職能，有力地保障了戰時陪都社會秩序的穩定。義勇警察工作的點點滴滴與抗戰建國大業休戚相關，在國家總動員的社會情勢下，最廣泛地發動了民眾參與衛國戰爭的積極性，是抗戰時期中華民族全國上下反抗日本侵略的一個歷史縮影。

抗日戰爭是中華民族全民總動員的一次衛國戰爭，如果把戰時全部中華兒女的力量比喻成銳不可當的愛國浪潮，那麼義勇警察當是這巨大洪潮中一股堅挺的浪花，義勇警察戰時服務的點點滴滴都是匯聚愛國浪潮的涓涓細流，最終如洪水猛獸般以銳不可當之勢摧毀了日本奴役中國的狂妄計劃，捍衛了國家主權和民族尊嚴。義勇警察在當今的研究中鳳毛麟角，但不可否認的是它確是支持國家抗戰的一股力量，不管怎樣，無論過了多少年，它就是那樣客觀地存在著。研究抗戰史，研究中華民族浴血奮戰的血淚史，對義勇警察制度的探討研究不容忽視。它不僅讓中華民族兒女謹記曾經在衛國戰爭中無聲奉獻的英雄們，更喚起人們對國家的熱愛、主權的捍衛與和平的嚮往。

　　義勇警察制度至今仍存在於中國臺灣地區，例如 2005 年 3 月 30 日發布執行的《臺北市交通義勇警察大隊編組協勤實施規定》，其制定目的乃是：「為有效運用民力，協助整理交通秩序，以促進本市交通順暢與安全，並於戰時發揮民間自衛自救功能，有效支持軍事任務。」〔註44〕另外，2004 年 3 月 10 日發布的《臺灣地區山地義勇警察組訓服勤辦法》更是就山地義勇警察的業務工作作出較為詳細的規定。可見，抗戰時期義勇警察制度對當代中國臺灣地區的警政建設有著深遠的影響，在我國新時期的警政改革中，借鑒吸收義勇警察制度建設中的精髓對改造現代協警制度中的缺陷和全力發揮民間力量在社會管控中的作用確實意義重大。

　　概而言之，戰爭的殘酷性催生了陪都警察職能結構調整，為了適應戰時需要，不僅陪都警察的常規職能發生變化、特殊職能隨之延伸，而且戰爭影響下陪都警察教育制度發生變革、新興的義勇警察制度隨之誕生，這都是戰爭推進下警察職能結構變化的顯著特徵。陪都警察教育在南京國民政府「亦軍亦警」的宏觀教育方針指導下表現出軍事化的特性，不僅政治思想上絕對忠誠，實戰技術上也要具備適應戰時需要的軍事技能。陪都警察機關作為維持社會秩序的常備機構，思想上受過嚴格的政治教育，個體素質上具備一定的實彈射擊技術、隊列整訓、情報收集、保密等類似軍隊需要的先決條件，將警察身份武裝化便利了其有效發揮戰時社會管控的作用，實現了維護陪都社會秩序穩定的目的，對保障抗戰勝利意義重大。另外，戰爭的巨大破壞性，不僅對國民經濟造成嚴重損害，而且導致了大量警察的傷亡，加之日本對渝常年轟炸，重慶受損嚴重，社會經濟和民眾生活秩序亟待恢復，戰時嚴重不足的警力資源使義勇警察制度應運而生，其經過嚴格選用、整訓並制定了較為詳細的獎懲和後勤保障制度，便利了戰時陪都義勇警察協助警察執行警察勤務，為維護陪都社會秩序、保衛抗戰大後方安全及保障前方戰區的勝利作出了巨大貢獻。戰時陪都「亦軍亦警」的警察教育制度改革和義勇警察制度的構建，是戰時陪都警政改革的重要組成部分，便利了戰時陪都警務工作的開展，最大限度地發揮了陪都警察進行社會管控的作用，有力地維護了陪都社會秩序的安定和抗戰大後方的安全。

---

〔註44〕臺灣臺北市：《臺北市交通義勇警察大隊編組協勤實施規定》，2005 年 3 月。

# 第五章　陪都警政改革之評析

　　中國自清末引入近代職業化的警察制度以來，警政發展的腳步從未停歇，至南京國民政府初期警察制度日臻完善。抗戰全面爆發後，國府西遷重慶，鑒於重慶戰時首都和陪都的特殊地位，南京國民政府因時推行警政改革。並在改革進程中形成了獨特的戰時特色，戰時陪都警政改革對維護戰時陪都安全和抗戰大後方穩定乃至贏取抗戰勝利貢獻巨大。在緊張的戰勢影響下，改革終歸難以盡如人意，並在警政實踐中暴露出這樣那樣的問題，但是在戰爭推進下進行的警察職能體系構建卻應和了戰時需要，極大地發揮了陪都警察在社會管控中的作用。戰爭中適時制定的某些警察制度，對推動我國新時期公安工作的發展仍舊具有重要的參考和借鑒價值。

## 一、陪都警政改革的特色及意義

　　戰時陪都重慶警政改革是戰爭推動下警察制度體系的發展變化，在改革過程中，圍繞時局需要在警察制度中融入了許多戰時元素，形成了中國警政史上獨具特色的警政發展環節。通過戰時陪都警政改革，重慶警察職能體系逐漸完善，最大程度地發揮了陪都警察在戰時社會管控中的作用，拱衛了陪都重慶的安全和抗戰大後方的穩定，對支持中國抗戰勝利和世界反法西斯戰爭的勝利意義重大。

### （一）陪都警政改革的戰時特色

　　抗日戰爭有前方和後方兩條戰線，共同為抗戰取得最後的勝利，做出了不朽的貢獻。前方軍民是抗擊日本侵略者的主戰場。他們以血肉之軀，慷慨

赴難，與來犯的侵略者直接展開浴血奮戰。而鞏固的戰略大後方，則是堅持持久抗戰的基礎和贏得反侵略戰爭勝利的保障。在後方這條戰線上，面對漢奸等敵對勢力的破壞、敵機對後方城市的持續狂轟濫炸、難民不斷湧入等突發事件及嚴重的社會問題，警察作為國家武裝力量的一個重要部分，在維護社會正常秩序和內部的穩定、防範和打擊各類犯罪、保障人民生命財產安全諸方面發揮了巨大的作用，成為後方這條戰線的支撐力量，為抗戰勝利做出了重大貢獻。而戰時警政改革則在抗戰大後方建設中具有重要的保障意義。

　　戰時陪都警政改革的核心主要圍繞警察這個社會管理主體進行，通過逐步完善警察職能結構，全面發揮戰時陪都警察的社會管控作用，進而達到維持社會秩序安定的目的。關於警察在國家政治結構體系中的地位，日本警政學者川島浪速在清末上慶親王書中早有詳論：「夫警察制，無國不有，與武備兩相駢立。一為防外之備，對抗外國，以保國利國權；一為治內之具，約束人民，以伸國法國令。二者為國家兩大實力，俱不可一日缺之者，無警察則政令法度，俱歸空文，故警察者，譬如人之精神魂魄，一切法度，為四肢五體，一失精神魂魄，則四肢五體，不能活動，竟歸腐爛。」〔註 1〕，由此可見，警察的作用主要在於維護國家社會秩序的安定，通過在實踐中履行社會管控職能來推動國家「政令法度」的貫徹實施。不僅如此，在南京國民政府成立之初蔣介石也有關於警察社會地位的言論，1928 年在南京警察界發表演講時曾講到：「警察在國家的地位，比軍隊更重要，軍隊只是對外，在國防上保護國家，警察都是對內，要在國內維持秩序，保護百姓生命。」〔註 2〕另外，蔣介石還有警察與軍隊作用的經典論述：「軍隊之作用在攘外，警察之作用在安內。軍隊與警察猶如飛機的兩翼，缺一不能飛。」〔註 3〕，蔣介石關於警察與軍隊在國家發揮一體兩翼作用的論述，同樣體現了警察最終的社會功能在於維護社會秩序的安定。雖經歷清末近代警政萌芽至南京國民政府日趨完善的時代變遷，警察的工作重心並未因歷史發展而改變。

　　抗日戰爭時期，國府西遷重慶後，在戰爭影響下，國家政治、經濟狀況發生了巨大變化，陪都警察的中心任務雖然仍舊是通過發揮社會管控職能來實現維護社會秩序安定的目的，但若要更好地發揮戰時警察社會管控的職能，必須

〔註 1〕《川島上慶親王書》，警察行政講演綱要——中央政治學校公務員訓練部高等科講義，南京圖書館古籍部藏。
〔註 2〕孟奎，周寧：《李士珍和抗戰後期的五年建警計劃》，民國檔案，2004 年 1 月。
〔註 3〕虞亞梅：《李士珍擬改進中國警政建議計劃三種》，民國檔案，2004 年 1 月。

因時進行戰時警政改革。正如抗戰時期民國警政學者吳光韶所言：「在國家總動員的整個機構之中，警察實為比較重要之一輪。關於人員與物資總動員之實施，在在均有賴於警察，故警察在戰時，除執行平時任務以外，尚應負戰時之獨特的任務。」〔註4〕，為了進一步強調戰時警政改革的必要性，他又著重指出：「戰時警察業務，既須於平時建立深厚之基礎，則欲使中國警察為抗戰進程中發揮其應有之效能，必須從根本上將中國警察予以最善之改革。」〔註5〕。因此，陪都警政改革的核心是應和戰爭需要，最大程度上實現警察職能的發揮，圍繞警察職能結構變化所進行的一系列警政革新。其出發點在於最大限度地發揮陪都警察在社會管控中的效能，進而達到拱衛陪都支持抗戰的目的。

由此可見，抗戰時期陪都重慶警政改革凸顯了戰時改革的特色。戰時警政改革適應並服務於抗戰建國之需，亦如戰時司法院院長居正所論：「現就後方所需者而言之。後方之所需者為何？曰：秩序與福利而已。秩序定則各種建設利、而人民之心理一。秩序安定之方，首在各種事物循規以進，刈除秕政，便利軍役；次至偵察間諜，搜捕奸細，以及防止一切危害國家之行為，固賴警憲緊密查察。」〔註6〕又曰「保民便民即所以為人民謀福利。福利既增，民心自繫，平時如此，戰時尤然。」〔註7〕這正是戰時警政改革的宗旨。

當然，戰時緊張的社會局勢必然會影響陪都警政改革的效果，這些戰爭期間警政改革中存在的缺陷亦值得深思和深刻剖析，有時候這些不足恰恰是警政改革中的經驗總結，接受教訓並且深刻反省或許才能更好地實現當今警政發展的效果。雖然戰時陪都警政改革已隨著歷史的車輪漸行漸遠，但是圍繞警察職能進行的結構調整和制度設計對當今警政建設依舊意義重大，為推動新時期公安工作的發展提供了有力的歷史教材。

### （二）陪都警政改革的意義

### 1. 加強了適應戰時要求的警察隊伍自身建設

戰時警察隊伍建設是警察職能發揮的重要保障，通過隊伍建設達到了兩

---

〔註4〕吳光韶：《戰時警察》，中山文化教育館編印，1939年1月渝版，第1頁。

〔註5〕吳光韶：《戰時警察》，中山文化教育館編印，1939年1月渝版，第6頁。

〔註6〕居正：「抗戰與司法」，《居正法政文選》，中國政法大學出版社2009年版，第196頁。

〔註7〕居正：「抗戰與司法」，《居正法政文選》，中國政法大學出版社2009年版，第196～197頁。

個方面的目的。

　　一方面夯實戰時警察的業務基礎。為了提高戰時陪都警察的業務工作能力，更好地發揮其履行社會管控的職能，實現維護社會秩序安定的目標。南京國民政府中央警官學校遷渝之後，積極改革警察教育制度，其教育理念上秉承「亦軍亦警」的警察教育方針，這種教育理念影響並融入到抗戰時期陪都警政改革之中，並發展成為陪都警政建設中的一大特色。

　　戰時警察的教育培養並非一朝一夕，若要培養出適應戰時需要的警察隊伍，其「既不能憑空建立，則戰時警察教育的實施，當然須將平時警察教育的缺點首先予以矯正，再加以戰時特殊的訓練方有效果可言。」〔註8〕，因此，「亦軍亦警」教育方針是戰爭推動下的警察教育觀念的轉變。

　　所謂亦軍亦警即在平時警察業務技能培訓的基礎上融入戰時元素，在教育中加強政治思想薰陶和軍事實戰技術訓練。這種教育理念的踐行方式是根據平戰時期對警察業務能力的不同要求，將兩種教育方式結合起來，其目的在於提高戰時陪都警察的業務素養，培養適合戰爭需要的警察人才，以此提高戰時陪都警察社會管控職能的效率。「亦軍亦警」的推動者是抗戰時期的中央警官學校，其直接管理人李士珍為辦好警察教育，多次赴日本及歐美考察，總結了一整套適應抗戰建國宏偉目標的建警計劃。正是在中央警官學校這種教育方針的指引下，除了中央警官學校本身在警察教育中注重警察政治思想管理和軍事技能培訓外，重慶警察訓練所亦積極踐行著「亦軍亦警」的警察教育方針。其實，由於戰時龐大的軍費開支和嚴重赤字的財政經濟，國民政府難以將警察教育統一於中央警官學校之下，抗戰時期的警察訓練大多交給地方，各地成立的警察訓練所在戰時擔負著主要的警察教育任務。

　　戰時重慶警察訓練所解決了抗戰初期警察教育中存在的「教育與業務隔離，經常無實務教育，學警不適應需要」〔註9〕三項弊端，實現了警察教育與業務工作的結合。陪都警察教育將業務培訓放到重要位置，以提升戰時警察業務技能為目的。注重教材、教官、教法三方面的有機結合，教材方面應盡量減少抽象的理論，對於警察法令尤其是重慶市警察局的單行法令及其執行程序作詳細講授，並且列舉了許多實例。在教法上則要求側重設計、討論與實習，如刑事警察必須把握現場檢查、記錄以及出庭證明之整個過程；行政

---

〔註8〕吳光韶：《戰時警察》，中山文化教育館編印，1939年1月渝版，第39頁。
〔註9〕吳光韶：《戰時警察》，中山文化教育館編印，1939年1月渝版，第39～40頁。

警察則必須將調查、檢查、取締、執行等運用於實踐。如此，則警察教育與業務方可徹底打成一片。〔註 10〕不僅如此，警察訓練所還注重警察教育與戰時必需學術講習的結合，講授戰時警察最迫切的業務知識和技能。如警察組織民眾的知識與技能及講授國家總動員知識（如資源的調查管理與徵用、防空、防毒、偵探技術及與警察業務有關戰時法令等。）〔註 11〕。同時，還注意培養戰時警察的國家民族觀念和戰鬥意志。

在「亦軍亦警」教育理念的指引下，戰時陪都重慶警察教育取得明顯成果，不僅培養了警察戰時處理日常業務的能力，而且提高了其軍事實戰技能和思想政治素養，為陪都警察履行戰時社會職能夯實了業務基礎。他們積極投身戰時警務實踐，全面發揮戰時社會管控的作用，維護了戰時陪都地區社會秩序的安定和抗戰大後方的安全。

另一方面實現了警民力量的高度融合。在全民總動員的形勢下，國民政府積極借用民力，在《抗戰建國綱領》中即有「實行以縣為單位，改善並健全民眾之自衛組織，施以訓練，加強其能力，並加速完成地方自治條件，以鞏固抗戰中之政治的、社會的基礎，並為憲法實施之準備。」〔註 12〕的規定，此為抗戰時期運用民間力量提供了綱領性指導。

在戰時極端艱難的環境下，陪都警察積極運用民力，實現了戰時警民力量的高度融合。義勇警察制度即是戰爭推動下陪都警民力量匯聚的典型成果。戰時義勇警察制度緣於彌補戰時陪都警力之不足，不僅節約了國家經費開支，而且保證了戰時陪都地區對警察的需求。通過整合訓練，協助警察執法，最大限度地優化警察的社會管控職能，實現了維護戰時陪都社會秩序安定的目標。

在整個戰時社會管理體系中，警察與民眾的關係較為緊密。早在抗戰前期，蔣介石就提出：「社會是一個大學校，民眾都是學生，警察就是民眾的導師……我們既做了民眾的導師，當然就和學校裏的教師一樣，負有指導民眾的責任，比學校裏的教師更加重要，因為學校裏教師在講堂上教學生，最多只教一百人上下，警察在路上或公共場所，所教導的各界民眾。就是無限量的。教導的範圍既廣。所負的責任當然更大。」〔註 13〕。這種以警察為民眾

---

〔註 10〕吳光韶：《戰時警察》，中山文化教育館編印，1939 年 1 月渝版，第 41 頁。

〔註 11〕吳光韶：《戰時警察》，中山文化教育館編印，1939 年 1 月渝版，第 45 頁。

〔註 12〕《抗戰建國綱領》，國民黨臨時全國代表大會，1938 年 4 月。

〔註 13〕張其昀：《先總統蔣公全集》第 2 冊，臺北：中國文化大學出版社，1984 年，第 999 頁。

導師的觀點，雖然具有一定的侷限性，卻點出了警察對整個社會環境的影響。不僅如此，蔣介石為了讓警察明晰警務工作必須依靠基層政權和基層民眾支持的道理，1939 年在中央警官學校畢業生典禮上特別強調：「你們對於管轄範圍內的保甲長要隨時隨地提高他們的精神智識，運用他們來達到你們訓練民眾的職責。因為保甲是社會的基層組織，保甲長對於民眾的性格和一切生活動態，很能詳細明白。你們畢業以後，服務地一切行政的原點如已有保甲組織，對保甲長就要多多接觸，盡心教導，使他們成為輔助警察的主要幹部，協助你們改造人民生活的工作。如果沒有辦理保甲，就要協助地方政府，趕快組織起來，使全國各地皆是保甲組織嚴密的地方，也就是警察力量所能確實達到的地方。」〔註 14〕。

　　在當權者認識到民眾力量在社會管理中的作用時，義勇警察制度作為戰爭的產物便應運而生。義勇警察並非簡單的充抵警察數量，在戰時極端艱苦的環境下，重慶市警察局最大程度地組織義勇警察參加訓練，其訓練科目中除常規的警察業務技能外，軍事訓練和思想教育都佔了較大比例。有人說戰時義勇警察與當今的協警並無區別，筆者以為這種說法不夠準確。抗戰時期不僅有義勇警察，還有與現代協警相仿的義務警察。義勇警察的要求比義務警察及現代協警更加嚴格，不僅反映在人員選任、教育訓練上，甚至對義勇警察直接適用正式警察的獎懲制度。這說明義勇警察並非現代意義上的協警，應是戰爭環境中警察機關運用民眾力量達到最好方式的表現。反映了政府認識到民眾力量在戰時所發揮的巨大作用，以及戰時警察機關對義勇警察的重視程度。為了保證義勇警察在戰時社會管控中的效能，國民政府詳細闡釋了義勇警察來源的正當性及其社會功用，並從制度上就義勇警察的人員選任、隊伍組建、教育整訓及勤務管理制定了周密詳實的計劃。全面保障了戰時義勇警察社會管控職能的發揮。當然，義勇警察在戰時陪都社會秩序的管控亦不負眾望，他們在戰時陪都警察數量嚴重不足的情勢下，積極協助警察維持治安，協助防護團工作、協助查報匪犯及偵緝反動分子及協助執行警察命令，使戰時國府的政令法規得以上傳下達。作為戰爭推動下的警察制度衍生，義勇警察制度雖然是政府運用民間力量支持抗戰的一次初次嘗試，卻有力地發揮了陪都警察在戰時社會管控的作用，極大地提高了戰時陪都警察職能結構

---

〔註 14〕 蔣介石：《中央警官學校正科第四期學生訓詞》，中央警官學校二、三、四週年紀念合刊，四川省檔案館，卷宗號：3-2-183 號。

體系的效能，維護了戰時陪都社會秩序的安定和抗戰大後方的安全。

## 2. 維護了戰時首都和陪都及大後方社會秩序的穩定

戰時陪都警政改革的中心任務是更好地發揮警察在社會治理中的作用，這種職能發揮的終極目的乃是維護戰時陪都社會秩序的安定。在優化戰時陪都警察職能結構的過程中，重點對警察常規職能進行改革，並將戰時警察職能中的防空職能和肅奸職能提到一個至高的地位。同時，為了提高警察人員的素質和充實戰時警察力量，南京國民政府因時提出了「亦軍亦警」警察教育制度，並設立了專門補充警察力量的義勇警察制度。並且，上述這些職能與制度之間往往有著錯綜複雜的聯繫。

第一、戰時陪都警察的常規職能是警察執法的基礎職能，也是警察實施社會管控中最常用的手段。戰時陪都警察職能的發揮離不開這些基礎職能作依託，並且迫於戰時需要，南京國民政府內政部與重慶市警察局對這些常規職能進行了某些修正和調適。例如，在治安管理上陪都警察進一步加強對特種場所的管控，規定戰時陪都的澡堂、理髮店、旅館等從業場所不僅要就「形跡可疑之人」上報轄區警察管理機關，而且還規定了空襲時這些場所負責人的滅火及疏散客人的義務。「形跡可疑之人」往往與偵緝漢奸間諜相關，而「滅火及疏散客人」又與消防防空有著千絲萬縷的聯繫。因此，戰時對陪都警察治安管理職能進行改革，為肅清漢奸間諜和應對日本空襲提供了有利的幫助。為了防止後院起火，在治安管理上，陪都警察還與重慶市衛戍司令部加強合作，做好匪盜的防範處置工作，從戶口清查到警戒部署進行了詳細的制度設計。同時針對戰時經常發生的突發緊急事件，制定了周詳的處置預案，並與軍隊、憲兵隊共同加強稽查行動，防止奸宄匪盜乘機作亂。戰時陪都警察治安管理職能改革，對確保抗戰大後方安全穩定，防止戰爭引起的內亂恐慌起到至關重要的作用。

戰爭導致國家政治經濟領域發生極大的變化，鑒於社會管控的需要，內政部、重慶市警察局及重慶市衛戍司令部等部門還制定了一些警察法規以應和戰時社會管控的需求。舉例而言，針對戰時重慶的特殊地位，重慶市警察局對戰時出入重慶市區的居民，規定了嚴格的出入境管理制度，為了加強對進出重慶市區人員管理，還作出了周密的制度設計，有效地拱衛了戰時陪都的安全。

戰爭時期，人口流動較為頻繁，國府西遷重慶時更是呈現出中國歷史上

大規模的遷徙運動。因而，加強對戰時重慶流動人口管理顯得尤為迫切。戰時流動人口管理意義重大，不僅涉及日本空襲時防空洞的人員安置情況，而且對防範偵緝別有用心的漢奸間諜乘機渾水摸魚擾亂後方都有著重要的影響。另外，重慶作為戰時首都，其外交地位上升，出入重慶的外國人不斷增加，為了保證國際交往的正常進行和保障外國人出入重慶的社會秩序，重慶市警察局會同內政部還制定了戰時外事警察法規，針對有約國和無約國的不同情況進行合乎實際情形的相應處理。並且，為保證戰時陪都外事警察的職業素質和業務能力，中央警官學校十分重視外事警察的培養，1943 年 2 月 16 日，中央警官學校致函重慶市警察局：「本校鑒於中美、中英平等互惠新約訂定，警察對於外國人之保護管理更應審慎周詳，經由行政院會議通過，於本年度起開辦外事警察講習班，以培養優秀外事警察幹部。現第一期定於四月初開學，應請貴局保送合格人員三名入班受訓，相應檢附該班簡章及調訓辦法等件即希查照辦理，見覆並飭受訓各員於三月三十一日以前至重慶彈子石本校報到，事屬當前要政學員資歷及外國語文程度極關重要，務希依照簡章第四條之規定嚴加遴選，以免落選徒勞往返至級公誼。」〔註 15〕。這些訓練有素的外事警察在處理戰時外事事務上不僅得心應手，而且便利了外交事務的開展。

　　第二、在戰爭的推動下，防空與肅奸成為戰時陪都警察的兩項非常重要的社會管控職能，雖然這兩種職能的產生與戰爭息息相關，並且經歷戰時調適後構成警察社會管控職能中的重要組成部分，但是作為警察常規職能的延伸，其工作重心依然是維持社會秩序穩定。

　　就防空職能而言，伴隨著日本對渝空襲不斷加劇，防空職能上升為警察職能中一個非常重要的位置。眾所周知，日本空襲重慶的目的一是迫使南京國民政府就範，企圖達到不戰而屈人之兵的目的；二是擾亂戰時陪都重慶的社會秩序動搖軍心民心。在戰爭的破壞下，極度凋敝的經濟和戰時人員大遷徙造成的社會局面紊亂已讓國民政府苦不堪言，空襲帶來的人員死傷和財產損失嚴重地影響了戰時陪都社會秩序的穩定。為了粉碎日本帝國主義的險惡用心，陪都警察作為維持社會秩序穩定的常備工具，其擔負起戰時防空的職能自然責無旁貸。空襲前其針對不同空襲情形適時負責發布防空預警信號。

〔註 15〕1943 年 2 月 16 日《中央警官學校給重慶市警察局的函》，重慶市檔案館館藏民國檔案，檔案號：00610003003570300059000。

為了保證戰時陪都人員和物質的有效疏散，重慶市警察局制定了周密的疏散預案，面對疏散過程中存在的問題，陪都警察積極深入各個機關團體及重慶市居民中做好訪勸工作，為推動空襲前人員和物質疏散的有序進行做足了鋪墊工作。空襲過程中，陪都警察依據重慶市警察局的會議部署，在水上人員疏散中規範、管理、監督輪船木船的人員運送，並取締空襲時爭先恐後擾亂渡船秩序的行為，為空襲時人員疏散工作的順利開展提供了保障。空襲時另一個值得注意的問題是防止匪盜奸宄乘機作亂，特別是防範漢奸間諜乘空襲之際進行破壞行為，空襲時警察的緊急秩序維持職能的發揮，確保了空襲時大後方內部社會秩序的穩定和陪都安全。戰時陪都重慶是國家的核心所在地，雖然日本對渝進行數年不間斷的轟炸，但重慶的社會秩序依然得到有效控制，陪都警察在恢復戰時重慶社會秩序中發揮了重要作用。空襲後重慶市警察局召集各部門分析空襲前、空襲時存在的問題，努力提高防空應急能力，著力恢復空襲後混亂的社會秩序，使民眾生活盡快步入常規。隨著國府西遷後陪都人口驟增，空襲時造成的難民數量更是不計其數，警察在難民安置中發揮了關鍵的作用，其依據相關警察法規負責維持難民秩序，防止發生內亂。空襲時遺留下的另一個令人頭痛的問題就是未爆炸彈的拆除，空襲中日本投下的數量驚人的炸彈，很多並未及時引爆，事後處理稍有不慎極易造成人員傷亡和財產損失。陪都警察在具體工作中往往協助工兵負責拆除未報炸彈，排除了空襲後陪都社會面的安全隱患。因此，在這一系列社會情勢影響之下，戰時陪都警察職能自此延伸至防空領域，並在警察職能體系中佔據舉足輕重的地位。

　　戰時警察防空與管控治安、疏導交通、防諜肅奸及預防懲處刑事犯罪均有錯綜複雜的聯繫，例如，戰時消防職能與防火滅火息息相關，日本對渝連續數年的大轟炸，使戰時陪都警察的消防職能明顯加強，戰時消防不僅要武裝消防警察人員素質，加強消防設備管理和人員訓練，而且還要穩定民心，引導民眾合法合理參加保險，做好事後賠償工作。陪都消防警察戰時業務工作對減少空襲造成的人員傷亡和財產損失意義重大。交通警察亦與日常社會運行秩序及戰時人員疏散、交通管理密切相關，面對日本空襲，交通警察的疏散工作意義突出，可以說，戰時陪都警察的交通疏導對拯救生命意義重大，並且對保障國民政府全力應對戰爭有著重大的作用。

　　不妨說戰時防空職能是警察常規職能綜合體的延伸，通過戰時警政改革，

完善戰時陪都警察防空職能，並充分發揮其在維持社會秩序中的作用不能不說是抗戰時期陪都警政改革的一大創舉。

漢奸作為戰爭的產物，其破壞作用不言自明，警察是刑事破案打擊中最具經驗和能力的實戰部門，戰時陪都警察肅奸職能可以理解為警察刑事職能的延伸。通過完善戰時陪都警察的肅奸職能，極大地肅清了漢奸對國家和民眾的危害，達到了維持戰時陪都社會秩序安定和大後方安全的目的。為了肅清漢奸，南京國民政府成立了全國動員委員會，並將防諜肅奸須知印發至機關、團體、學校等社會各階層，積極動員全民參與防諜肅奸行動。陪都警察為發揮在肅奸中的主力作用，重慶市偵緝警察首先學習、認知漢奸的行為種類、活動方式及目標，對漢奸依靠刺探、通訊、破壞、搗亂的行為方式有詳細瞭解，在實際肅奸中做到有備而戰和有的放矢。漢奸防範是陪都警察肅奸過程中一項非常重要的職責，1937 年 8 月 16 日，內政部頒布《防止漢奸間諜活動辦法大綱》，就防範漢奸作出了較為詳實的規定。為戰時陪都警察防止漢奸尋找到實際的切入點，其實際防奸行動更是加強了戰時對漢奸的預防。對漢奸這種無恥的民族敗類，必須偵緝懲處，不僅因為其對戰時社會的破壞性較大，另一個較為重要的原因，乃是這些漢奸所作的虛假宣傳極易誤導民眾，極大地破壞了全民抗戰的統一戰線。

防空和肅奸職能作為陪都警察常規職能的延伸，通過戰時不斷發展完善，逐步適應戰爭需要，並積極發揮著維護社會安定的作用。這種圍繞戰時陪都警察職能發揮所進行的職能體系構建，不僅應和了戰爭需要，維護了戰時陪都乃至大後方社會秩序的穩定，而且從另外一個層面上支持了中國抗日戰爭勝利和世界反法西斯戰爭的勝利。

第三、戰時陪都警察教育的開展和義勇警察制度的誕生其最終目標在於充分發揮戰時陪都警察社會管控的職能，實現維護社會秩序安定的目的。

警察教育的出發點在於培養適應戰時需要的警察人才，中央警官學校遷址重慶南岸彈子石後積極推行警察教育，其中心工作一是極力加強警察的政治思想教育，使其牢固樹立服從黨國和捍衛民族獨立的政治觀；二是著重培養戰時陪都警察的軍事實戰技能和業務素養。李士珍任職中央警官學校教育長時，在蔣介石的支持下，積極進行警政改革，其親自草擬了中國建警計劃，並詳細論述了改革警政的經過。不僅如此，李士珍還極力向蔣介石諫言改進中國警政，提出了擬改進中國警政計劃建議三種，同時，深謀遠慮的李士珍

還根據抗戰形勢的發展，還提出了抗戰後期的五年建警計劃。中央警官學校在中央和地方兩個層面推行警察教育，前者注重戰時警察幹部培養和中央警官學校畢業生分發實習工作，後者則是適應國家「新縣制」的需要全力整頓縣級警察人員，並加強森林、礦業等特種警察的培養。

通過戰時陪都警察教育的開展，塑造了一大批適合戰時需要的警察人才，這股力量投入到戰時警察業務工作，積極履行社會管控的職能，極大地提高了戰時警察維持社會秩序安定的效率。

關於義勇警察制度，抗戰時期南京國民政府的官方解讀中稱其為政府對民間力量的一次巨大運用，其出發點在於彌補戰時陪都警察的人員不足，通過短期速效的警務技能培訓、思想政治教育和軍事訓練，使其具備一定的履行警察職能的能力，其目的是最大限度地發揮戰時陪都警察履行社會管控職能的作用，進而實現戰時社會秩序的安定和整個大後方的穩固。

同時，義勇警察制度在抗戰以前是中國警政史上亙古未有的，又不妨將其視為戰時警察制度的衍生品。戰時義勇警察制度是在戰時國家總動員的背景下進行的，為了對抗日本侵略，維護戰時陪都的安定，重慶警察機關從當時的民眾中挑選出一批年輕力壯、素質良好的人員進行嚴格整訓，並制定了詳實的訓練計劃和獎懲機制，培養了許多適應戰時需要的義勇警察。他們積極協助警察維持社會治安、參與戰時防空、進行消防救火、全力疏導交通、并與警察及肅奸團一道打擊漢奸的猖獗行為，有力地發揮了戰時陪都警察社會管控的職能，實現了維護戰時陪都社會秩序穩定的目標。

### 3. 支持中國前線抗戰和世界反法西斯戰爭

陪都重慶作為抗戰時期大後方的中心所在地和世界反法西斯戰爭的主戰場，戰時陪都警政改革通過完善警察職能結構，極大地便利了警察社會管控職能的發揮，拱衛了戰時陪都重慶的安全，維護了抗戰大後方的穩定，在一定程度上支持了中國抗日戰爭和世界反法西斯戰爭，從另外一個層面講戰時陪都警政改革的前因後果和職能體系構建還為國人和世界認知中華民族反抗日本侵略和支持世界反法西斯戰爭打開了一扇窗戶。

抗戰時期，中國是第二次世界大戰中世界反法西斯戰線的主要戰場之一，中華民族為此做出了巨大的犧牲，人員傷亡數以千萬，財產損失無法估量。戰時陪都警政改革是中國警察投入和支持抗戰的一個歷史縮影，戰時重慶的特殊地位決定了其是抗戰大後方警政研究的一個典型實例，警察作為戰時國

家武裝力量之一部分，為維持抗戰大後方安寧和支持戰區作出了重大貢獻也付出了巨大的犧牲。正如中共中央總書記習近平 2015 年 9 月 1 日在北京會見前來參加中國人民抗日戰爭暨世界反法西斯戰爭勝利 70 週年紀念活動的連戰等臺灣各界代表人士時所說的那樣：「在外敵入侵、民族存亡的危急關頭，全國人民毅然奮起，同日本軍國主義侵略者展開了殊死鬥爭。國共兩黨合作建立抗日民族統一戰線，全體中華兒女不分黨派、民族、階級、地域，眾志成城，同仇敵愾，用鮮血和生命捍衛國家主權和民族尊嚴。正面戰場和敵後戰場相互配合、協同作戰，都為抗戰勝利作出了重要貢獻，湧現出一大批氣壯山河的抗戰英雄。歷史將永遠銘記為抗日戰爭勝利英勇獻身的先烈們。」〔註16〕作為戰時中國人民反抗日本侵略之一支重要力量，無數警察志士為維護國家主權和民族尊嚴，不畏犧牲前仆後繼地投入到戰時後方警察業務工作和支持戰區需要中去，彰顯了抗戰時期中華兒女不畏強敵，忠貞愛國的崇高信念和赤誠無比的愛國精神。

## 二、陪都警政改革之檢討

　　抗戰時期的陪都警政改革雖然對完善戰時陪都警察職能結構、發揮戰時警察的社會管控職能及維護戰時陪都社會秩序穩定作出了巨大貢獻，但是在戰爭動盪的歲月裏，囿於各種條件限制，戰時陪都警政改革中亦有諸多不足之處。剖析這些警政改革中的缺陷與不足之處，為未來在推動中國警政發展的進程中吸收教訓和不斷自我改進亦不失為一門生動的歷史教材。

### （一）警察腐敗現象與經驗不足並存

　　首先，陪都警察常規職能改革雖卓有成效，然制度設計亦略顯粗糙。在治安管控上，雖然警察承擔主要職責，但是憲兵隊，軍隊及衛戍司令部均有管轄權，其結果是造成各機關部門權限不明，遇事推諉，影響戰時陪都警察行政效率。面臨日本的瘋狂空襲，消防救火工作顯得尤為重要，由於戰時國民政府經濟困難、財政拮据，加之內部監督不力，腐敗橫行，消防器材的保障工作往往落實不力。據抗戰時期陪都檔案記載，1940 年 8 月 20 日，蔣介石寫給當時的重慶衛戍司令兼防空司令劉峙安排抗戰時期重慶城區具體消防工作。他在「國民軍事委員會便用箋」上用毛筆寫道：「經扶（注：劉峙字經扶）

---

〔註16〕轉引自：《習近平會見連戰，談國共抗戰貢獻》，網址：http://news.ifeng.com/a/20150901/44565105_0.shtml。

吾兄，如救火徒恃水量恐不濟事，應設法多備沙包……此種沙包應分備堆置
於市內重要地點，在尚未被炸區域內分幾個單位，如東西南北中各個單位堆
儲……希切實籌備，積極實施為要。中正，八月廿日。」他在手令簽名落款
之後小字強調：「但沙包小數無濟於事，必竭力設法，由市政府及各機關甚至
到外縣多方收買，多費幾錢不妨也。」內容也反映出 70 多年前重慶倍受戰爭
摧殘，消防設施設備十分簡陋，官方和民間滅火除了射水，普遍採用投擲沙
包。敵機轟炸頻繁，火災四起，沙包緊缺，一紙手令見證了當年的消防尷尬，
也足見當年陪都警察執行戰時消防任務的困境。

　　其次，陪都警察特殊職能中的防空職能存在瑕疵。由於先前的認識不足，
陪都重慶的防空準備和動員工作滯後，一時出現了「中國各都市各鄉村對於
防空準備的缺乏，已成為今日抗戰中最嚴重的問題，所以抗戰以來敵機四處
肆虐，破壞我各都市及內地，損失之巨，實為抗戰中最大的數字」〔註 17〕的
情形。加之，1938 年初的日本試探性轟炸時，適逢山城濃霧，並未造成極大
傷亡，更是讓政府乃至市民對防空工作放鬆警惕。在此種背景之下，面臨日
本的猛烈轟炸，陪都警察的防空經驗缺失及準備不足造成了極大的人員傷亡。
根據抗戰時期重慶市警察局的公布的數字表明，「截止 1938 年 11 月 13 日，全
市人口為 49.68 萬人，而當年共建防空室、壕、洞、道 166 個，容量 3.3287
萬人，防空工事的容納率僅為 6.7%。」〔註 18〕，一但面臨空襲，市民無處躲
避，傷亡慘重顯而易見。另外，在防空中，重慶市警察局與衛戍司令部承擔
著疏散人員的主要責任，對防空洞的使用上，由於缺乏經驗，防空警察一味
關閉防空洞門，造成洞內人員長時間積壓，許多市民雖在空襲時幸免，卻在
防空洞內窒息而死。

　　第三，警察教育中雖然注重陪都警察的軍事訓練和實戰技術培養，竭力
踐行「亦軍亦警」的警察教育方針，然而由於訓練期限過短和戰時警察勤務
繁重，其警察教育往往難以達到預期效果。義勇警察是政府運用民間力量的
一次重大嘗試，極大地彌補了戰時陪都警察力量的不足，但是由於義勇警察
人事任用制度的設計存在缺失，以致於出現各級長官工作懶散的問題，因此，
1942 年 2 月 11 日重慶市警察局局長唐毅在給一至十二分局的令中稱：「查本

---

〔註 17〕 張裕良：《抗戰與防空》，上海：商務印書館，1938 年版，軍事科學院圖書館
　　　　 藏，藏號：乙 599.1/21，第 70 頁。
〔註 18〕 唐守榮編：《抗戰時期重慶的防空》，重慶：重慶出版社，1995 年版，第 88
　　　　 頁。

局義勇警察組訓以來業經一載，而各級官長均係臨時指派，並未頒有委令，以致各官長頗多心灰意懶、懈怠工作，上有一部隊員以該官長等並未事有本局委令而存藐視之心，對業務之推進上殊多窒礙，為工作順利計，理合造呈總隊以下各級長官名冊一份隨簽賁請。」，〔註19〕不難發現，義勇警察人事任用制度中的缺陷極大地阻礙了義勇警察協助警察業務工作的開展。

## （二）警察組織與人事任用弊端橫生

抗戰時期，雖經歷戰時警政改革，陪都警察結構中的組織與人事任用亦有較多弊端存在。關於警察組織方面的弊端。其一在於組織結構不合理。戰時中國的都市警察局局長之下大都分設總務科、行政科、司法科及督察處，總務科主管會計、庶務、人事、文書、統計等事項，行政科主管各項行政警察業務，司法科主管司法警察業務，督察處主管內外勤之考查與訓校事項。〔註20〕督察處雖然有勤務考查的權力卻沒有業務計劃的職責，此種組織結構的弊端在於督察處的考查多偏向於風紀糾察，而對於行政科所計劃之業務的執行是否正確及執行程度如何則無法考查。

警察組織弊端之二在於組織結構不健全。在戰時陪都的警察組織體系中，警察分局的組織結構最為不健全。其實，在抗戰時期，警察分局是戰時警察業務的直接執行者和和指導監督機關，而警察當局對於分局組織卻較為忽視，據當時的調研，各分局職員都是不敷分配並且只設局員一人，設局員兩人以上的比較少，此局員大多主管司法，難以輔助分局長監督指揮分局全盤事務。另外，戰時巡官名額有限，因此，在巡官工作的分配上其一般有四種形式：一是區分為內外勤巡官，內勤巡官辦理書面上之事務，外勤巡官則考查指導長警勤務並直接執行重要警察業務，此種形式造成的弊端是監督往往與勤務指導脫鉤。二是將巡官分類，例如分為行政巡官、衛生巡官等，雖然實現了巡官專門業務，卻忽視了戰時警察業務的複雜性，極易降低巡官的工作效率。三是實行分區制，戰時警察分局多實行局下設派出所制，僅依靠一名巡官管理若干派出所的一切內外勤事務的指導監督似乎有點力不從心。四是實行臨時指派模式，戰時遇事則由警察分局長臨時指派，而巡官除值班查勤以外並無確定職責，由此，巡官對於應該執行的事務多置之不理，以致警察勤務達

---

〔註19〕1942 年 2 月 11 日《重慶市警察局局長唐毅給一至十二分局的令》，重慶市檔案館館藏民國檔案，檔案號：0061000700040000055000。
〔註20〕吳光韶：《戰時警察》，中山文化教育館編印，1939 年 1 月渝版，第 7 頁。

不到既定要求。

　　警察組織弊端之三則表現為警察執行業務不靈活。戰時的複雜環境決定警察執行業務必須果斷敏捷，然而現實卻是警察業務多表現機械，如「採用集合制者，則每一案件發生，自崗邏警發現或事主報告以至處決，一因地面遼闊出事地點距離分局大多有若干途程，一因主管審訊之局員未必能隨到隨訊隨訊隨結，或須待處理案件同時必有多起，於是一輕微之違警案件又是須待訊二十四小時以上，其行動之遲緩如此。」〔註21〕

　　關於警察人事方面的弊端。戰時陪都警察人事管理方面的弊端表現在三個方面，首先，警察錄用不夠慎重，按照規章制度對人員身高、體格、年齡和教育程度的要求，往往難以落到實處，當時還流傳有「沒辦法當警察」〔註22〕的說法，由此造成警察素質普遍偏低，加之戰事緊張，警察待遇較低，警察隊伍難以吸收優秀分子。其次，賞罰欠分明，戰時的警察局長警賞罰制度大多相互抄襲，沿用已久，早已不合時宜，其中紀律方面多而勤務方面較少，與戰時國家重視警察勤務的觀念背道而馳。最後，警察工作無保障，戰時警察工作勞苦而待遇較低，造成警察工作積極性不高，並且時有出現逃亡現象。

### （三）警察勤務安排不夠合理

　　戰時陪都警察的勤務制度主要採用集合制和散在制〔註23〕，無論採取何種勤務制度，都有其存在的弊端，詳而論之，主要表現在三個方面。

　　其一，警察工作過於勞苦。戰時陪都警察的勤務制度多採用站四歇八制，此種制度下的警士睡眠嚴重不足，表面上看雖有八小時的休息，現實中間上下班的徒步行走、勤務前後的準備及吃飯就餐時間足以花費三個小時，警察安靜睡覺的時間不過五個小時，再加上戰時警察教育培訓和臨時任務安排，故警察的休息時間少之又少。因此，在履行勤務中警察離崗睡崗的情況自不足為奇，這種警察過度勞苦的勤務制度不僅損害警察健康，而且足以減低其工作效率。

　　其二，警察配備不合理。戰時陪都警察的配備多以地區狹廣為警力配備標準，稍微合理的則是按照地區與人口疏密進行配置，能夠調研分析各種警察問題並因時因地進行適當配備警力的則異常少。舉例而言，最繁華的十字

〔註21〕吳光韶：《戰時警察》，中山文化教育館編印，1939年1月渝版，第10頁。
〔註22〕吳光韶：《戰時警察》，中山文化教育館編印，1939年1月渝版，第13頁。
〔註23〕吳光韶：《戰時警察》，中山文化教育館編印，1939年1月渝版，第11頁。

路口的交通警察與偏僻丁字路口的交通警察其工作時間相同，然而工作的勞逸程度則截然不同。另外，巡警巡邏於問題較多的區域其次數並未增加，至於問題更多的貧民區，警力配備反倒少於較為安定的區域，如此，警力配備的缺陷要麼過於浪費，要麼失之太疏，嚴重影響了警察效力。

其三，警察行動太機械。戰時嚴峻的社會秩序下，守望警發揮的效力較為低微，其行動僅限於崗位四周百步以內，其作用在於便利人民報告，而不能充作警察應有的活動。而巡邏警則因其巡邏路線固定，故意犯罪的人往往能預知警察巡邏的時間地點，故難以達到通過巡邏預防犯罪的目的。

### （四）警察教育中存在理論與實踐脫節的現象

戰時陪都警察教育的缺陷多表現在重慶警察訓練所對警士的培訓上，其主要問題有三。其一、警察教育與業務隔離。戰時重慶警察訓練所中關於警士培訓的教材與中央警官學校培養警官所用教材差別甚微，對象不同、層次不同而訓練方法和訓練內容卻未改變，導致戰時最基層一線執行警察業務的警士完全不能適應戰時需要。另外，培訓警士所使用的教材理論多而實例少，〔註24〕不僅警士難以領悟而且實用性更差。舉例而言，講授衛生警察的教官卻不知當地的單行衛生法令，講授交通警察的其指揮手勢與當地現行指揮法不一致。因此，一般的警察分局更願意用自行招募的警士，而不喜歡使用學警，其正是因為警察訓練所培養的學警大多教育與業務隔離並無太強的服務能力。其二、警察教育中缺乏實務培訓。戰時重慶一般的警察分局，經常能進行補充教育的已經非常少，能在警士執行業務前給予準備訓練、執行業務時給予工作指導、執行業務後給予評判指示的更是鳳毛麟角。再者，基層一線的警員往往擔負著傳達國家政令法規的使命，有些警士不但不瞭解勤務規則，甚至連警察法令及其他需要警察執行的國家重要法規都不清楚，故而，戰時國家的政令難以上下暢通，不僅阻礙了警察業務的開展和職能履行，而且影響國家大政方針的執行。其三、培養出來的學警難以適應戰時需要。從戰時陪都義勇警察的成立即可以發現戰時警察的嚴重不足，人員補充迫在眉睫，然而事實上在戰時的重慶警察局常有學警畢業時即淘汰現有警士的做法，原因是學警有期限限制，畢業前已有相當補充。由此產生的惡果是畢業學警遠不如被淘汰警士勝任警察業務工作，在崗的警士「多人人自危，其影響於

---

〔註24〕吳光韶：《戰時警察》，中山文化教育館編印，1939 年 1 月渝版，第 15 頁。

工作效率者，實非淺鮮。」〔註25〕。

　　在戰時極其艱苦的社會環境下，政治經濟領域的各種不穩定因素對戰時陪都警政改革影響甚大，警政改革中呈現的制度設計與警務實踐脫鉤的現象是戰時警務工作開展和警察職能發揮的桎梏，而戰爭影響下的警察職能結構調適不到位及監督不力更是導致戰時警察執法中經驗不足及腐敗橫生。這些戰爭時期警政建設中的弊病誠然值得批判，更應為今人所珍視。和平是人類發展進步的階梯，戰爭並非不復存在，明瞭和參透這些戰時警察制度設計中的弊端，並加強構建更為合乎時宜的和平時期應對未來戰爭發生的警察業務培訓和職能結構調整的警察制度體系，其對未來中國警政發展定當意義深遠。

## 三、陪都警政改革對當代警政建設的啟示

　　在國家戰時總動員的形勢下，陪都警政改革的核心在於通過完善警察職能結構，全面發揮陪都警察社會管控的職能，進而達到維護陪都安定和後方安全的目的。在陪都警政改革過程中，雖然有些是在南京國民政府宏觀建警方針的指引下自然而然的順勢推進，但戰爭推動下因時推行的警政改革，適應了戰時陪都經濟政治等社會發展的需要，緊扣了時代脈搏和警政發展的總旋律。抗日戰爭勝利已屆滿70週年，而維護戰後國際秩序的較量迄今仍在持續。當前國際關係錯綜複雜，我國周邊安全形勢嚴峻。探討70多年前國家戰時警政改革無疑有著重要的警示和借鑒意義。正如民國警政學者所說：「平時必須有戰時的準備，然後戰時能如平時的鎮定。」〔註26〕

### （一）為新時期警察人才培養與民間力量運用提供路徑指引

　　警察人才培養與民間力量運用都是保證公安機關更好地服務於經濟社會發展的需要，作為公安工作中的兩大主體，他們都是推動新時期公安工作健康發展的關鍵，戰時圍繞警察職能發揮所進行的結構調適保證了陪都警察適應了戰爭的需要，在陪都警政改革中積聚的經驗和制度設計對當今公安工作的發展依舊影響甚大。

　　警察教育的目的在於培養適合經濟社會發展需要的警察人才，在建設有中國特色社會主義社會發展的關鍵時期，公安機關在保證社會秩序安定中的作用重大。為了保證這些警察人才能夠盡快融入並適應經濟社會發展和國際

---

〔註25〕吳光韶：《戰時警察》，中山文化教育館編印，1939 年 1 月渝版，第 16 頁。
〔註26〕吳光韶：《戰時警察》，中山文化教育館編印，1939 年 1 月渝版，第 45 頁。

國內政治環境的需要，不僅要看到和平時期警察的職責職能，更要著眼長遠看到戰後國際新秩序中存在的不穩定因素，不斷提高新時期警察應對突發緊急事件乃至戰爭的能力。

近年來，就國內而言，新疆暴恐案件頻繁發生，人民生命財產受到極大威脅。2014 年 3 月 1 日在雲南昆明火車站發生的一起以阿不都熱依木‧庫爾班為首的新疆分裂勢力一手策劃組織的嚴重暴力恐怖事件造成一百多人傷亡的慘案，得力於訓練有素的特警及時處置，很快控制了局面。國際上，「伊斯蘭國」極端組織挑戰人類道德底線的戰爭行動一直持續，並且其勢力有發展壯大的苗頭。2015 年 11 月 13 日，在法國巴黎市發生一系列恐怖襲擊事件，造成人員大量傷亡。〔註 27〕這些血案告誡人們，在新時期要始終堅持將培養警察警務實戰技能作為警察人才培養的關鍵，不僅特警能戰會戰，基層刑偵民警、派出所民警、交警、巡警、禁毒警等也要有過硬的警務實戰技能。在警察教育中可借鑒吸收戰時陪都警察教育中「亦軍亦警」的人才培養理念，加強對新時期公安民警的政治思想教育和軍事技能訓練，在和平時期即隨時做好戰時的準備，使這些警察人才具備平戰兩時期的警務作戰能力，在警務實踐工作中真正做到「招之能來，來之能戰，戰之能勝」。

警民關係的和諧穩定是社會發展的動力和福祉，在「社會轉軌、經濟轉型的新的歷史時期，警民關係已成為構建和諧社會的基礎性和全局性問題。」〔註 28〕抗戰時期義勇警察制度的產生源於戰時對警察人員需求的不足，是政府對民間治安力量運用的一次重大嘗試，在此過程中實現了警民力量的高度融合，為新時期警務工作中借助民力、融洽警民關係提供了參考。戰時義勇警察經過嚴格的培養和整訓，具備了一定的作戰能力，其不僅可以勝任警務工作的需求，更是戰時應對戰爭需要的後備力量。雖然抗戰勝利後南京國民政府曾三番五次下令裁減義勇警察，但義勇警察始終延續至今，並在中國的寶島臺灣不斷發展變化，1963 年，臺灣當局警察機關成立了義勇消防隊，後經不斷發展又形成了義勇交通警察、義勇山地警察等其他義勇警察。〔註 29〕

---

〔註 27〕轉引自新浪網，網址：http://news.sina.com.cn/o/2015-11-16/doc-ifxkrwks3996876.shtml。

〔註 28〕蔡炎斌：《困境與應對：新時期和諧警民關係的辯證思考》，《四川警察學院學報》，2015 年 4 月。

〔註 29〕施顯剛：《臺灣民間治安力量發展分析及啟示》，《北京警察學院學報》，2013 年第 5 期，第 54 頁。

並且其軍警雙重性的性質並未因戰爭結束而終結，如當今的《臺北市義勇警察大隊編組訓練演習服勤實施規定》就開宗明義的規定：「臺北市政府為有效運用民力，協助警察勤務、維護社會治安，補充警力不足，並搶救各種災害，於戰時發揮民間自衛自救功能，有效支持軍事勤務任務，特訂定本規定」，〔註30〕道出了義勇警察的工作目的及戰平結合的軍警雙重性，不僅如此，2004 年3 月 10 日頒布的《臺灣地區山地義勇警察組訓勤務辦法》也就山地義勇警察的工作宗旨規定：「各縣山地鄉編組山地青年服務隊，協助警察維護治安、搶救地方災害與復原，並輔助軍事勤務。」〔註 31〕可見，流傳至今的義勇警察並不同於現今中國大陸的協警或協勤隊伍。

　　戰時義勇警察制度產生並延續至今是抗戰時期血的代價的經驗總結，其產生發展後仍賦予義勇警察戰平結合的軍警雙重性質，說明義勇警察即使處在和平時期仍舊注重對戰時需要的力量儲備。筆者以為，中國大陸的協警隊伍管理，除了提升協警隊伍自身的素質外，應加強對協警隊伍的軍事培訓和思想管理，為戰時需要儲備人才。警察是一個國家和平時期最重要的社會管理機關，然而和平並不是永恆，人類在其社會發展中從來就不缺乏戰爭，即使世界性的戰爭至今已發生兩次。雖然單靠一己或一國之力難以撫平戰爭的發生，但今人可以以史為鑒，做到未雨綢繆，學習抗戰時期形成的義勇警察制度，充實提高當今協警應對和平與戰爭的雙重能力，不斷提升警察隊伍的國防意識和愛國情操對當今公安隊伍的發展確實影響深遠。

## （二）為新時期公安機關維護社會穩定提供歷史參考

　　穩定是國家社會發展的前提，中國改革開放的總設計師鄧小平同志曾經說過：「我們的目的就是要穩定，穩定才能搞建設。道理很簡單，中國人這麼多，底子這麼薄，沒有安定團結的政治環境，沒有穩定的社會秩序，什麼事也幹不成，穩定壓倒一切。」〔註 32〕，穩定的重要性由此可見一斑，公安機關作為和平時期維護社會穩定最重要的職能部門，其必然隨著時代的發展而不斷進行自我調適和警政革新。古人即有以史為鏡知興替的說法，因此，在

---

〔註30〕臺灣臺北市政府：《臺北市義勇警察大隊編組訓練演習服勤實施規定》，1994年 9 月 15 日頒布執行，第 1 頁。
〔註31〕臺灣警務處擬：《臺灣地區山地義勇警察組訓勤務辦法》，2004 年 3 月 10 日頒布，第 1 頁。
〔註32〕鄧小平：《鄧小平文選》第 3 卷，北京：人民出版社，1993 年，第 284 頁。

當今的警政發展中不僅要隨著經濟社會形勢發展因時進行警察結構調整，更要借鑒學習中國歷史上警政建設中的精華和瑰寶，不斷推動警察職能結構調整和制度體系完善，為新時期我國經濟社會發展穩定提供秩序保障。

抗戰時期陪都重慶的戰略地位至關重要，其不僅是抗戰大後方的中心所在地，更為敵對勢力所覬覦，維護陪都安全的重要性超出尋常，在進行戰時社會秩序管控中積累的經驗和因時不斷調適形成的制度建構，值得當今公安機關在警政改革中學習和思考。舉例而言，在戰時維護陪都治安秩序的過程中，重慶市警察局形成了較為系統的治安防控機制，為防止內亂，對內嚴格清查戶口，防範匪盜乘機作亂，針對不同地域採取不同的防控措施。於突發緊急事件發生時，第一接警人採取邊處置邊報告的警務工作方式，對於「獲得重大事件發生之情報後，應迅速即通報有關各治安機關派員前往肇事地區扼守要道嚴密警戒，並由稽查處長或或派高級人員馳往協力部署會商處理之。到達出事地點之各治安機關部隊官長得由其最高級統一指揮之，但其處結要犯應依據權責之區分辦理之。」的工作方法至今警務工作仍舊適用。這些歷經戰爭洗禮形成的警務工作經驗，是我國警政建設的寶貴財富，其不會因時代變遷而褪色。

在我國社會轉型的關鍵時期，由於某些人民內部矛盾的處置不當，極易釀成突發性緊急事件。據 1993 至 2003 十年的不完全統計，群體事件在我國增加趨勢較為明顯，並且參與人數的規模也越來越大。群體事件的成因在於我國正處於社會轉型期，由於某些人民內部矛盾處置不當而引發的一些公眾採取過激方式進行聚眾鬧事、大型集會及圍堵政府機關的行為，其嚴重影響了國家正常的社會秩序，阻礙了人們正常生產和生活的開展，並且使政府管理在一定範圍內陷入一定程度上的危機狀態。〔註33〕。因此，維護社會秩序穩定仍舊是新時期公安機關警務工作中的一項非常重要職能，在如今處置突發緊急事件時，公安機關採取怎樣的處理方法至關重要，戰時面對戰爭影響下社會環境的混亂局面，陪都警察因時推行的治安管控措施值得當今公安機關認知、瞭解和借鑒學習。抗戰時期陪都警政改革中形成的「邊處置邊報告」的處突方式及「面臨重大緊急事件時警察機關主要領導親自帶隊協調處置」工作方法亦應該且必然為現代公安機關所借鑒吸收，這些戰爭時期經歷不斷

---

〔註33〕吳丹：《論社會轉型期群體性事件的解決機制——以甕安事件為例》，《知識經濟》，2009 年第 18 期，第 85 頁。

嘗試、修正、調適形成的工作方法和制度安排對當今公安機關處理人民內部矛盾，防止因微小事件升級發展成群體事件意義重大。在當今考核公安機關業務人員政績中，能否妥善處置突發性緊急事件是考察其警務工作能力的一項非常重要的指標，戰時陪都治安防控體系形成的理論和經驗，對當今警察應對突發緊急及群體事件必然具有重要的啟示意義。

### （三）為新時期中國國防教育發展奠定歷史基礎

國防教育是國家為防備和抵抗侵略，制止武裝顛覆，保衛國家的主權和領土完整，對全體公民進行的具有特定目的和內容的普及性教育活動。雖然和平與發展是當今時代發展的兩大主題，然而世界並不太平，局部戰爭仍舊時有發生，恐怖主義對人類的威脅更是變本加厲。因此，新時期作為與人民關係最為緊密的公安機關，其在引導民眾樹立國家主權意識和不斷加強對國民的國防教育培訓中理應發揮關鍵作用。

其一，積極引導民眾樹立防空意識，增強應對防空的能力。抗戰時期陪都重慶遭受的慘重空襲是中國人民防空史上血的代價和教訓，有鑑於此，幾經醞釀，1996 年 10 月 29 日中國有了《中華人民共和國人民防空法》，其頒布與實施標誌著人民防空建設納入法制化的軌道，並且為人民防空教育提供了法律保障。然而，中國的防空教育仍舊十分薄弱，特別是擔負國家社會管理重要職責的警察防空職能和防空素養方面依舊亟待提升。抗戰時期陪都警察防空職能的滯後和經驗不足產生的社會危害性足以警示後人，特別是為現代警察的防空教育敲響警鐘，警察作為維持社會治安最重要的工具必須構建應急應戰的人民防空體系，其不僅要建立防空防災一體化的指揮體系，還要整合防空防災的人民防空預警體系、組建防空防災的人民防空救援隊伍體系、建成適應防空防災的精確化保障體系和針對不同類別人群的人民防空教育體系，以此，不斷提高國民特別是現代警察隊伍的防空能力和防空素養。

其二，加強對民眾的國家安全教育。漢奸是戰爭的產物，間諜卻在任何時期都存在著，間諜對國家的危害同樣十分嚴重，單純依靠國安部門的一己之力難以達到維護國家安全的目的。因此，現實中，公安機關應該發揮警民關係魚水情的優勢，積極與國安部門聯繫，借鑒戰時陪都警察肅奸中積累的肅奸知識和經驗，引導民眾瞭解認知間諜，並使其學習掌握基本的國家安全知識，不斷增強愛國意識。

　　戰時陪都警察在肅奸前的業務培訓中非常重要一課是清楚肅奸目的、認知漢奸行為，瞭解漢奸活動方式，從而在肅奸活動中做到有備而戰。在新時期的國安工作中，公安機關不僅自身必須嫻熟掌握防諜肅諜知識和技能，更要廣泛引導民眾認識瞭解間諜行為的危害及間諜活動行為與方式。從而，不斷增強民眾愛國和防諜觀念，拓寬國家安全情報來源渠道，維護國家社會穩定和主權安全。

　　抗戰時期陪都警政改革是戰爭影響下中國警政發展的一個歷史縮影。為了捍衛國家主權和民族尊嚴，在一切以服務於戰爭需要為中心的歷史大背景下，南京國民政府內政部、重慶市警察局、重慶衛戍司令部等機關圍繞警察這個社會管理主體所進行的警察制度變革，對拱衛戰時首都安全、維護抗戰大後方穩定和支持抗戰發揮了極大的作用。然而，緊張殘酷的戰勢迫使某些事前預設的警察制度難以達到預期效果，並在倉促實施中暴露出諸多問題。誠然如此，在當代警政蓬勃發展的今天，以史為鑒，探究剖析七十多年前陪都警政改革中的是非得失，並在我國新時期公安工作推進中吸其精華去其糟粕實屬睿智之舉。而今，我國公安事業的發展已經站在了時代的高度，並與社會前進的脈搏同步跳動，洞察新時期國家警政發展中的缺陷和不足，而後借鑒學習近代以來我國警政發展的優秀成果和世界各國的先進建警經驗，對實現新時期我國警政發展和中華民族偉大復興意義深遠。

# 參考文獻

## 一、法規彙編

1. 京師警察廳編輯：《京師警察法令匯纂》，北京：擷華書局，1915 年版。
2. 《中華民國法規大全》，上海：商務印書館，1937 年。
3. 丁光呂：《警察法規》，上海：大東書局，1937 年。
4. 內政部編印：《內政法規彙編》，1941 年 11 月重慶印刷，現藏於重慶圖書館。
5. 重慶市政府參事室編印：《重慶市政府法規彙編》，重慶，1942 年 8 月。
6. 中央警官學校第四分校講義：《警察法令》，北平市警察局合作社印刷所 1946 年印本。
7. 戴鴻映：《舊中國治安法規選編》，北京：群眾出版社，1985 年。
8. 蔡鴻源主編：《民國法規集成》，黃山書社，1999 年版。

## 二、檔案類

1. 重慶市檔案館館藏民國檔案，檔案號：0053-0002-01237-0000-061-000。
2. 重慶市檔案館館藏民國檔案，檔案號：0053-0002-00066-0000-041-001。
3. 重慶市檔案館館藏民國檔案，檔案號：00610003003570300025000。
4. 重慶市檔案館館藏民國檔案，檔案號：00610015026050000076000。
5. 重慶市檔案館館藏民國檔案，檔案號：00610015026050000098000。
6. 重慶市檔案館館藏民國檔案，檔案號：0053-0002-00356-0000-016-000。
7. 重慶市檔案館館藏民國檔案，檔案號：0053-0029-00254-0000-075-000。
8. 重慶市檔案館館藏民國檔案，檔案號：00610011001620000076000。
9. 重慶市檔案館館藏民國檔案，檔案號：00610007000380000016000。

10. 重慶市檔案館館藏民國檔案，檔案號：0053-0002-00031-0000-098-000。

11. 重慶市檔案館館藏民國檔案，檔案號：0053-0002-00743-0000-085-000。

12. 重慶市檔案館館藏民國檔案，檔案號：00610007000330000037000。

13. 重慶市檔案館館藏民國檔案，檔案號：00610015029710000069000。

14. 重慶市檔案館館藏民國檔案，檔案號：0053-0002-00066-0000-002-000。

15. 重慶市檔案館館藏民國檔案，檔案號：00610003003570300059000。

16. 重慶市檔案館館藏民國檔案，檔案號：0053-0002-00139-0000-042-000。

17. 重慶市檔案館館藏民國檔案，檔案號：0053-0002-00356-0000-021-000。

18. 重慶市檔案館館藏民國檔案，檔案號：00610003004480200114001。

19. 重慶市檔案館館藏民國檔案，檔案號：00610003004480200119001。

20. 重慶市檔案館館藏民國檔案，檔案號：00610003004480200001001。

21. 重慶市檔案館館藏民國檔案，檔案號：00610003004480200037001。

22. 重慶市檔案館館藏民國檔案，檔案號：00610003004480100104001。

23. 重慶市檔案館館藏民國檔案，檔案號：0061-0015-3406。

24. 重慶市檔案館館藏民國檔案，檔案號：0053-0012-00054-0000-049-000。

25. 重慶市檔案館館藏民國檔案，檔案號：0053-0002-00827-0100-178-000。

26. 重慶市檔案館館藏民國檔案，檔案號：00610015043440300312000。

27. 重慶市檔案館館藏民國檔案，檔案號：0053-0002-01282-0000-009-000。

28. 重慶市檔案館館藏民國檔案，檔案號：0051-0002-00611-0000-062-000。

29. 重慶市檔案館館藏民國檔案，檔案號：00610015029340000120000。

30. 重慶市檔案館館藏民國檔案，檔案號：00600001000960000001。

31. 重慶市檔案館館藏民國檔案，檔案號：00610012000350000015000。

32. 重慶市檔案館館藏民國檔案，檔案號：0053-0002-00139-0000-075-000。

33. 重慶市檔案館館藏民國檔案，檔案號：00610003004480100063001。

34. 重慶市檔案館館藏民國檔案，檔案號：00610015018180000090000。

35. 重慶市檔案館館藏民國檔案，檔案號：0053-0005-00095-0000-062-000。

36. 重慶市檔案館館藏民國檔案，檔案號：0053-0002-01255-0000-005-000。

37. 重慶市檔案館館藏民國檔案，檔案號：0053-0032-00132-0000-036-000。

38. 重慶市檔案館館藏民國檔案，檔案號：0053-0016-00021-0000-038-000。

39. 重慶市檔案館館藏民國檔案，檔案號：00610011000540000029000。

40. 重慶市檔案館館藏民國檔案，檔案號：00610003004840200076000。

41. 重慶市檔案館館藏民國檔案，檔案號：00610007000400000027000。

42. 重慶市檔案館館藏民國檔案，檔案號：00440001000250100006。
43. 重慶市檔案館館藏民國檔案，檔案號：0061000800040000038000。
44. 重慶市檔案館館藏民國檔案，檔案號：0053-0029-00303-0000-028-000。
45. 重慶市檔案館館藏民國檔案，檔案號：0061000100170000006000。
46. 重慶市檔案館館藏民國檔案，檔案號：0053-0016-00003-0000-034-000。
47. 重慶市檔案館館藏民國檔案，檔案號：0053-0016-00077-0000-077-000。
48. 重慶市檔案館館藏民國檔案，檔案號：0081000401188 0000001000。
49. 重慶市檔案館館藏民國檔案，檔案號：0061000100 0170000028000。
50. 重慶市檔案館館藏民國檔案，檔案號：0053-0016-00003-0100-280-000。
51. 重慶市檔案館館藏民國檔案，檔案號：0061000300 4480100084001。
52. 重慶市檔案館館藏民國檔案，檔案號：0061000300 4930000111000。
53. 重慶市檔案館館藏民國檔案，檔案號：0061001500 5570000124000。
54. 重慶市檔案館館藏民國檔案，檔案號：0116000100 0280000106000。
55. 重慶市檔案館館藏民國檔案，檔案號：0053-0016-00077-0100-282-000。
56. 重慶市檔案館館藏民國檔案，檔案號：0061000300 4480200152000。
57. 重慶市檔案館館藏民國檔案，檔案號：0053-0010-00098-0000-010-000。
58. 重慶市檔案館館藏民國檔案，檔案號：0053-0012-00028-0100-101-000。
59. 重慶市檔案館館藏民國檔案，檔案號：0061000700 0400000014000。
60. 重慶市檔案館館藏民國檔案，檔案號：0121000100 4140000017000。
61. 重慶市檔案館館藏民國檔案，檔案號：0053-0002-01237-0000-061-000。
62. 重慶市檔案館館藏民國檔案，檔案號：0053-0016-00019-0000-004-000。
63. 重慶市檔案館館藏民國檔案，檔案號：0081000402 9120000037000。
64. 重慶市檔案館館藏民國檔案，檔案號：0055000300 1510000175000。
65. 重慶市檔案館館藏民國檔案，檔案號：0061001501 1110000020000。
66. 重慶市檔案館館藏民國檔案，檔案號：0061000100 0170000036000。
67. 重慶市檔案館館藏民國檔案，檔案號：0053-0007-00088-0000-001-000。
68. 重慶市檔案館館藏民國檔案，檔案號：0053-0002-00139-0000-061-000。
69. 重慶市檔案館館藏民國檔案，檔案號：0061000300 3270100025000。
70. 重慶市檔案館館藏民國檔案，檔案號：0053-0032-00190-0100-174-000。
71. 重慶市檔案館館藏民國檔案，檔案號：0053-0002-00139-0000-108-000。
72. 重慶市檔案館館藏民國檔案，檔案號：0053-0032-00190-0000-151-000。
73. 重慶市檔案館館藏民國檔案，檔案號：0053-0007-00088-0000-001-000。

74. 重慶市檔案館館藏民國檔案，檔案號：0053-0002-00139-0000-105-000。
75. 重慶市檔案館館藏民國檔案，檔案號：00610011001960000026001。
76. 重慶市檔案館館藏民國檔案，檔案號：0053-0032-00190-0000-075-000。
77. 重慶市檔案館館藏民國檔案，檔案號：0053-0032-00191-0000-011-000。
78. 重慶市檔案館館藏民國檔案，檔案號：0053-0002-00356-0000-029-000。
79. 重慶市檔案館館藏民國檔案，檔案號：00610003001490000014001。
80. 重慶市檔案館館藏民國檔案，檔案號：00610003001550200095000。
81. 重慶市檔案館館藏民國檔案，檔案號：0053-0007-00076-0000-082-000
82. 重慶市檔案館館藏民國檔案，檔案號：0053-0002-01299-0100-191-000。
83. 重慶市檔案館館藏民國檔案，檔案號：0053-0011-00064-0000-034-000。
84. 重慶市檔案館館藏民國檔案，檔案號：00610003001470201017000。
85. 重慶市檔案館館藏民國檔案，檔案號：00610015018370000009000。
86. 重慶市檔案館館藏民國檔案，檔案號：00610015017700000148000。
87. 重慶市檔案館館藏民國檔案，檔案號：0053-0011-00064-0000-034-000。
88. 重慶市檔案館館藏民國檔案，檔案號：00610003001202002136000。
89. 重慶市檔案館館藏民國檔案，檔案號：0053-0019-01018-0000-071-000。
90. 重慶市檔案館館藏民國檔案，檔案號：0053-0005-00095-0000-060-000。
91. 重慶市檔案館館藏民國檔案，檔案號：0053-0007-00088-0000-026-000。
92. 重慶市檔案館館藏民國檔案，檔案號：00610003004480100149001。
93. 重慶市檔案館館藏民國檔案，檔案號：00610003004480100082001。
94. 重慶市檔案館館藏民國檔案，檔案號：00610003004480100074001。
95. 重慶市檔案館館藏民國檔案，檔案號：00610002000320100288000。
96. 重慶市檔案館館藏民國檔案，檔案號：00610002001550000001000。
97. 重慶市檔案館館藏民國檔案，檔案號：00610003005100000001000。
98. 重慶市檔案館館藏民國檔案，檔案號：0053-0002-00356-0000-036-000。
99. 重慶市檔案館館藏民國檔案，檔案號：00610003001340200162000。
100. 重慶市檔案館館藏民國檔案，檔案號：00610003001470101048000。
101. 重慶市檔案館館藏民國檔案，檔案號：0053-0019-00869-0000-001-000。

## 三、著作類

1. 林占元：《偵探指南》，會文堂新記書局，1928 年版。
2. 趙志嘉：《偵探學研究》，世界書局，1929 年版。
3. 「最新警察全書」編輯組編：《偵探要旨》，最新警察全書之十二，上海

世界書局，1929 年印本。

4. 阮光銘：《警政概論》，商務印書館，1931 年版。

5. 首都警察廳編：《首都警察概況》，首都警察廳，1934 年印本。

6. 國民政府內政部：《內政年鑒》，1934 年。

7. 內政部警政司編：《中國警察行政》，上海：商務印書館，1935 年。

8. 內政部警政司編：《消防警察》，上海：商務印書館，1935 年。

9. 陳允文：《中國的警察》，商務印書館，1935 年。

10. 周代殷：《警察的新生活》，中正書局，1935 年版。

11. 夏全印：《偵探心得》，京華印書館，1935 年版。

12. 惠洪：《刑事警察學》，商務印書館，1936 年版。

13. 吳貴長：《犯罪偵查》，中央警官學校 1936 年印本。

14. 上海市警察局警察訓練所編：《司法警察講義》，上海市警察局，1936 年印本。

15. 上海市警察局警察訓練所編：《偵探學概要》，上海市警察局，1936 年印本。

16. 葉木青著：《中國保甲制度之發展與運用》，世界書局，1936 年版。

17. 丁光呂：《警察法規》，大東書局，1937 年。

18. 李偉：《警察實務綱要》，商務印書館，1937 年版。

19. 余秀豪：《警察學大綱》，商務印書館，1938 年版。

20. 李士珍：《中央警官學校二十八年度教育計劃》，1938 年。

21. 鄭宗楷：《警察法總論》，商務印書館，1938 年版。

22. 李士珍：《戰時警察業務》，商務印書館發行，1939 年。

23. 吳光韶：《戰時警察》，中山文化教育館編印，1939 年 1 月渝版。

24. 范陽：《警察行政法》，北京：商務印書館，1940 年。

25. 中國國民黨中央執行委員會宣傳部編印：《四年來的內政》，抗戰第四週年紀念小叢書，1941 年。

26. 中央警官學校編譯室編：《中央警官學校概況》，新民印書館，1942 年。

27. 聞均天：《警保聯繫之理論與設施》，商務印書館，1942 年編印。

28. 韋永成：《新縣制的認識》，載《安徽政治》第四卷第七期。

29. 酆裕坤：《現代警察研究》，商務印書館，1946 年版。

30. 南京武學書局發行所印行：《消防警察概要》，1946 年 11 月。

31. 中央警官學校編審處編：《刑事警察概論》，中國人民公安大學圖書館古籍部藏書。

32. 中央警官學校編審處編：《指紋》，中國人民公安大學圖書館古籍部藏書。

33. 中央警官學校編審處編：《刑事警察概論》，中國人民公安大學圖書館古籍部藏書。

34. 鄭宗楷：《警察與人民及要人》，大東書局，1947 年版。

35. 李士珍：《現代各國警察》，商務印書館，1947 年版。

36. 鄧裕坤：《現代警察研究》，南京：中國警政出版社發行，1947 年。

37. 俞叔平：《刑事警察與犯罪偵查》，遠東股份有限公司，1947 年版。

38. 李秀生：《中國警察行政》，中央警官學校第四分校印行，1947。

39. 李士珍：《警察行政之理論與實際》，中華警察學術研究社，1948。

40. 李士珍：《精神講話選集》，中央警官學校編印，1948。

41. 邱華君：《警察學通論》臺灣：呂茂圖書公司，1981 年。

42. 《鄭觀應集》，上海人民出版社，1982 年。

43. 王家儉：《清末民初我國警察制度現代化的歷程》，臺北：臺灣商務印書館，1984 年版。

44. 張其昀主編：《先總統蔣公全集》，中國文化大學出版社，1984 年版。

45. 孟正夫：《中國消防簡史》，群眾出版社，1984 年版。

46. 張憲文主編：《中華民國史綱》，鄭州：河南人民出版社，1985 年。

47. 中國社會科學院法學所法制史研究室：《中國警察制度史簡論》，北京：群眾出版社，1985 年版。

48. 榮孟源主編：《中國國民黨歷次代表大會及中央全會資料》，光明日報出版社，1985。

49. 沈家本：《歷代刑法考》，鄧經元等點校，中華書局，1985 年版。

50. 天津圖書館等編：《袁世凱奏議》，天津古籍出版社，1987 年版。

51. 李進修：《中國近代政治制度史綱》，求實出版社，1988 年版。

52. 韋慶遠：《中國政治制度史》，中國人民大學出版社，1989 年版。

53. 左言東：《中國政治制度史》，杭州：浙江古籍出版社，1989。

54. 葉世疇：《國民黨警察總署概況》，廣東文史資料選輯第 26 輯。

55. 白鋼主編：《中國政治制度史》，天津人民出版社，1991 年版。

56. 隗贏濤：《近代重慶城市史》，成都：四川大學出版社，1991 年版。

57. 徐矛著：《中華民國政治制度史》，上海人民出版社，1992 年版。

58. 王芳主編：《當代中國的公安工作》，北京：當代中國出版社，1992 年版。

59. 韓延龍主編：《中國近代警察制度》，北京：中國人民公安大學出版社，1993 年版。

60. 俞雷主編：《中國現階段犯罪問題研究》，中國人民公安大學出版社，1993年版。

61. 韓文昌、邵玲主編：《民國時期中央機關組織概述》，北京：中國檔案出版社，1994年。

62. 潘嘉釗等：《蔣介石警察密檔》，北京：群眾出版社，1994。

63. 王大偉：《英美警察科學》，北京：中國人民公安大學出版社，1995年版。

64. 蘇聯睦《公安工作概論》，北京：群眾出版社，1997。

65. 羅元錚：《中華民國實錄》長春：吉林人民出版社，1998。

66. 王斌：《四川現代史》，西南師範大學出版社，1998年版。

67. 中國、李健和：《中國嚴打的理論與實踐》，中國人民公安大學出版社1998年版。

68. 周欣主編：《中外刑事偵查概論》，北京：政法大學出版社，1999年版。

69. 韓延龍、蘇亦工等：《中國近代警察史》，社會科學文獻出版社，2000年版。

70. 曾正一：《偵查法制專題研究》，臺灣：警察大學出版社，2000年版。

71. 王健：《中國近代的法律教育》，中國政法大學出版社，2001年版。

72. 陳鴻彝主編《中國治安史》，北京：中國人民大學出版社，2002年版。

73. 胡家福主編：《社區警務研究》，北京：公安部辦公廳，2002年版。

74. 王立民：《法律思想與法律制度》，北京：中國政法大學出版社，2002年版。

75. 李貴連：《近代中國法制與法學》，北京大學出版社，2002年版。

76. 李侃等主編：《中國近代史》，北京：中華書局，2003年版。

77. 閭小波：《中國近代政治發展史》，北京：高等教育出版社，2003年版。

78. 張兆端：《社區警務論》，北京：中國人民公安大學出版社，2003年版。

79. 任惠華：《中國偵查史》（古近代部分），中國檢察出版社，2004年版。

80. 穆玉敏：《北京警察百年》，北京：中國人民公安大學出版社，2004年。

81. 魏斐德：《上海警察（1927～1937）》，上海：上海古籍出版社，2004。

82. 胡大成、周家嚷、王智軍、邢盤洲：《警察政治學——警察的政治分析》，南京：南京大學出版社2004年版。

83. 周積明、宋德金主編：《中國社會史論》，湖北教育出版社，2005年版。

84. 梁家貴：《抗日戰爭與中國社會史論》，社會科學文獻出版社，2005年版。

85. 張憲文等著：《中華民國史》，南京大學出版社，2005年版。

86. 舟綿惠、李慧宇：《民國時期保甲制度研究》，四川大學出版社，2005年版。

87. 憲政編查館編：《清末民初憲政史料輯刊》，北京圖書館出版社，2006 年版。

88. 萬川：《中國警政史》，北京：中華書局，2006 年版。

89. 張康之：《社會治理的歷史敘事》，北京：北京大學出版社，2006 年版。

90. 孟慶超：《中國警察近代化研究》，中國人民公安大學出版社，2006 年版。

91. 馬洪根：《中國偵查史》，群眾出版社，2007 年版。

92. 陳真、陳合權主編：《世界警察概論》，成都：四川大學出版社，2008 年版。

93. 王智軍：《警察的政治屬性》，北京：社會科學文獻出版社，2009 年版。

94. 謝振民《中華民國立法史》，北京：中國政法大學出版社，2010 年版。

## 四、論文類

1. 忻平：〈論新縣制〉，《抗日戰爭研究》，1991 年第 02 期。

2. 蘇征：〈中央警官學校〉，《民國檔案》，1995 年第 1 期。

3. 黃晉祥：〈清末警察教育論述〉，《安慶師範學院學報》，2003 年第 2 期。

4. 孟慶超：〈簡評 1943 年《中華民國違警罰法》〉，《行政法學研究》，2003 年第 3 期。

5. 鄭曉紅：〈中國近代警政的濫觴：湖南保衛局〉，《安慶師範學院學報》，2003 年第 5 期。

6. 孟奎：〈李士珍和抗戰後期的五年建警計劃〉，《民國檔案》，2004 年第 1 期。

7. 夏敏：〈晚清時期中國近代警察制度建設〉，《江蘇警官學院學報》，2003 年第 4 期。

8. 萬國慶：《中國警察制度研究》，鄭州大學碩士學位論文，2005 年。

9. 彭雪芹：《1927～1937 河南警政研究》，河南大學碩士學位論文，2006 年 5 月。

10. 冷光偉：《晚清警察腐敗研究》，貴州師範大學碩士學位論文，2006 年 5 月。

11. 賈蕊華：《試論清末廣東警政》，暨南大學碩士學位論文，2006 年 5 月。

12. 夏敏：〈川島浪速與晚清警政建設〉，《政法學刊》，2007 年第 1 期。

13. 陳竹君：〈李士珍的警政思想探析〉，《北京人民警察學院學報》，2007 第 02 期。

14. 張慶：《論抗戰時期西安警察行政與城市社會控制》，西北大學碩士學位論文，2007 年 5 月。

## 五、外文論著類

1. Alfred W. McCoy, A question of torture: CIA interrogation, from the Cold War tothe War on terror, Henry Holt and Company, LLC, 2006.

2. Michael J. Palmiotto, Criminal investigations, Austin & Winfield. 1998.

3. Kristin Stapleton: Civilizing Chengdu: Chinese Urban Reform, 1895~1937, published by the Harvard University Asia Center and distributed by Harvard University Press Cambridge (Masssachusetts) and London, 2000.

# 附錄一：論南京國民政府的戰時警察教育制度

曾代偉〔註1〕、李秉祥

　　摘　　要：中國的警察教育始於清末，至抗戰前已粗具規模。抗戰爆發後，南京國民政府通過制訂一系列法規規章，構建了近代意義上的警察教育制度。戰時警察教育制度的特色是積極應對殘酷的戰爭形勢，凸顯警察職能的轉變。警察教育已不只是平時單純處理刑事、治安案件的警務知識和技能傳授，而更多地強化軍事訓練，注重政治訓導。因此，戰時警察教育制度必然帶有濃厚的軍事化特徵和鮮明的政治色彩。警察「亦警亦軍」的雙重身份，顯現出警察職能轉變的必然性。儘管戰時警察教育與近代警察職業化教育理念尚有一定差異，但考察抗戰時期警察教育制度的構建、警察教育內容的開展，探討南京國民政府改革戰時警察教育體制的緊迫性和必要性，對當下仍有參考借鑒意義。

　　關鍵詞：南京國民政府；抗戰時期；警察教育制度

## 一、抗戰前警察教育概略

　　我國警察教育始於清朝末年。清末政府迫於嚴重的內憂外患，被迫仿行西方君主立憲以自固。警政建設作為維新改良的保障隨即開始啟動。而中國近代警察教育制度，作為警政建設中人才培養之重要一環，亦隨著警政建設進程經歷了清末警察教育的肇始，南京臨時政府的教育理念昇華，北京政府時期的教育制度的形成，南京國民政府初期的粗具規模而最終趨於完善。

---

〔註1〕作者簡介：曾代偉，男，重慶人，西南政法大學教授、博士生導師，主要從事法律史學、民族法文化研究與教學。

### （一）警察教育的肇始

「庚子」之役後，為挽救風雨飄搖的統治地位，清朝統治者逐漸認識到警察在維護穩定，鎮壓反抗，革除積弊中發揮的積極作用。張之洞、劉坤一等封疆大吏提出，警察在安民防患中的重要作用，他們上書朝廷，諫言學習外國組建警察組織。其中，日本人川島浪速於光緒二十八年（1902 年）向慶親王奕劻的上書，對於促使清廷創設警察機構，開啟警察教育有著直接的作用。川島浪速提出，直接警察與軍隊乃屬國家武力之組成部分。軍隊對外維護國家主權，警察重在治內，「約束人民，伸以國法國令。」〔註 2〕川島進一步指出，義和拳之所以聚眾滋事，最終釀成八國聯軍侵華的大患，全在國家無警察，平日缺乏嚴密稽查。如若國家有警察還可以進一步監視政黨、反對黨的行動，防止內亂之時外寇入侵。這著實激發清朝統治者的極大興趣，於是清廷開始採納各方建言，積極籌劃警察建設，開展警察教育。

1901 年 8 月 14 日，清廷與日本人川島浪速簽訂合同，由川島任總監在北京設立警務學堂。其培養目標有三：一是初學者以四個月為期限，畢業後派遣充任巡捕。二是學習優秀者再接受中等課程教育，學習兩個月後委任為捕長。三是在前兩項的基礎上，對品學最優秀者授以高等功課，又以四個月為限，然後委任為警巡。〔註 3〕是為中國早期的警察教育的開端。

隨著 1905 年巡警部的成立，清廷收回了北京警務學堂，將創辦警察教育的權力操控在官府手裏。作為警察教育的早期實踐者，袁世凱對推動清末警察教育的貢獻不容忽視。甚至有學者認為，中國近代警察教育的起源就是從袁世凱在保定創辦警政開始的。1902 年袁世凱開始在保定籌辦警務，成立保定警務局，不僅聘請日本專業警員為顧問，還不惜花重金從全國各地的外國租界中聘用外籍警察充當教官。據史料記載，1906 年 3 月，袁世凱重建保定警務學堂，並更名為保定通省巡警學堂。學堂教學分高等和普通兩部，高等時限一年目標是培養警官，普通部學制六個月，重在培養縣以下警察區區長。在課程的設置上，高等部學習的主要公共課有法學通論、警察學大意；行政警察要學習衛生法、醫藥科急救法；道路警察學習消防法、檢視法。此外，

---

〔註 2〕〈光緒二十八年日人川島浪速之上慶親王書〉，轉引自陳立中，警察行政法〔M〕，臺北：中國文化大學市政系，1984。
〔註 3〕韓延龍，蘇亦工，中國近代警察史（上冊）〔M〕，北京：社會科學文獻出版社，2000：236。

道路警察、司法警察等還有專門的課程設置。這種因材施教的教學方法，即使今天看來亦是非常科學務實的。

清末警察教育是清朝統治者面對內憂外患，急欲穩固統治基礎的舉措。它培養了大批的警察人才，使警察職業受到此後歷屆政府重視，形成了警察專業化建設和軍事化管理的辦學模式，加速了警察職業化的進程。

### （二）警察教育制度的初步建立

南京臨時政府在中國歷史上可謂曇花一現，雖然其僅存三個月，但南京臨時政府時期的警察教育思想卻不容忽視。在有限的時間裏，發布了一系列的資產階級民主性質的警察法令，並痛下決心整頓警政，改良警學。1912 年內務部頒布了《內務部警察學校章程》和《內務部附設教練所章程》；規定以培養警務人才為目標，在中央設警務學校，地方設巡警教練所。惜因政權很快更迭，其關於警察教育方面的很多規章來不及貫徹實施。但以孫中山先生為代表的革命黨人改造警察教育的努力對後世有著深刻影響。

清末民初警察教育的發展，尤其是警察建設對社會穩定所發揮的重大作用，促使民國北京政府重視警政建設和警察人才的培養。北京高等警官學校的設立標誌著民國時期培養高級警政人才制度的開端。該校初設三年制正科，後來又增加一年半到兩年的電氣、警犬、建築、指紋四個專業。在高等警察教育中嘗試設置專業，這在我國尚屬首例。民國警察教育制度的初步建立，袁世凱起著重要作用。他在清朝末年最早開展警政建設，重視警察在維護社會穩定、捍衛政權統治中所發揮的重要作用。在袁世凱當政的四年多時間裏，北京政府以清末警制為基礎，頒行一系列警察法規。僅就警察機關組織法而言，即有《內務部官制》、《地方警察官廳組織令》、《京師警察廳官制》、《京師警察廳分科職掌規則》和《各省整頓警政辦法大綱》等，〔註 4〕以圖統一全國警政。警政制度的不斷完善，推動警察教育的發展。但在民初歲月裏，由於連年軍閥混戰，警察制度建設進展甚微，警察法規不過是原有警察制度的些許補充，警察教育的實際發展更是無從談起。

### （三）警察教育的發展

南京國民政府成立後，隨著日本對華侵略一步步深入和加劇。國家警政

---

〔註 4〕韓延龍、蘇亦工，中國近代警察史（上冊）〔M〕，北京：社會科學文獻出版社，
　　　　2000：312。

建設以常規職能為主，〔註 5〕同時逐漸進行應對戰爭環境的準備。警察教育亦注意對警察進行必要的軍事訓練。由於戰爭全面爆發前，南京國民政府「攘外必先安內」的政治方針決定了警察教育的走向是注重維持內部社會秩序的穩定，而警察職業軍事化尚未提升到一個較高的程度。如 1929 年警察教育的課程設置上 表現為較為職業化的警察學、警察法令、勤務要則、行政警察、交通警察、衛生警察、消防警察、違警罰法、指紋學、偵探學、警犬學等。從學習課程上，可見南京國民政府初期的警察教育突出職業化訓練，且涉及面廣，更多體現較為完善的近代職業化的警察培養模式。在警察教育中更為先進的是警察職業化訓練伸向航空領域，1931 年 3 月 16 日，國民政府軍委會參謀部致函內政部頒發《全國航空警察訓練辦法》（以下簡稱辦法）。本辦法規定在各警官警察教練機關設立航空警務特別班，重在培養航空警察專門人材，以期對空中交通加以監察與指導，確保國家領空主權，維持地方秩序安全。航空警察須接受以下訓練：航空監視勤務，信號之傳達，航空遇險後之檢查，證書之查核及統計之設立，稅務與護照事項，消防與衛生之設備；關於軍事防空，全國警察應認識之要義；航空機械飛行及其他航空常識。〔註 6〕九一八事件後，1932 年內政部對警察教育的課程設置作了一定修改，在對警官人才的培養上，增加了刑法、行政法、戶籍法等法學理論學習以及軍事學、操練、武術、馬術等軍事體育訓練。1935 年，下至警士警長，上至警官及高級警政人才，在進行常規化警察職業培訓的基礎上增加了專門的術科，並且就術科內容中的軍事訓練部分作了具體的規定，軍事訓練包含射擊、街市戰術、戰時警察勤務演習、武器使用、防空演習等，顯然，這是應對日漸逼近的重大戰事所作的教育方針的重大調整。1936 年 9 月 16 日內政部修正通過了《警士警長教育規程》，其中關於警察教育課程軍事訓練部分，增加了暴動處理演習、劈刺、簡易救火術等應對戰爭的警察訓練課程。〔註 7〕

　　1937 年初，南京國民政府刑事警察教育可謂南京國民政府警政建設史上一支奇葩，其重大成就是奠定了抗戰期間對刑事警察人才的需求。縱觀大量

〔註 5〕例如，1936 年《南京市政府公報》述及警察參與市政管理的重要性：「警察廳可以協助市政府的進行，市政府也可以協助警察廳監督和指導市民，我們可以說警政的成功，即是市政的成功，市政的發展，即是警政進步的結果。」參見暨南學報（哲學社會科學版）2014 年第 3 期，第 98 頁。

〔註 6〕內政部編印：《內政法規彙編警政類》，重慶 1941，第七目第 26 頁。

〔註 7〕內政部編印：《內政法規彙編警政類》，重慶 1941，第七目第 23 頁。

檔案資料不難發現，一經戰前刑事警察教育，抗戰期間以陪都重慶為中心的警政改革中未見涉及刑事警察領域的改革。抗戰前南京國民政府刑事警察教育借鑒了近代警政建設的經驗，其犯罪控制注重「堵」，即強調將犯罪風險移至監禁系統中，從而換來社會短暫的和平。〔註 8〕故而，中央警官學校刑事警察選送中要求各省市政府首都警察廳及威海衛管理公署就現任委任以上警官中年在三十五歲以下二十五歲以上且符合以下條件的方能選一至二人入班學習：1. 警官高等學校、各省警官學校或國外警官學校一年以上畢業或國內外大學畢業並現任刑事警察任務者，2. 身體強健、品格端正、絕無嗜好者。〔註 9〕為了突出刑事警察的工作方向，要求各省市對選送刑事警官進行考試，考試內容包括黨義、刑法概論和刑事警察實務。眾所周知，警察的刑事工作是警察業務工作中非常重要的一項職責，即便認為打擊犯罪中刑法的目的在於維持最低度的社會秩序，如不對其予以限定，則「目的」的反噬也是可能出現的。〔註 10〕因而，刑事警察教育中著重突顯以制度保障警制運行，將警學和警用納入法制的範疇，刑事警察教育始終踐行著中央警官學校「造就全國警官人材」〔註 11〕的宗旨。認知抗戰前刑事警察教育中重刑法理論學習和刑事事務經驗的要求，不難發現，國人自近代以來逐漸吸收西方刑事立法的經典理念，正如有學者所說：「罪刑法定原則寫入刑法典，可謂人民的福音。」。面臨一觸即發的戰爭，南京國民政府因時推行刑事警察教育改革，可以說其是為未來維護戰爭下的社會秩序穩定做先前準備，戰前刑事警察教育亦是在一系列社會因素和政治意識的推動下「訴諸於觀念上的革新」〔註 12〕不斷因時推行警政改革，最終培養塑造了一大批適應戰時社會需要的刑事警察人才，為抗戰勝利奠定了堅實的基礎。

　　縱觀戰前南京國民政府的警察教育，反映出由警察常規職能的職業教育，逐漸向注重警察軍事化訓練的軌道上轉移。隨著抗戰全面爆發，警察教育不僅鮮明的體現出「亦警亦軍」的特性，而且還在具體的訓練中更加注重對警察的軍事素養的培訓。

---

〔註 8〕師索：《犯罪治理：一種基礎理論的解構》，《中國刑事法雜誌》2014 年第 5 期第 98 頁。

〔註 9〕內政部編印：《內政法規彙編警政類》，重慶 1941，第七目第 13～14 頁。

〔註 10〕李凱：《刑法解釋方法的體系建構——以目的論解釋之限定為視角》，《中國刑事法雜誌》2014 年第 1 期。

〔註 11〕內政部編印：《內政法規彙編警政類》，重慶 1941，第七目第 1 頁。

〔註 12〕袁建偉：《刑事法治的邏輯展開》，《中國刑事法雜誌》2014 年第 2 期。

## 二、抗戰時期的警察教育制度的改革

　　1937 年 7 月 7 日的盧溝橋事變標誌著抗日戰爭全面爆發，為了應對嚴峻的戰爭形勢，警察教育必須適時作出必要的調整。先前對警察進行治安、刑事、交通等常規職能的培訓已經不能滿足戰時對警察素質的要求。殘酷的戰爭要求警察變換社會角色，時而可能轉化為軍人，時而可能轉化為諜報人員。因此，對警察進行足夠的軍事訓練和政治教育是保證抗戰最終勝利的有力基石。南京國民政府警政要員提出，「擬以軍事訓練為基本、政治訓練為中心、警察訓練為主幹」的警察教育方針。警察教育在制度建設上注重加強中央警官學校的核心地位，實現戰時警察教育的高度統一；關注警官學校畢業生的實習分配機制，強調學以致用。在警察教育內容上注意引入現代警察教育理念，例如電氣學、偵探學等專門課程的設置及電氣實驗室、照相室、刑事陳列所等設備的配置。另外，強調戰時警察的思想教育和軍事技能的培養，有利於保證警察必要時能夠有效投入抗戰，從而實現「增強抗戰建國之力量」的偉大目標。南京國民政府內政部針對戰時環境頒布了一系列關於警察教育的法規，通過對戰時警察教育法規的解讀，能夠清晰地瞭解戰時警察教育演變的脈絡，為探討戰時警察教育制度提供必要的理論參考。

### （一）有關中央警官學校〔註13〕的規章

　　抗戰時期關於中央警官學校教育規章，按時間先後順序為《中央警官學

---

〔註13〕1936 年 4 月，黃埔軍校出身的李士珍接任北京警官高等學校校長。李士珍早在 1932 年就曾建議將警官高等學校改名為「中央警官學校」並遷往杭州，接任該校校長後他再次向蔣介石提出書面建議，請求更改校名並由蔣介石兼任校長，以期統一領導全國警察教育。1936 年 6 月 3 日，行政院第 265 次院務會議通過《整理警政原則》，其中第 7 條規定：警官教育應統一於中央警官學校，各省已辦的少數警官學校應一律停辦。同年 8 月 4 日，行政院第 272 次院務會議修正通過有關提案，同意警官高等學校與辦得較有成效的浙江警官學校合併，成立中央警官學校，由蔣介石兼任校長，原警官高等學校校長李士珍任教育長。9 月 1 日，中央警官學校在南京城郊馬群鎮新校址正式整理。蔣介石以國家領導人的身份親自兼任中央警官學校校長長達 11 年之久，除了在政策和經費等方面給予多方優待外，還直接參與學校各項重大決策，每逢開學或畢業典禮，必親自到場並發表講話，這在舉辦近代高等警察教育的世界各國中是絕無僅有的。抗日戰爭爆發後，該校於 1937 年底西遷重慶，為適應戰時需要，除學制為 2～3 年的正科之外，還開辦了多種形式的速成班、講習班、警官班和研修班，以培訓各級警官。抗戰勝利後，學校遷返南京，直至 1949 年隨國民黨潛逃臺灣。

校戰時警察幹部訓練班辦法》(1937年10月26日內政部轉奉行政院令轉備案)、《中央警官學校畢業學生分發實習綱要》(1937年11月30日內政部公布)、《中央警官學校組織條例》(民國1938年11月16日民國政府公布)、《中央警官學校辦事細則》(1940年6月1日內政部核定同年7月公布)。〔註14〕

抗戰時期中央警官學校教育制度內容的特徵有三個方面。

其一，注重戰時警察幹部培養的警察教育理念。中央警官學校為應對戰時形勢，充實戰時警察幹部人才，特別設立戰時警察幹部訓練班。訓練班訓練期限為兩個月，選拔名額一期120名至240名。《中央警官學校戰時警察幹部訓練班辦法》對參訓人員的資格作了嚴格規定：「凡年齡在二十歲以上四十五歲以下並具有以下資格之一者才能入班受訓：1. 受警官教育六個月以上畢業，並服務警界三年以上，由各省市保送來校復試及格者；2. 各軍事學校一年以上畢業，並在警界服務三年以上，由各省市保送來校復試及格者，3. 在國內外警官學校一年以上畢業，現無相當工作，經本校考試及格者。」〔註15〕由此可見，雖然處於戰爭年代，國家對警察幹部人員的培養標準並未降低。概而言之，在戰時警察幹部的培養上，突出了重經驗、重學歷的特徵。參加訓練的人員要麼受過專門的警察教育，要麼受過軍事教育，並且要在中央警官學校考核及格者，方有入選資格。另外「受六個月警察教育」及「軍事學校一年的」要求三年的警界經驗，體現了任用警察幹部注重實戰經驗的特性。

其二，關注中央警官學校畢業生的實習分發。《中央警官學校畢業學生分發實習章程》中明確規定1. 中央警官學校畢業生的實習期限是六個月，實習期滿而成績過劣者延長其實習期限自三個月至六個月。2. 畢業生實習分發的程序是「學生在學校發給的自願書上填寫第一第二自願，學校在學生畢業後一個月內將學生自願書連同成績單一併報內政部覆核，內政部根據學生自願、學習成績及各地實際情況酌量分配學生實習，並將實習名單報呈請行政院核准轉呈國民政府備案。內政部於分發名單呈准後，要通知學校，並通知被分發機關和學生本人，學生須於接到通知後一個月內繳納分發證書費兩元，憑分發證書於三個月內到分發機關報到，不以期限報到者註銷其分發證書。因不得已之事故不能報到者應說明理由並報內政部核准。學生畢業後因病或者

〔註14〕內政部編印：《內政法規彙編警政類》，重慶1941，第七目第1～2頁，第9頁，第15頁。
〔註15〕內政部編印：《內政法規彙編警政類》，重慶1941，第七目第15頁。

其他原因不能實習的，須呈內政部核准，於來年與下一期畢業生同時分發實習，屆時仍不能參加實習的停止分發。分發學生非因本人過失致實習不能期滿者，經查實或者被分發機關證明後，得由內政部酌予改分，其實習期間合併計算。分發學生到被分發機關後，將分發證書交給被分發機關驗證，被分發機關檢驗完畢應馬上分派實習工作，並將學生報到日期及分發證書繳內政部核銷。被分發機關每月給分發學生三十元到六十元的生活費，分發學生要服從被分發機關長官之命。」3. 關於畢業生的實習內容，《中央警官學校畢業學生分發實習綱要》作了另行規定：「第一個月實習警士勤務，如守望巡邏及其他警士應辦事項。第二個月實習警長勤務，如領班查勤及其他警長應辦事項。第三個月實習巡官勤務，如督率長警稽核勤務及其他巡官應辦事項。第四個月實習行政科員職務，如擬辦關於行政警察一切事項之文件。第五個月實習司法科員職務，如審訊案件及擬辦關於司法警察一切事項之文件。第六個月實習科長職務，如假擬辦法及審核稿件」4. 對畢業學生的實習考核是：「分發學生於實習期間，要依據實習綱要作成報告書並詳細調查所在地之警務狀況，於實習期滿後一併呈報內政部備查。成績清冊、實習報告書、警務調查書呈轉到達內政部後，內政部通知學校發給畢業證書。分發學生在實習期滿後由被分發機關遇缺依法任用之，但在實習期間遇有相當官等缺額時，亦得提請任用。」

筆者以為，透過中央警官學校實習內容，能清晰的再現抗戰時期警察教育更加注重警察人才綜合素質的培養，對警察業務能力的廣泛性提出更高的要求。戰時人員的死傷在所難免，警員的供給補充亦是源源不斷，因此，警校畢業生的實習內容注定注重綜合性而難以兼顧專業性，而對警校畢業生實習內容的規定只是適應戰時環境的不二法門。

其三，體現了「統一警制」的警察教育方針。《中央警官學校組織條例》第一至五條規定：「中央警官學校直屬於內政部，以研究警察專門學術，造就全國警官人才為宗旨。中央警官學校設校務委員會、教務處、訓練處、事務處、會計室。學校設校長一人簡任，綜理全校事務；設校務委員五人至九人簡派，就中指定一人為主任委員，校務委員會承校長之命負設計、指導、監督之責；設教育長一人簡任，承校長之命處理校務並執行校務委員會決議事項。」針對民國時期警察教育分散、秩序管理混亂的局面，抗戰爆發後，南京國民政府進一步以法規的形式明確規定中央警官學校旨在培養全國警察人

才。並且中央警官學校的校長由蔣介石親自擔任，身居黨首、行政首腦的蔣介石更是把警察管理、警察教育的權力操控於自己手中，進一步實現了權力的高度集中。

在中央警官學校，李士珍〔註 16〕是南京國民政府時期名副其實的警察教育執行者。早在抗戰爆發前，李士珍已經認識到警察教育制度統一的重要性，他認為：「民國政府的警察教育在過去一直不統一，雖然中央早已明令警察教育統一於中央警校，但軍統在各地都辦有各種名目的訓練班，這些訓練班又往往冠以警察名義，擾亂了正常的警察教育秩序，造成『意志無法集中，力量也無形分散。』」〔註17〕因此，在李士珍擔任中央警官學校教育長的漫長歲月裏，其本人深諳警察教育統一的重要性。教育長作為警察教育的具體實踐者其權力往往要被放大，以此才能真正在具體的警察教育中少受阻力，減輕權力間的相互掣肘，從而推動警察教育實現現實意義上的統一。《中央警官學校組織條例》第六條規定：「中央警官學校置處長三人，薦任，承校長、教育長之命分掌各該處實務。」該條例第九條進一步規定：「中央警官學校置股長七人，委任，但編譯股、訓育股、教練股各股長得為薦任，承教育長、處長之命分任各該股事務。」可見，教育長在實際的警察教育中擁有真正意義上的實權。另據 1940 年內政部頒布的《中央警官學校辦事細則》，更是開宗明義，將教育長列為校務管理的二號人物，該細則規定：「校長總理全校校務，教育長承校長之命主持校務。教育長對教職員、學員生有指揮命令、考核、獎懲之責。」〔註18〕

顯然，蔣介石作為戰時國家統帥，只是名義上兼任中央警官學校的校長，無暇過問警校的具體事務。該校警察教育管理的權力由李士珍執掌。李士珍曾經數次出國學習考察國外的警察教育制度，加上自己對國內實際警察教育環境的認識，總結出一套切實有效的警察教育方針，而推行警察教育的平臺正是依託於中央警官學校。

---

〔註16〕李士珍（1896～1997），先後畢業於日本警官學校、黃埔軍校第二期，參加過北伐戰爭。1936 年任內政部警官高等學校校長，中央警官學校教育長。抗戰初督率警校學生參加淞滬保衛戰。警校遷址成都後，仍任教育長。創建中國警察學術研究會和警察學會；開辦西北、東南警訓班，為各級警政機構培訓幹部。

〔註17〕陳竹君，李士珍的警政思想探析〔J〕，北京人民警察學院學報，2007（2）。

〔註18〕內政部編印：《內政法規彙編警政類》，重慶1941，第七目第 2 頁。

### （二）地方警察教育制度

1939 年 12 月 1 日，國家內政部頒布《各省市警察教育機關代募代訓特種警察暫行辦法》，1941 年 8 月 13 日又頒布《各省縣各級警察人員整訓暫行辦法》。1939 年至 1941 年，抗日戰爭進入白熱化階段，面對日本的瘋狂進攻和複雜的國內形勢，僅僅依靠中央警官學校辦理警察教育顯然無法滿足，而不得不將有些警察教育的權力下放到地方。

#### 1. 代募代訓特種警察

各省市警察機關代募代訓特種警察的目的，是為了滿足中央各部會及其附屬機關對特種警察的需要。特種警察，顧名思義是擔負特定職責、承擔特別使命的警種，其要求顯然有別於普通警察。抗戰時期，內政部將招募訓練特種警察的任務交給委託部門就近之省市警察機關，一方面是為了節約特種警察訓練的成本，提高訓練效率，另一方面是戰時戰事吃緊，特種警察的教育培訓任務不得不暫時委託地方。

#### 2. 整訓縣級警察人員

1941 年 8 月 13 日，內政部頒布《各省縣各級警察人員整訓暫行辦法》，以配合國家實施「新縣制」的需要。1939 年 9 月，國民政府頒布了《縣各級組織綱要》，在全國範圍內推行新縣制，建立以縣為基本單位的地方自治制度，要求重劃縣等、增強縣政府職能、裁撤區署、建立鄉鎮公所、調整保甲、整理警衛、普及教育等等。隨著抗日戰爭相持階段的到來，國民政府提出了「抗戰建國同時並進」的口號，〔註19〕決定對縣級基層組織機構加以徹底的調整，目的是便利政府各項戰時財經政策的推行和籌糧籌款，同時亦欲乘機強化中央對地方的控制。《各省縣各級警察人員整訓暫行辦法》規定：「縣各級警察人員整訓班的入班資格是凡年在二十歲以上三十五歲以下，身體強健品行端正並具有以下資格之一者經入學考試及格後方可入班受訓：1. 現任警官曾在警界繼續服務一年以上，由原服務機關保送者；2. 曾任警官，經內政部警官登記合格者，3. 初中以上學校畢業或具有同等學力者。」本辦法另外還規定「學員受訓期滿考試及格者，發給畢業證書，由各省分發實施新縣制各縣，依其成績以區警察所長、鄉警察衛股主任等職分別任用之。」〔註20〕

〔註19〕中國國民黨抗戰建國綱領，1938。
〔註20〕內政部編印：《內政法規彙編警政類》，重慶 1941，第七目第 28 頁。

　　通過學員受訓資格和畢業任職可見，抗戰時期警察幹部匱乏，特別是基層一線的警察幹部更是需要大量補充。因此，在基層警察幹部的選任上，條件有所放寬。

## 三、抗戰時期警察教育制度的特點

　　抗戰時期警察教育的總體教育方針是服務於抗戰建國。課程設置上注重軍事化訓練，旨在提高警察隊伍應對戰爭形勢的素質和能力。因此，這個時期的警察教育制度具有典型的軍事化特徵和鮮明的政治色彩。

### 1. 注重基層警員訓練

　　警士、警長身處警界基層，同時也是面對社會的一線人員。其職責的發揮關係到社會秩序的穩定，對於保障抗戰後方基地的安全，以致贏得抗戰勝利意義非凡。1938 年底，李士珍上書蔣介石，提出《中央警官學校二十八度教育計劃》，提出「本校本年度教育方針為適合非常時期之需要，擬以軍事訓練為基本、政治訓練為中心、警察訓練為主幹，俾戰時可為軍官、平時可為警官，並養成其確能效忠黨國、信仰領袖，堅定其犧牲奮鬥精神，以增強抗戰建國之力量為目的。」〔註 21〕而在總教育方針指導下，警士警長在日常教育中，軍事上主要學習步兵操典、射擊教範、野外勤務、街巷戰術等；政治上要學習「黨國精神」要義。

### 2. 強化警官培養

　　抗戰時期警官人才嚴重缺乏，中央警官學校雖然培養了大量警政人才，但對地方來說只是杯水車薪。〔註 22〕故而各省市先後開展警官補習教育，像浙江、湖南、湖北、重慶等地紛紛在原有的警察訓練所中開辦警察補習教育。這在一定程度上滿足了戰時對警官人才的需求，有利於戰時戰區和後方的穩定。另一方面也反映出中央警官學校雖然統一辦理警察教育的權力，但面對戰時無論經費保障上還是人員訓練上都難以按預期進行，在警官人才培養培訓上顯得力不從心。

### 3. 努力培育高級警政人才

　　抗戰時期的高級警政人才教育，適應戰時之需，在課程設置上與抗戰密

〔註21〕李士珍，中央警官學校二十八年度教育計劃，1938。
〔註22〕王麗娜：《南京國民政府警察教育》，山東師範大學，2009 年 4 月，第 56 頁。

切相關。在術科方面，中央警官學校的教育內容更突出了軍事方面和警察應用技術的教練，開設了手榴彈、陣中勤務、夜間教育、柔道、劍道、捕繩術、救急法等課程，而先前的體育類的體操、田徑、游泳、球類等課程則有所忽略。〔註23〕另外，李士珍在抗戰時期擔任教育長時，非常注重對高級警政人才的貯備培養，積極為優秀警校畢業生和教官出國留學創造條件。

綜上所述，抗戰時期警察教育制度的變革，緊緊圍繞著戰爭這個最大的實際。戰時的特定環境使警察教育不僅重視警察技能學習，更注重精神洗禮和軍事素質的養成。這對於實現「戰時為軍，平時為警」的警察教育目標意義重大。

抗戰時期警察教育在民國警察教育史上佔據了極其重要的地位。戰時警察教育制度建設並未因戰爭的嚴酷而停滯，反而在抗戰時期的警察教育中融入了許多近代警察教育理念。以李士珍為代表的警政教育專家為此殫精竭慮。中央警官學校的設立，及警察教育制度改革的開展，培養了大批新式警政人才，保證了戰區和後方對警察人才的需求，維護了戰時社會穩定，為抗戰的最終勝利提供了保障。

戰時警察教育制度的變通式改革，雖然是中國近代警察教育史上的一個特例，但也應當視為在特定歷史環境下，中國警察教育制度現代化進程中的一個階段。自清末引入近代西方「正統」警政教育理念開始，中國警察教育接受現代警政思想洗禮，其發展方向始終在職業化道路上前行。而南京國民政府在非常時期提出「戰時為軍，平時為警」的軍警一體辦警思想，似乎偏離了現代警察教育理念的軌道。但以發展的眼光審視，抗戰時期警察教育仍然繼承發展了清末以來警察教育思想，在辦警過程中融入了應對戰爭的戰時元素，有利於實現抗戰建國的民族大業，在推動中國警政制度近代化發展上功不可沒。

本文原發表於《河南社會科學》，2015 年第 11 期。

---

〔註23〕中央警官學校編譯室編，中央警官學校概況〔M〕，新民印書館，1942。

# 附錄二：論抗戰時期陪都警察的防空職能

李秉祥

　　**摘　要**：抗戰時期，重慶作為戰時首都和陪都成為全國的政治、經濟、文化和外交中心，從 1938 年開始，日軍對陪都重慶進行了長達 6 年的大規模空襲。保衛重慶安全成為戰時賦予重慶警察的一項艱巨任務。面對日本帝國主義的猛烈空襲及制空權的喪失，南京國民政府實施消極防空政策，努力保存有生力量，使抗戰進入相持階段，為最終實行戰略反攻贏取抗戰勝利奠定了基礎。陪都警察為響應國家總體戰略方針，積極進行職能轉變，在履行刑偵、治安、交通等常規警察職能的基礎上擔負起首都防空職能。其中包括執行防空預警職責，空襲時履行治安秩序維持，人員疏散管理，空襲後人員救濟安置，未爆炸彈排除等職能。戰時陪都警察的防空工作，盡可能地減少了人員傷亡和財產損失，有力地維護了抗戰大後方的安全，對中國最終贏得抗戰勝利發揮了積極的保障作用。

　　**關鍵詞**：抗日戰爭時期；陪都重慶；警察；防空職能

　　抗戰時期，面對日本的狂轟濫炸，陪都重慶警察積極轉變職能結構，除了履行打擊犯罪、維護治安、疏導交通的常規職能外，還積極承擔戰時防空職能。戰時防空職能是戰時大環境賦予陪都警察的一項全新的社會管控職能，警察機關作為和平時期維持公共秩序最重要的工具，在社會秩序管控上比其他部門更具經驗和優勢。隨著日軍對渝空襲步步加強，陪都警察直接或協助其他部門積極參與國家防空，全力應對日機空襲，具體工作中一切以減少人員傷亡和財產損失保存有生力量為出發點，一切以捍衛陪都安全穩定為中心點，一切以取得

抗戰勝利為終結點。陪都警察堅持不懈的履行防空使命，與其他機關一道形成國家防空的合力，為戰時應對日機空襲增添了一份不可或缺的力量。

## 一、空襲前陪都警察的防空預警職能

抗戰時期，陪都警察與其他各防空機關一起行使防空預警的權力，並且主要承擔對警報臺的管理工作，面對敵機空襲又要進行及時嚴格的防空警報信號發布。戰時重慶警察防預警職能的履行，對保證民眾安全和國家安危發揮了極大的保障作用。

### （一）發布防空警報信號

抗戰時期，日軍對渝空襲由先前的試探階段轉向嚴酷的規模化空襲，對重慶市區的轟炸，造成了人員的重大傷亡和社會秩序的極大混亂。為了應對日機空襲，南京國民政府國防部 1941 年制定頒布了《全國各地防空警報機關辦理防空警報事宜實施規則》（簡稱規則）。該規則規定防空警報臺主要負責防空警報信號的發布，而防空警報臺的管理原則上由當地警察機關派員管理使用，除因「各防空機關監視站哨能兼管理警報臺及憲駐在地為職務上行使之便利得交由軍憲警機關部隊負責管理仍應加以訓練並注意聯繫外」〔註1〕，由此可見，防空警報臺的管理權主要由警察機關承擔，並且主要負責防空警報信號的發布。

防空警報信號除法令另有規定外，應於各種時期按照規定分別發布空襲警報、緊急警報、解除警報。另外，防空警報按照主從關係又可分為主要警報信號和補助警報信號，主要警報信號包括電動警報器、汽笛和手搖警報器，補助警報信號包括警鐘（鋼軌鋼圈）、警鑼、軍號、警報球（燈）（夜間球內置燈）、警報旗幟和傳音筒。〔註2〕主要警報信號的發布方式是：空襲警報的聲音表現形式是喔——喔——喔——，拉響二十秒長音後，續拉兩響短音共三秒，然後停止兩秒鐘，同樣連拉六次。緊急警報的聲音表現形式是喔——喔——喔——喔——，拉響三十秒長音後續拉短音多次約一分鐘。解除警報的聲音表現形式是喔——，繼續兩分鐘的長音，僅拉一次。補助警報信號中前兩種的信號發布方式是一樣的，《細則》具體規定這兩種信號的發布方式是：空襲警報，先單敲一響後再繼續連敲兩響，如是繼續敲三分鐘。緊急警，報繼續不停急敲兩分鐘。解除警報，緩單敲一響長音至一分鐘。補助警報信號

---

〔註1〕重慶市檔案館館藏民國檔案，案卷號：00430001000270000005。
〔註2〕重慶市檔案館館藏民國檔案，案卷號：00440001001320000006。

第三種軍號的發布方式按前規定號音辦理。警報球（燈）的使用方法是：注意警報，掛一個紅圓球。空襲警報，掛兩個紅圓球（燈）（上下串連式）。緊急警報，將球（燈）卸下。解除警報，掛長圓柱形綠球（燈）一個。警報旗的使用主要有四種：注意警報用黃旗；空襲警報用紅旗；緊急警報用黑旗，解除警報用綠旗。傳音筒顧名思義，手持筒喊話，以達到盡人皆知的目的。其使用方式是口呼各種當時警報，傳知民眾。〔註 3〕戰時陪都警察採用此種方式發布防空警報信號，及時傳遞防空訊息，為戰時人員和物質轉移爭取了時間，方便了國家軍隊及時應對日軍空襲，對捍衛陪都安全和抗戰大後方的穩定起到至關重要的防範作用。

### （二）進行空襲前人員和物質疏散動員

1941 年 6 月 30 日重慶市動員委員會第一次常務會議議決組織市民疏散訪勸隊，該訪勸隊的組成人員來自青年團中央團部、社會部、軍事委員會政治部、重慶市黨部、市政府、陪都空襲服務總隊、市警察局等十二個部門。為了使訪勸隊能夠發揮疏散市民的作用，重慶市動員委員會還頒布了《重慶市各界擴大市民疏散宣傳訪勸隊服務辦法》（以下簡稱本法）。重慶警察作為市民疏散訪勸隊的組成人員，主要負責與其他部門人員一起對重慶市普通住戶和有居住證者進行訪勸，目的是及時傳達國民政府疏散要旨並讓訪勸對象填寫訪勸報告表，以便政府對市民疏散的先期情況有一定的瞭解。另外，該辦法還規定重慶市警察局應通令各區鎮公所於本年七月十日以前將鎮內籍冊備齊，於訪勸隊到達時會同戶籍警察及該管保甲長前往辦理訪勸工作，並由戶籍警察攜帶疏散證隨時填寫在案。〔註 4〕

由於國民政府前期應對轟炸準備工作不足，1938 年 10 月至 1938 年底，面對日本對重慶市區的試探性轟炸，國民政府的各方面工作及成效都令人不滿意。於此，日本迅速佔據制空權，對渝實施了更為殘酷的空襲，市民疏散訪勸隊的組建是日本對渝進行轟炸進入白熱化階段進行的，據史料記載，1939 年 1 月至 1942 年底是日本對渝轟炸的最主要階段，僅 1939 年 5 月 3 日和 4 日「兩天之內共炸死市民 3991 人、炸傷市民 2287 人，毀滅房間 4871 間」。〔註 5〕顯而易

〔註 3〕重慶市檔案館館藏民國檔案，案卷號：00440001001320000006。
〔註 4〕重慶市檔案館館藏民國檔案，案卷號：0053-0012-00054-0000-049-000。
〔註 5〕西南師範大學歷史系，重慶市檔案館，重慶大轟炸（1938～1943 年）〔M〕，重慶：重慶出版社，1992：184。

見，國民政府先期的疏散工作並不理想，訪勸隊的工作是在戰時重慶遭受巨創的情況下為進一步做好戰時疏散工作所作的預先鋪墊。

在執行疏散工作時，由於戰時全國各地人員急聚陪都重慶，市區人口驟增，給疏散工作帶來極大困難。因此，疏散中要解決好市區人員過多問題，重慶警察做好清理無居住證市民和調查核實確無遷移力量之人民的工作顯得尤為緊迫。重慶有山城和霧都之稱，每年冬季時分霧天較多，不利於日本對渝的轟炸，一旦春天來臨霧氣漸散，往往為日本轟炸提供有利條件。鑒於對局勢的擔憂，1941 年 3 月 14 日，重慶市警察局在呈給防空司令部的函中寫道：「查時屆春令，霧季將過，敵機襲渝，勢所難免。本市換發居住證後，對於無證市民，即將開始疏散，惟茲事體大，非由鈞部策動黨政軍各機關通力合作實不足以奏全功。在執行之前，請鈞部對無證市民宣傳通告限以相當期間，俾結束其在渝事務，以免執行時事實上發生困難。同時飭各指定疏散地區之縣政府及救濟機關，對此項市民到達後之糧食、住屋、安全、子女教育、醫藥、職業及主客感情之協調等問題，亟應早事解決，俾使安於新環境，無重返市區之念。至執行辦法，業經本局草就，並請鈞部核定公布施行……」。〔註 6〕防空司令部覆函重慶市警察局「所陳頗有見地，仰候統籌辦理，可也。」因此，重慶市警察局制定的執行疏散無證市民辦法獲得通過並在實際工作中實施。

上述重慶市警察局給防空司令部的函中所稱的執行辦法又名《渝市無證市民疏散辦法》，該辦法規定了無居住證市民的疏散期限是「三月底以前一律疏散離市」，而疏散地點與供應之車船則依據重慶市警察局制定的《疏散渝市人口交通工具供應辦法》，對於應疏散人員，稽查處憲三團會同戶籍民警及保甲長按戶調查給予疏散證並注明所住地點與離渝日期。該辦法對於願意疏散的市民按照其自願去往地點進行，沒有去處的由保甲長指定。疏散期間，警察與軍隊按日分別檢查市區居民及公共處所。對於疏散過程中存在的疏散證逾期不離渝市或無居住證之人民應由警察機關勒令出境並封閉其住所。〔註 7〕

在被疏散的人員中，針對有些人確實存在疏散苦難及確無力量遷移的問題，重慶市警察局制定了《本市疏散確無遷移力量之人民調查辦法》。該辦法明確規定，對確無遷移力量人民的調查由警察局督同區鎮保甲人員辦理。對於先前存在的確無遷移力量人員標準界定問題，該辦法規定四類人員：第一、

〔註 6〕重慶市檔案館館藏民國檔案，案卷號：0053-0002-00827-0100-178-000。
〔註 7〕重慶市檔案館館藏民國檔案，案卷號：0053-0002-00827-0100-178-000。

赤貧者；第二、老幼殘廢鰥寡孤獨貧苦者；第三、出征軍人家屬貧苦者，第四、貧苦之勞工小販以市區為生活根據，離開市區一時無法生活者。〔註8〕由此，重慶警察可以依此標準對是否具有遷移力量的人員進行調查。另外，對於確無遷移力量之人員，應給予資助疏散證，以便其向振委會領取資助金。該調查完畢警察局將資助疏散證存根統計列表上報衛戍司令部和市政府，然後開始強行疏散。

由於空襲前陪都警察的不懈努力，極大地減少了抗戰大後方的人員傷亡和財產損失，為大後方進行戰略轉移贏得了時間。從此，後方對戰區源源不斷地輸送人員和物質，為戰區軍民應對抗戰提供了重要的後備支撐。

## 二、空襲時陪都警察的緊急社會秩序維持職能

隨著日本對渝空襲不斷加強，陪都警察積極做好空襲時人員和物質疏散，為避免空襲造成更為嚴重的社會秩序混亂，及時採取了緊急社會秩序維持。從而減少了空襲時人員傷亡和財產損失，有力地保證了抗戰大後方的社會秩序穩定。

### （一）進行空襲時水上人員疏散

重慶四面環山，地處長江上游，航運較陸路更為發達。因此，日軍空襲時，對水上人員的疏散顯得較為重要。重慶市警察局針對「交通部長江區航政局電稱停泊渝港輪船遇空襲時應協助疏散市民一案」通飭各輪船公司，並經會同社會部、重慶市警察局水上警察分局、於八月十五日召集重慶市輪船商業公會、四川省民船業同業公會聯合會暨各輪船公司等開會凱切曉諭，力加鼓動曉明大義協助疏散市民，並由本局擬定停泊重慶港輪木船空襲時疏散市民管理辦法草案提交會議討論。〔註9〕出席這次會議的部門有社會部、慶磁公司、華中內河航業聯營局、合眾公司、民生公司、招商局、水警分局、重慶市警察局。會議討論的事項共有六項：第一、關於航政局所擬停泊重慶港輪木船空襲時疏散市民管理辦法案，會議決議：修正通過。第二、關於停泊港內之輪船於空襲時擔任疏散市民工作是否應收船費案，會議決議：除各短航班輪照票價收費外，其餘一律免費。第三、關於木船於空襲擔任疏散市民工作應如何收付船資案，會議決議：各木船收費應照重慶市警察局之規定由

〔註8〕重慶市檔案館館藏民國檔案，案卷號：0053-0002-00827-0100-178-000。
〔註9〕重慶市檔案館館藏民國檔案，案卷號：00610015043440300312000。

水警分局嚴格執行。第四、關於擔任疏散各輪須照乘客定額裝載應如何執行案，會議決議：由水警分局嚴格執行並由空襲救濟服務總隊協助。第五、關於擔任疏散各輪如有搶先爭航如何取締案，會議決議：由航政局、水警分局、空襲救濟服務總隊嚴格監督，如有發生搶先爭航情事，應立刻記明船名、時間及地點，以便由航政局依法嚴辦。第六、關於疏散市民之輪木船其秩序應如何維持案，會議決議：由水警分局、空襲救濟服務總隊負責。〔註10〕

　　縱觀這次會議通過的決議事項，不難看出水警分局作為重慶市警察局的一個職能部門，不僅承擔著監督執行木船收費標準、檢查監督各疏散輪船定額裝載乘客的職能，而且還擔負著取締搶先爭航和維持民眾船上疏散秩序的職能。重慶市警察局制定的《停泊重慶港輪木船空襲時疏散市民管理辦法》，經過本次會議討論後基本通過，並成為警察進行水上疏散工作的行動指南。因此，可以說陪都警察作為戰時維持社會秩序的重要工具，在疏散市民渡江、躲避空襲中確實發揮了極大的作用。

## （二）實行空襲時緊急治安秩序管理

　　1939 年日本對重慶連續進行了猛烈空襲，造成了重大的人員傷亡和財產損失，嚴重影響了陪都社會秩序的穩定。重慶衛戍司令部於此制定了《重慶市空襲緊急維持秩序辦法》，對警察、警備司令部、部隊、防護團、等各個機關團體的空襲時工作職責作了統籌規定。其中關於警察職責的規定有五處，一是即日起，警察局應多派巡查隊實施梭巡，尤其注意夜間與空襲時之巡查；二是警察局應多派使探嚴防漢奸、敵探及竊盜活動；三是警察局應趕製柴油燈（或馬燈）多盞（加防空幕）分發各崗警，於夜間電燈被破壞時還能繼續工作；四是警察局應即妥籌在自來水破壞後之救火辦法，五是警察外服、外勤務不得因空襲任意離開崗位哨所。〔註11〕陪都警察實行緊急社會秩序維持，維護了重慶市區的穩定，保證了抗戰大後方的安全。

　　較之 1939 年的猛烈空襲，1940 至 1943 年日軍對渝空襲幾近達到白熱化程度。為了嚴防奸尻匪盜在空襲間乘機作亂，重慶市衛戍司令部於 1944 年 11 月 7 日制定了《重慶衛戍總司令部對重慶市區空襲間治安維持辦法》（後稱辦法）。該辦法是空襲期間各治安機關部隊維持社會治安的準則，警察局作為和平時期最重要的維持治安的部門自然位列其中，其目的是為了確保陪都的安

---

〔註10〕重慶市檔案館館藏民國檔案，案卷號：0061001504344030031200。
〔註11〕重慶市檔案館館藏民國檔案，案卷號：0053-0002-01282-0000-009-000。

全穩定。該辦法就空襲時重慶市區第一分區的治安管理領導權作了規定，即「為適應機宜指揮靈活起見，所有在第一分區內之憲軍警及地方武力，在空襲間維持治安時統通第一分區司令部指揮。」〔註12〕進行治安管控的範圍是以市區為中心防範奸宄暴動，各小區兼為空襲間治安維持區，各區指揮官由原有之小區指揮官兼充指揮，各該區轄境內憲軍警及地方武力維持空襲間之治安。為了更好地維持空襲時重慶市區穩定，警察局應於空襲注意情報發出後派必要便衣人員分赴奸宄及匪盜容易潛匿或混跡處所，施行嚴密之偵查與戒備。而當空襲警報發出後，應派武裝巡查隊對轄區內各要點（如機場、銀行、重要廠庫，機關學校等。）及僻靜地區輪番梭巡並與便衣人員切取聯繫，同時應禁止市民在防空洞口附近聚集，並取締沿途攤販，以免緊急警報發出時秩序頓行紊亂。警察人員在緊急警報發出後及敵機投彈時，對於奸宄匪盜乘機騷擾及形跡可疑之人以預為埋伏各要點之便衣或特工人員不失機宜迅速予以拘捕，如有未逮時，即行嚴密監視並報告轄指揮官，該區指揮官接得報告後，應一面指揮轄區憲軍警予以撲滅，一面報告上級指揮官同時分報本部。空襲時警察的另一個職能是轉化為諜報人員，於本轄區易為奸宄及盜匪潛伏的場所作事先埋伏，用以窺探附近之動態及加以適當之處置，並適時提供情報報告區指揮官。對於平時偵查認為形跡可疑的住戶、商店及有奸宄匪盜之嫌疑的人員於空襲間應作嚴密注意，必要時進行搜查或拘捕。〔註13〕

空襲時陪都警察對重慶市區進行緊急秩序維持，不僅對保證戰時陪都的穩定、防止日本諜報人員滲入起到了至關重要的作用，而且為南京國民政府集全國之力積極對抗日本帝國主義侵略、贏得抗戰最終勝利奠定了基礎。

## 三、空襲後陪都警察的恢復社會管理秩序職能

陪都重慶慘遭空襲後，市區滿目瘡痍，人民流離失所，空襲的後續隱患猶存，社會秩序極度混亂。重慶警察機關作為常規維持社會秩序最重要的部門，其自然負有恢復空襲後重慶社會秩序的重大職責。

首先、做好空襲後經驗總結。

1939年5月26日9時，重慶市政府召集重慶市各個機關召開空襲善後臨時座談會。在本次會議上重慶市警察局督察長何溶蘭就本年5月25日日軍空

---

〔註12〕重慶市檔案館館藏民國檔案，案卷號：0053-0002-01282-0000-009-000。
〔註13〕重慶市檔案館館藏民國檔案，案卷號：0053-0002-01282-0000-009-000。

襲重慶時警察的工作情況及急需解決的問題作了詳細彙報。報告稱「昨晚大部分警察防護團消防隊均能努力執行職務，沙包運送頗收效果。惟 1. 交通工具缺乏；2. 需要多數電筒；3. 增加警察掩體；4. 模範市場水管炸壞不便工作；5. 中央公園避難民眾不願深入洞內，多集洞口，投彈時擁擠不進致多傷亡 6. 軍警執行職務常感朽腹之苦；7. 南紀門避難人民過多，崗警無法阻止，致踏死四人重傷十餘人，以後請派部隊協助維持；8. 擔架缺乏，請予補充，9. 增加南北兩案渡輪以利輸送。」〔註14〕由於空襲後伴隨的是日軍投彈引起的火災隱患，因而空襲後對於事關公共安全的救火工作顯得尤為重要，重慶市警察局消防隊作為警察局的特別機關亦出席本次會議，並由市警察局消防隊隊長李湘丞對空襲時的消防工作做了彙報：「此次工作效力較前增加，沙包掩火迅速，各都郵街、海關商會、防空司令部皆因積沙頗多即時撲滅。惟 1. 燃燒彈投下時樓上樓下同時起火，撲滅較難，請布告民眾，凡樓上易燃物一律移放郊外或最下層，以便易於搶救；2. 空襲警報時，應將爐灶餘火完全熄滅以免復燃或置水鍋於其上；3. 本市消防僅有四隊，火頭常至十餘處，不能同時施救，有時交通不利亦致事倍功半；4. 火塌後，附近民眾應各帶水桶幫助熄滅餘火，以便消防隊提前轉移他處搶救，5. 救火應以輕重緩急為主，不能瞻徇情面，已飭消防隊各隊，無論何人請託，非奉准不得擅自移轉。」〔註15〕

　　對於空襲時重慶市警察局在具體工作中存在的問題，會議作出決議，其決議事項如下：「（一）警察崗位應於傘形裝置下，加鑿防空孔，以容身為度，用水泥做成。已有後加強洞口，置厚圓木蓋，每一交通警均須有一防空孔，俾隨時執行職務，避免無謂犧牲，其人行道中防空掩體木蓋並應檢查加厚。（二）利用火場多作簡易防空壕及水池。以上二項由防空司令部負責辦理工務局協助。（三）準備電筒、路燈、紅十字燈、汽油燈及燈籠、火把以便臨時應用。規定 1. 暫購電筒一千個，分發各部隊、憲兵團、警察局、防護團及消防隊。汽油燈十六盞，臨時配置重要地點，計南北岸各三盞，本市十盞。燈籠、火把按照需要酌量購辦，分存各分駐所，由憲兵團、警察局會同從速辦理，憲兵團主辦。2. 暫購紅十字燈六十個、紅玻璃燈六十個、路燈三千八百八十個，平均分配各分駐所妥存，由工務局負責辦理，提前辦齊。以上用款由財政局暫墊，俟本府臨時費撥下歸墊或請緊急救濟聯合辦事處撥付，用後將單據匯

〔註14〕重慶市檔案館館藏民國檔案，案卷號：0053000400021000025000。
〔註15〕重慶市檔案館館藏民國檔案，案卷號：0053000400021000025000。

送該局轉報。……（五）本市空襲救濟工作，以軍隊為總預備隊，約需添置九百人用消防器具，由消防隊妥速辦齊。一千人用工作器具，由工務局妥速辦齊，以便分發應用。……（八）修理水管工作由本府飭電力廠趕速修復。……（十一）交通關係最為重要，應責成軍警首先恢復。……（十三）夜間自十時至上午五時禁止轟炸防空洞由警察局取締。（十四）易燃物移置下層及警報時熄滅爐火或置水鍋於爐上、缸中貯水，由警察局布告，並於總檢查時就便曉諭。……（十六）南岸彈子石、龍門浩、海棠溪、黃桷椏、玉老君洞道中，奉委座手諭令飭特別注意清潔及秩序，由警察局不論是否權責所及，先行趕辦具報。化龍橋、小龍坎等處須應同時辦理。（十七）南紀門遇空襲時應加派警察維持秩序。」〔註16〕

此次會議的決議事項（一）突顯空襲後的經驗總結中警察職能須以應對戰爭為首要任務，然後是解決空襲後電力恢復、水管修理、電筒及燈配置、消防救火及秩序維持等事關公共秩序安全的重大問題。重慶市政府對空襲中警察工作中存在的諸多問題進行總結和解決，有利於提高警察戰時應對日軍空襲的能力，減少空襲造成的人員傷亡和財產損失，保證了重慶市區社會秩序的安全穩定。

其次、進行空襲後難民的救濟安置。

重慶市區多次遭受空襲，而難民收容救濟尚無通盤計劃，各救濟機關大多各自為政，辦法分歧頗不一致。重慶市警察局因時擬定《重慶市空襲被災難民收容救濟疏散暫行辦法》（以後簡稱辦法，頒布時間不詳），本辦法將空襲被災難民的救濟類別分為臨時收容、發放急賑、供給火食、小本借貸、疏散鄰縣五項。由於小本借貸中未就警察職責作出明確規定，筆者僅就另外四項有關警察職責的規定作如下梳理：

其一、對遭受敵機轟炸無家可歸的難民，警察局所得為其指定臨時收容，並根據能力將其編成服務隊協助辦理災後工作。空襲後，社會秩序極度混亂，流動人員充斥重慶市區，將難民集中進行統一救濟安置對維護戰時陪都社會秩序顯得尤為重要。《重慶市警察局空襲後臨時收容所組織及管理辦法》進一步就警察在難民收容管理中的職責作了可操作性的規定：第一、空襲後難民收容所的地點選擇上，由市警察局行政科會同各分局共同尋覓，臨時收容所選定後，尋覓人員須通知該管分局所派戶籍生或幹警負責登記管理。第二、

---

〔註16〕重慶市檔案館館藏民國檔案，案卷號：0053000400021000025000。

難民收容過程中，各分局所須派國民兵團或防護團員維持秩序，必要時由市警察局派保安或特務警察進行維持。第三、難民的管理上，災民憑證就餐，入收容所後須遵守所內秩序相互敬愛，開飯時先讓老幼殘廢者，夜間歸所時間應在晚七時以前，每晚十時就寢，熄燈後不得喧嘩。對違反以上規定者，由市警察局行政科及該管分局輪流派員前往訓話，嚴重者進行警告或罰做苦工，其涉及違警或刑事者解局分別懲辦。〔註17〕

其二、由於戰時物質緊缺，局勢混亂，對難民發放急賑需做好必要的準備工作。第一、對於受災難民，警察局須一面通知空襲救聯處，一面於當晚鳴鑼傳知災民於翌晨集合各該管分駐所聽候發放急賑。第二、發放急賑以警察局戶籍簿為根據，如係流動與新增戶口尚未登記者，應由保甲長及有正當職業之鄰居以書面證明，經審核後始得發放。第三、核對戶籍簿及維持發放急賑秩序由警察局負責。

其三、供給火食之前，警察局臨時收容所收容被災難民時，應立即通知救聯處，服務總隊按照收容人數準備茶飯送往各該收容所。

其四、難民疏散鄰縣之前，由警察局進行登記並發給疏散證，疏散地點由市政府制定，疏散過程中，警察局須派遣員警查驗疏散證並會同救聯處發給規定救濟費之半數。〔註18〕

陪都警察空襲後積極維持收容秩序、做好急賑的登記管理、聯絡救聯處做好難民救濟、監督鄰縣疏散有力地恢復了空襲後重慶混亂的社會秩序，保證了陪都的穩定，為贏得抗戰勝利做出了極大的貢獻。

最後、協助排除未爆炸彈。

1943年5月12日，重慶防空司令部擬定《重慶防空司令部處理未爆炸彈辦法》，並就警察在處理未爆炸彈中的職責作了如下規定：第一、本市一遭空襲後，防護團員應立即出動搜索有無未爆炸彈，並由憲警協助警戒之。第二、未爆炸彈彈穴周圍五十公尺內，絕對禁止車馬行人通過，由警察局製作（炸彈未爆繞路行走）及（不通車馬等）標示牌。第三、彈穴周圍五十公尺內居民，應由當段警察飭令暫時遷避，俟挖掘完畢後再行遷還。雖然警察在處理未爆炸彈中的職責更多是輔助性的，例如，警察只是對未爆炸彈彈穴周圍進行警戒，而工兵部隊官兵則直接負責挖掘和拆卸未爆炸彈，但是警察在協助

---

〔註17〕重慶市檔案館館藏民國檔案，案卷號：0051-0002-00611-0000-062-000。
〔註18〕重慶市檔案館館藏民國檔案，案卷號：0051-0002-00611-0000-062-000。

處理未爆炸彈中的作用卻不容小覷。〔註 19〕因為炸彈的破壞性極大，在排除過程中做好人員疏散和周邊環境警戒至關重要，稍有不慎極容易釀成大禍。

筆者之所以將警察排除未爆炸彈在本文中提出，是因為伴隨空襲主要是投擲炸彈，未爆炸彈是空襲後尚存的一大潛在的社會危害，必須盡快排除，方能保障重慶市區的安全。因此，警察協助工兵部隊等機關參與排除未爆炸彈對保障人民安全和財產免受損失，維護大後方的安全穩定發揮了極大的作用。

## 四、重慶警察履行防空職能的作用及其意義

抗戰時期，面對陪都重慶遭受中國歷史上從未有過的猛烈空襲，警察作為日常維持社會秩序最重要的工具，適時轉換自身職能，積極投入抗戰事業，為戰時應對日軍空襲發揮了巨大的作用。

做好防空預警，為戰時人員和財產轉移贏得了時間，減少了空襲時造成的人員傷亡和財產損失，為抗日戰爭提供了有力的後備資源支撐。積極參與疏散工作，做好疏散秩序維持，為戰時人員和物質的有效疏散營造了良好的社會秩序。〔註 20〕

積極投入戰爭，面對敵機狂轟濫炸，他們堅守崗位，積極疏散群眾，及時發布戰時警情，與其他部門一道參與未爆炸彈排除，表現出大無畏的犧牲精神，這種捨身忘我的時代警魂值得薪火相傳，代代相頌。

努力恢復空襲後社會秩序，為戰時大後方生產生活盡快步入正常軌道提供了有利的秩序保障，維護了抗戰大後方的安全穩定，為中國贏得抗日戰爭的最終勝利奠定了堅強的基石。

陪都時期重慶遭受的空襲是中國歷史上絕無僅有的，警察積極參與國家防空，培養了應對空襲的能力，為現代警察防空教育提供了有利的理論和實例支撐，在一定程度上推動了中國防空事業的發展。

本文原發表於《河北法學》，2016 年第 3 期。

---

〔註 19〕重慶市檔案館館藏民國檔案，案卷號：00610015029340000120000。
〔註 20〕丁斌，淺析重慶大轟炸時期的消極防空〔J/OL〕，當代小說（下半月），2010（7），http://www.qikan.com.cn/Article/ddxx/ddxx201007/ddxx20100770.html。

# 附錄三：抗戰時期南京國民政府警政改革探析

李秉祥

摘　要：南京國民政府各中央遷建重慶初期，治安動盪社會不安，作為戰時陪都，重慶地位上升，其戰略位置毋庸置疑，保衛戰時中央機關的安全對應該抗戰意義重大。加之富饒的中國東部地區大片淪陷，國家財政吃緊，基層割據勢力依然存在，縣級警政改革伴隨「新縣制」國策自然展開，對保障「新縣制」推行和戰時基層社會的穩定發揮了重要作用，為中華民族最終奪取抗戰勝利意義重大。

關鍵詞：抗戰時期；南京國民政府；警政

國府遷建重慶初期，中央機關立足未穩，社會治安狀況複雜，故而，政府的當務之急是加強對陪都重慶安全的拱衛，另外則是重視基層警政組織建設，特別是縣一級警政改革，除了與當時國家奉行「新縣制」的國策相應和外，戰爭時期基層政權的政治經濟穩固事關中央的穩定和國家應對抗戰的全局，推行警政改革顯得緊要迫切。

## 一、組建內政部警察總隊

根據 1938 年 9 月 22 日《內政部警察總隊警衛駐渝中央機關暫行簡則》（以下稱本簡則）之規定第一條：「本總隊為警衛中央駐渝各機關周密起見，特定本簡則。」、第二條：「凡中央駐渝各機關之警衛勤務除另有規定者外，均得由本總隊擔任之。」可知，國都初遷重慶時，內政部警察總隊的組建宗旨意在保衛陪都中央機關的安全。為了進一步做好陪都中央警衛工作，該簡則規

定了中央機關的警衛布置是：「警衛人數以崗位計算，每崗派警士四名，以資深之警士代理警長職務，滿四崗為一班，派警長一名統率之，但有特殊情形時得酌量增減派遣之。」〔註1〕，後勤保障上要求內政部警察總隊為警長警士提供服裝、槍械及薪餉，受警衛的中央機關全時亦應為其提供適當處所，以便警長警士駐守工作順利。內政部警察總隊派赴各中央機關擔任警衛的長警除由本總隊按照規定分配勤務外，應並受各該機關之總務司或性質想通知主管官之指導，但不得任意派其服非警察任務之事務。而戰時內部警察總隊的中心任務主要有：1. 關於出入人物之稽查事項；2. 關於來賓盤查及注意事項；3. 關於群眾請願之戒備及彈壓事項；4. 關於盜匪奸宄之防範查緝事項；5. 關於空襲及火警災變之戒備預防消滅及救護事項；6. 關於鄰近住戶商店之調查注意事項；7. 關於鄰近交通衛生之協助取締事項，8. 其他有關派駐警衛機關安全秩序之維持事項。另外，內政部派駐各中央機關長警的管理訓練考核上，均由本總隊按規定辦理，各派駐長警每三個月由總隊調回訓練一次，並由總隊指派督察隊長警在派駐機關的日常勤務進行考核。

　　南京國民政府政權在陪都重慶固然日漸穩固，但日本對陪都市區的轟炸卻愈演愈烈，空襲到達白熱化釀成了巨大的人員傷亡和財產損失。因而，內政部於1939年1月14日修正公布了《內政部警察總隊服務綱要》（以下簡稱本綱要），就內政部警察總隊的服務內容作了更為詳實的規定。其內容概括起來包括五部分：第一、內政部警察總隊服務事項。其內容包括：1. 中央各機關之警衛事項；2. 地方警務之協助推進事項，3. 戰區地帶及收復地區之服務事項。第二、內政部警察總隊派警駐衛之處所。其處所包括：1. 中央各院部會及其他中央各機關；2. 元首暨領袖行轅；3. 駐華各國使館、領事館及其他外賓駐所，4. 其他臨時重要集會場所。第三、內政部警察總隊協助推進地方警察事務。其職責有：1. 關於各重要地區之警備事項；2. 關於交通秩序之維持及巡邏勤務之擔任事項；3. 關於漢奸間諜之防範事項；4. 關於戶口調查之協助事項；5. 關於各項警察技術之合作事項，6. 內政部交辦事項。第四、內政部警察總隊派赴戰區服務之警察隊在接近戰區後方協助辦理之事項。其事項有：1. 關於難民之救護及疏散事項；2. 關於地方秩序之維持事項；3. 關於民眾之組織及訓練事項；4. 關於徵發之協助事項；5. 關於軍事交通路線之警備事項；6. 關於軍需有關場所之警衛事項；7. 關於防空之協助事項；8. 關於奸宄之查緝事項，9. 其

---

〔註1〕內政部編印：《內政法規彙編》，1941年11月重慶，第二目，第6頁。

他應行協助事項。第五、內政部警察總隊派赴戰區服務之警察隊在新收復地區服務之事項，其內容包含：1. 關於撫楫流亡宣慰民眾事項；2. 關於登記戶口、編整保甲、協助清鄉事項；3. 關於組織訓練運用壯丁事項；4. 關於執行戒嚴命令嚴防盜匪奸宄事項；5. 關於協助救濟事項；6. 關於協助救護防疫衛生保健等設施事項，7. 關於協助防空及其他事項。〔註 2〕

南京淪陷後，國民政府各機關進行了中國歷史上規模巨大的大遷徙，為了維護遷建區域的治安穩定和保障抗戰大後方的安全，1939 年 11 月 28 日，行政院核准並對《內政部警察總隊派駐中央遷建區域警察大隊服務規則》（以下稱本規則）進行了備案。其內容概括起來包括三大部分，第一、本規則適用範圍。派駐中央遷建區域警察大隊（以下簡稱駐遷建區域警察隊）執行職務，除法令另有規定外，悉依本規則辦理之，駐遷建區域警察隊大隊長承本總隊長之命及中央遷建委員會警衛組之指導，指揮所屬辦理該管區域以內一切警衛事宜，對服務區域行使警察權，該區域所發生的一切違警案件適用違警罰法辦理，案件涉及其他警衛部隊的得協助辦理。第二、戰時駐遷建區域警察隊工作任務。駐遷建區域警察隊的任務有 31 項之多：1. 關於中央各機關安全秩序之維護事項；2. 關於戶口清查及異動登記辦理事項；3. 關於街巷門牌之編訂事項；4. 關於保甲之編配發動事項；5. 關於碉堡之警戒與要隘之檢查事項；6. 關於交通站所及車輛之檢查取締事項；7. 關於街巷之巡查事項；8. 關於各種營業之開張閉歇及登記取締事項；9. 關於旅店、公共娛樂場所及演賣雜技之檢查取締事項；10. 關於不良風俗習慣之糾正取締事項；11. 關於新生活運動之推進事項；12. 關於集會結社之取締事項；13. 關於違禁刊物之查察取締事項；14. 關於私存軍器及危險物品之查禁事項；15. 關於反動漢奸間諜及竊盜之防範查緝事項；16. 關於公路交通標誌號誌之查察保護事項；17. 關於電杆、電線、郵筒、路燈之查察保護事項；18. 關於建築物之取締事項；19. 關於名勝古蹟、公共建築物及公有物之保護事項；20. 關於民間消極防空之指導取締事項；21. 關於空襲及火警災變之預防戒備消滅及救護事項；22. 關於民眾自衛武力組織訓練之協助事項；23. 關於公共衛生及防疫工作之協助取締事項；24. 關於公務員與平民糾紛之調節處理事項；25. 關於行政上特種規定之懲戒處分事項；26. 關於違警案件之處理事項；27. 關於刑事案件及特種案件之偵訊事項；28. 關於禁煙禁毒事項；29. 關於案犯傳拘收解及實地查察搜檢事項；30. 關於通令查

---

〔註 2〕內政部編印：《內政法規彙編》，1941 年 11 月，重慶，第二目，第 4 頁。

緝事項，31. 關於其他妨害公共秩序行為之查察取締事項。第三、案件處理。
駐遷建區域警察隊對於違警案件得自行處理，對於普通刑事案件應解出總隊部
轉送地方法院處理，而特種刑事案件應解除總隊部轉送重慶衛戍司令部處理，
對於贓物、證物及遺留物、埋存物應送由總隊部保管處理。〔註 3〕

　　隨著戰勢的推移，內政部逐漸健全內政部警察總隊的管理，並於 1940 年
10 月 28 日修正公布了《內政部警察總隊組織規程》（以下簡稱本規程），本規
程規定內政部警察總隊由首都警察廳退出警員改編而成，並受內政部部長指
揮調遣。內政部警察總隊的機構組成上，設總隊長一人、副總隊長一人、總
隊附襄助總隊長處理隊務。總隊部還設警務督察訓練總務四組，每組各設主
任一人，承總隊長之命掌理各改組事務，各組設組員和辦事員各三人至五人、
錄事二人至四人，秉承長官分掌各該管事務，各組因事務之繁重得分股辦事，
每股置股長一人，就各改組組員中選充之。總隊部設秘書二人、辦事員三人、
錄事二人，承總隊長之命辦理文牘及不屬各組室事務。總隊下暫編五大隊至
六大隊，其編制如下：1. 每大隊轄三中隊；2. 每中隊轄三分隊；3. 每分隊轄
三班，4. 每班置正副警長二人，警士十四人。大隊設大隊長、大隊副各一人，
設辦事員三人、錄事一人至二人，大隊長承總隊長之命辦理本大隊一切事物，
大隊副襄助大隊長處理隊務，辦事員、錄事秉承長官分掌各該管事務。中隊
設中隊長一人、中隊副一人、辦事員一人、錄事一人至二人，中隊長承大隊
長之命辦理本中隊一切事務，中隊副襄助中隊長辦理隊務，辦事員、錄事秉
承長官分掌各該管事務。分隊設巡官一人，承中隊長之命辦理本分隊一切事
務。總隊長、副總隊長薦任或簡任總隊附、秘書、各組主任，大隊長薦任組
員、大隊附、中隊長、中隊附、巡官、辦事員委任，錄事雇傭。除此之外，
內政部警察總隊還成立了特務警察對，直屬於總隊長，負責警衛及其他特種
任務，其編制與中隊相同。內政部警察總隊為辦理員警治療得設置醫務室、
為辦理警察教育得設置警察訓練所，還設置了會計主任一人，依據國民政府
主計處組織法之規定辦理歲計會計事項。〔註 4〕

　　綜上所述，內政部警察總隊於國府遷渝之初，其中心任務是負責遷渝中
央各機關的安全工作，隨著時間推移，其任務由大後方向戰區和新收復地推
移，承擔起更多的職責和任務，在某種程度上已經超出先前的內政部設立之

〔註 3〕內政部編印：《內政法規彙編》，1941 年 11 月，重慶，第二目，第 5～6 頁。
〔註 4〕內政部編印：《內政法規彙編》，1941 年 11 月，重慶，第一目，第 2 頁。

本意。南京國民政府在重慶日漸穩固後，關於內政部警察總隊的制度建設也趨於完善，形成了宏觀上的總隊組織規程。從制度上保證了戰時內政部警察的警務工作運行，為拱衛陪都中央機關安全、保障大後方安定和維護收復地及戰區的穩定奠定了基礎。

## 二、加強縣級警政改革

為了強化基層政權統治、瓦解地方割據勢力的統治基礎和解決戰時頻臨崩潰的財政危機，南京國民政府因時推行新縣制。新縣制源於 1938 年 3 月國民黨全國臨時代表大會制定的《抗戰建國綱領》而產生的一種新的縣以下地方政權制度，所謂新縣制是指改造基層政治機構，完成地方自治，準備實施憲政的政治建設工作，其中心任務是推進地方自治。〔註 5〕為了推行新縣制，南京國民政府為此作了大量的準備，幾經醞釀於 1939 年 6 月最終形成了《縣各級組織綱要》，後經蔣介石最後修正後交行政院頒布實施。抗戰時期南京國民政府的縣級警政改革正是在《縣各級組織綱要》的指導下進行的，正如 1941 年 3 月 21 日行政院公布的《縣警察組織大綱》總則第一條開宗明義所講的那樣「本大綱依縣各級組織綱要訂定之」，故而可以說，抗戰時期南京國民政府縣級警政改革是「新縣制」實施的一部分，二者之間的關係可以理解為「新縣制」推動了縣級警政改革，縣級警政改革則是適應保障「新縣制」推行。

其一、統一縣級警察機關。鑒於加強縣級警政建設的需要，著力解決縣級警察編制混亂的局面，1940 年 12 月 10 日內政部公布實施了《縣政府政務警察歸併辦法大綱》（以下簡稱本大綱）。概而言之，本大綱共包括三個方面：第一、政務警察歸併縣級警察機關的統一指導方針。各縣政府政務警察應依照內政部頒發的各省縣市三十年度整理警衛原則暨本大綱之規定一律歸併於縣警察機關（縣警察局或設警佐之縣政府），與普通警察混合編制，政務警察名稱應予取消。第二、政務警察歸併縣級警察機關後的事務處理。各縣政務警察歸併後應由各該縣警察機關實行甄別，汰弱留強並訓練之；歸併後原有經費、經費、械彈裝具一律歸入各該縣警察機關統籌支配，長警出差旅費每年度應列入各該縣警察機關預算，歸併後關於縣政府政令之推行與強制執行等項得由縣警察機關派警輪流擔任。另外，關於政務警察中兼理司法縣分政務警察歸併後的處理辦法，其另有特殊規定。本大綱規定：「兼理司法縣分政

---

〔註 5〕韋永成：《新縣制的認識》，載《安徽政治》第四卷第七期。

務警察歸併後，其原兼司法警察職務除依照刑事訴訟法規定辦理外，如縣司法處有向各該縣警察機關調派長警常川駐在司法處執行司法警察職務之必要時，其薪餉等費應依照調度司法警察章程規定由縣司法處負擔，其原兼執達員任務應由縣司法處設置專任執達員辦理之。」〔註 6〕再者，各縣政務警察歸併後，警察人員因承辦縣政府政令之推行與強制執行事項所需旅費應由縣警察機關支給之，各縣警察機關得斟酌地方實際情形擬定長警出差旅費支給標準並呈報省政府核定後行之。第三、政務警察歸併縣級警察機中各省省政府的義務。各省省政府應依照內政部頒發省縣市三十年度整理警衛原則暨本大綱之規定，參酌實際情形擬定各縣政務警察歸併實施辦法，諮報內政部核定後轉飭各縣於三十年度內完成之。〔註 7〕

其二、強化縣級警察機關組織建設。隨著新縣制的不斷推行，強化縣級警察機關的組織建設顯得緊要迫切，因此，南京國民政府行政院於 1941 年 3 月 21 日公布實施了《縣警察組織大綱》（以下簡稱本大綱），本大綱共包括五部分：第一、總則。總則規定縣警佐或警察局長由縣政府依法遴選合格人員並呈請省政府委任，警察訓練員、督察員、警察所長所員、巡官由縣政府依法遴選合格人員委任並呈報省政府備案，警佐之待遇與科長同；縣特務警察（包括舊稱政務警察）隊應一律予以整理訓練後改縮為警察隊，保安隊應逐漸予以整理訓練後改編為警察隊，承縣政府之命受警佐或警察局長之指揮辦理全縣警察事宜，其隊長由警佐或警察局長兼任；關於違警處罰以由縣政府警察局、區警察所處理為原則，但在距離遼遠交通不便地方得授權鄉鎮公所辦理，警察經費應編入縣預算，不得就地攤派。第二、縣警察。縣政府設置警佐，辦理全縣警察事務，但在地域重要人口眾多的縣應設置警察局，其業務範圍如下：（1）關於全縣警察之編練調遣考核獎勵事項；（2）關於全縣警察裝械管理及勤務配備事項；（3）關於全縣戶口調查、保安正俗、消防、交通、衛生及農林漁獵、名勝古蹟之維護事項；（4）關於全縣違警處理及司法協助事項；（5）關於全縣保甲長及國民兵隊訓練之協助警察與保甲工作聯繫之規劃指揮事項，（6）其他警衛事項。縣警佐室得視各該縣環境之需要酌置科員、訓練員、督察員、辦事員及合格警長警士，受警佐之指揮辦理內外勤事務，警佐對外行政以縣長名義行之，但對縣屬各級警察人員得為工作上

〔註 6〕內政部編印：《內政法規彙編》，1941 年 11 月，重慶，第二目，第 5～6 頁。
〔註 7〕內政部編印：《內政法規彙編》，1941 年 11 月，重慶，第一目，第 11 頁。

之指示。第三、區警察。區署所在地得設警察所，承縣政府之命及區署之指揮監督辦理全區警察事務，其業務範圍如下：（1）關於全區警察裝械管理配備及警衛部署事項；（2）關於全區戶口調查及保安正俗、交通、衛生防護及農林漁獵、名勝古蹟之維護事項；（3）關於全區之違警處理及司法協助事項；（4）關於全區警察與保甲之聯繫訓練指揮運用事項，（5）其他警衛事項。未設置區署之地方於必要時得設區警察所直隸於縣政府，區警察所應冠以所在地區名（某某縣某某區警察所），其管轄範圍以區署轄境為原則，區警察所設所長一人、所員一人、合格警長警士若干人，並得因環境需要設置督察員及巡官，區警察所長得兼任區署軍事指導員，對外行文以區長名義行之，但在業務工作範圍內有所指示時得逕行命令區署各級員警。第四、鄉（鎮）警察。鄉（鎮）公所之警衛股主任以曾經訓練合格巡官或警長人員充任之，保辦公處之警衛幹事以曾訓練合格於警士資格者充任。警衛股主任受鄉（鎮）長之指揮監督辦理警察事務，其對外文書以鄉（鎮）長名義行之，但縣政府或區署在警衛業務工作範圍內有所指示時得逕行命令之。第五、附則。由縣區鄉（鎮）以至保甲相互間關於警察事項有所指揮或報告，儘量利用電話或口頭行之，如必須行文時應以簡要為原則。鄉（鎮）公所承辦違警處理，無論罰金拘留或勞役均由鄉（鎮）公所警衛股主任報告鄉（鎮）核辦，事後並應即時以書面呈報區警察所覆核，但距離縣政府較近者得呈報縣政府覆核，仍應於每月月終列表彙報區警察所備查。鄉（鎮）公所處理違警事件應於每月月終列表榜示。各省政府得依照本大綱之規定自行制定單行章則諮內政部備案。

## 三、南京國民政府警政改革的意義

　　南京國民政府警政改革是順應時勢的重大壯舉，抗戰時期，陪都重慶作為全國的政治、經濟、文化和外交中心，其安全穩定是事關抗戰勝利的第一要務。內政部警察部隊是隸屬於內政部的專門警察機關，作為戰時守衛中央安全的重要警衛機構，對保障戰時南京國民政府中央的安全作出了巨大的貢獻，可以說戰時警政革新奠定了抗戰勝利的基礎。

　　面臨淪陷的大片國土，南京國民政府經濟吃緊，戰時縣級警制改革是因勢利導注重基層警政建設的重大舉措，它保證了戰時南京國民政府「新縣制」國策的順利推行，強化了南京國民政府中央對地方的控制，最為重要的是挽

救了幾近衰落的農村經濟，動員了農村人力物力對抗戰的支持。〔註 8〕正如蔣
介石所說的那樣：「廣大農村，是決定抗戰勝利的場所，鄉村的廣大人力、物
力、財力便是成為支持長期抗戰建國的主要源泉。農村的地位便隨著抗戰的
發生和發展而跟著提高和重要。」〔註 9〕。為中國贏得抗日戰爭的最終勝利發
揮了重要的作用。

本文原發表於《社科縱橫》，2016 年第 2 期。

---

〔註 8〕忻平：《論新縣制》，抗日戰爭研究，1991 年第 02 期。
〔註 9〕轉引自《安徽政治》第四卷第七期，第 11 頁。

# 後　記

　　本書選擇以《抗戰時期陪都重慶警政改革研究》為題，其原因有二：一是攻讀博士期間，我正在重慶市公安局工作，導師著眼長遠，希望我能做一篇關於警察研究的論文，以後能夠在警察學院從事教學工作。二是選題之前，同中國公安大學王平原師兄通話，進行了較長時間交流，王師兄鼓勵我堅持寫抗戰大後方的警政論文，他告訴我這一塊目前還是警察學研究的薄弱環節。在看了相關資料後，我艱難的定下選題，並得到導師的認可。然而，論文框架的形成是擺在眼前的重大難題，前些日子偶然打開電腦，看到很多當時和導師曾代偉教授商榷後的博士論文框架修改計劃，前前後後有十幾稿之多。有幾次，深夜時分，我和他老人家還在反覆交流著修改計劃，正是當時的點滴努力，才最終形成現在的書稿。這中間的創作過程都是我未來學術成長路上的重要財富。我慶幸遇到恩師，他是我人生路上的貴人。

　　在論文寫作過程中，妻子身懷六甲，我當時也在公安局緊張工作，晚上下班回家買菜做飯，飯後陪妻子散完步，抓緊投入寫作中。雖然很累，但自己並不覺的苦，反倒是自己每一天對論文認識的不斷提高和期待孩子的出生，助推了我寫作的動力。當時最大夢想就是努力畢業，能夠穿上博士服和妻兒拍一張畢業照，這個夢想經過自己的不懈努力如期實現了。人世間冥冥之中總會有那麼點機緣巧合，2016 年 4 月 25 日兒子即將臨盆的夜裏剛好是三年前母親從河南老家來重慶看病的日子，兒子滿月之日又恰逢母親三週年祭日。我們一家人都是無神論者，父親是一名有著四十多年黨齡的老黨員，母親的人生格言是：「不信鬼，不信神，只相信天地良心。」，我一直認為這些機緣源自我和母親最深沉的愛的交融，她是我一生想學卻永遠觸不可及的標杆。

　　忙完孩子出生事宜，我投入到緊張的博士論文答辯準備工作中，並按期順利畢業，畢業後，我於當年來到重慶師範大學工作。博士畢業至今已近四年，我深刻感受自己找到了真正適合自己的事業。我熱愛大學這片寧靜、純潔的聖地，人類知識的殿堂。更為重要的，自己可以靜下心來讀書、思考，做很多以前自己想做而又沒有時間做的事情，這真是人生莫大的幸事！而今，兒子已經上了幼兒園，明天即將迎來四周歲生日，寫此序言感覺特別有意義和值得留念。在此，對自己求學工作做簡單小結：人生奮鬥的路上沒有終點，關鍵環節，只有靠不停的努力，才能抓住機會改變命運。生活雖有難易，但唯有拼搏的精神和行動才能化難為易。作此小序，以紀念曾經奮鬥的歲月。

李秉祥

2020 年 4 月 24 日於重慶師範大學